青年的选择

陈 昇　刘俊彦　王雅瑞 —— 著

图书在版编目（CIP）数据

青年的选择 / 陈昇, 刘俊彦, 王雅瑞著. — 北京：中国民主法制出版社, 2024.5

ISBN 978-7-5162-3633-8

Ⅰ.①青… Ⅱ.①陈… ②刘… ③王… Ⅲ.①青年—研究—中国 Ⅳ.①D669.5

中国国家版本馆CIP数据核字（2024）第089910号

图书出品人：刘海涛
出版统筹：石　松
责任编辑：张佳彬
文字编辑：李婷婷

书　　名/青年的选择
作　　者/陈　昇　刘俊彦　王雅瑞　著

出版·发行/中国民主法制出版社
地址/北京市丰台区右安门外玉林里7号（100069）
电话/（010）63055259（总编室）　63058068　63057714（营销中心）
传真/（010）63055259
http：//www.npcpub.com
E-mail：mzfz@npcpub.com
经销/新华书店
开本/16开　690mm×980mm
印张/17　字数/226千字
版本/2024年7月第1版　2024年7月第1次印刷
印刷/文畅阁印刷有限公司

书号/ISBN 978-7-5162-3633-8
定价/49.80元
出版声明/版权所有，侵权必究。

（如有缺页或倒装，本社负责退换）

序　言

选择与人生

　　青年时期是人生之华，绚丽夺目，但青年阶段，普遍会遇到很多人生苦恼，特别是选择带来的苦恼。人生的道路到底该怎样选择，这是每一代青年都要面临的人生课题，也是每一个青年都会遇到的人生哲学问题，甚至是青年发展的根本问题。

　　在《杀鹌鹑的少女》中有这样一段话："当你老了，回顾一生，就会发觉：什么时候出国读书、什么时候决定做第一份职业、何时选定了对象而结婚，其实都是命运的巨变。只是当时站在三岔路口，眼见风云千樯，你作出抉择那一日，在日记上，相当沉闷和平凡，当时还以为是生命中普通的一天。"有些看似不经意的选择，却会影响人的一辈子，面对充满选择的人生，我们的确需要认真权衡。

　　人生道路上充满大大小小的选择，若想成为一个能够掌握前进方向、目标清晰明确的人，就必须学会独立思考，善于明辨是非，作出正确选择。善于选择的人才会拥有幸福人生。

　　人生道路虽然漫长，但关键处常常只有几步，而这关键的几步，基本发生在人的青年时期。

　　选择决定了青年的人生方向。人生就像在不断地作选择题，不论是单选题还是多选题，并没有百分之百的正确答案，但不同的选择会让人生呈现不同的色彩和价值，正所谓"种瓜得瓜，种豆得豆"，你的选择决定了你的未来。

面对选择时，我们该如何决定？不同的选择决定了未来道路的不同走向，一个人选择什么样的人生道路，他的人生就会呈现什么样的结局。

决定命运的不是机遇，而是选择。伟人之所以伟大，是因为他们作出了正确的选择。如果鲁迅当年不选择弃医从文，中国就会失去一位文学巨匠和思想家。

从哪里开始并不重要，重要的是要知道去向何方，你为实现目标做出多少努力，吃过多少苦，流过多少汗，都直接影响到未来的你是平庸还是出色。青年人正处于拔节孕穗的关键时期，也正处于人生选择的岔路口，要谨慎作出自己的决定，因为在你作出选择的那一刻，你的人生已悄然发生了改变。

"悬梁刺股""囊萤映雪""闻鸡起舞"都是努力的代名词。努力固然重要，但有时选择比努力更甚一层。选择不对，努力白费，而睿智的选择可以让努力事半功倍。

成功不只是做你喜欢做的事，而是做你应该做的事。一个人的能力、水平再高，若选择不对，就无法发挥潜能、实现目标，甚至会走弯路，付出惨痛的代价。是非明，方向清，路子正，人们付出的辛劳才能结出丰硕的果实。

面对世界变局和复杂的人生际遇，青年要作出正确抉择，就需要有正确的世界观、人生观、价值观。

怎样实现人生追求，是把世界观、人生观、价值观变为处理人生矛盾的方法，甚至可以说是变为人生追求的艺术。如"顺境与逆境"一讲中的"彼以顺至，我以逆观"，或者是"彼以逆来，我以顺观"，都可以称为人生艺术。

序　言

人生问题是一个人类探讨了几千年的问题。古今中外，各流各派，或多或少都有自己的一些真知灼见，本书旨在把这些思想精华融会到一起。相信青年需要这样的读物，因为它便于接受、理解；青年工作者与研究者也需要这样的读物，因为它可以把古今中外的见解加以比较，融会贯通。

从某种角度来说，生活就是处理各种问题，与种种困苦进行搏斗。痛苦来自矛盾，快乐来自矛盾的化解。而人的青年阶段就是学习如何与生活中的矛盾进行搏斗。在此阶段中，矛盾、痛苦是少不了的，但是只要能咬紧牙关，顶住痛苦的袭击，不懈努力，不懈探求，成功终究会降临，成功的喜悦终究会将以往的痛苦全都化解。那时回顾往事，过去的痛苦似乎只不过是生活中一种不可缺少的"佐料"而已。如果没有矛盾、没有冲突、没有搏击，便缺少了一些发挥自身潜能的机会，也不会有费尽周折之后的幸福与甘甜。而没有对解决困难的回忆与体验，一切都平平淡淡，生活反倒没有味道。尝遍酸甜苦辣才是人生，才是真实的生活。

在这些矛盾和选择中，我们整理出十五个领域，用十五组关键词来阐述和论证青年阶段是人生充满选择的时期。我们以"命运与机遇"（第一讲）开篇，以"明辨与选择"（第十五讲）收尾，就是为了突出"选择"这个主题。当然，对青年作出正确选择起关键作用的，则是另外一些篇章中谈到的"理想与信仰"（第二讲）、"追求与价值"（第三讲）、"生存与发展"（第四讲）、"责任与人格"（第五讲）、"个体与群体"（第六讲）等价值观念，以及在人生道路上如何正确看待和处理"名誉与利益"（第七讲）、"爱情与婚姻"（第八讲）、"亲情与友情"（第九讲）、"自由与幸福"（第十讲）、"自卑与自信"（第十一讲）、"顺境与逆境"（第十二讲）、"竞争与合作"（第十三讲）、"克己与成己"（第十四讲）等人生课题。

本书选择的十五组关键词，每组中的两个词要么是对立关系，要么是并列关系，要么是递进关系，都与青年走好人生道路这个主题密切相关，相信这些内容会对青年有所助益。

　　生活本质上是一种实践活动。青年从理论上和思想上探讨人生、学会选择，就能生活得明白一些、自觉一些；吸取一些别人的经验教训，就能使自己早点悟道，从而少走一些弯路、少碰一些壁、少吃一些亏；还能减少心中的痛苦与郁闷，在人生的道路上，路子选得更准，步子走得更稳，奋斗的韧劲更强，与成功的目标更接近。

刘俊彦
2024 年 5 月

目　录

第一讲
命运与机遇 001
　一、人是否有命运 002
　二、扼住命运的咽喉 007
　三、以力胜命与以义制命 009
　四、机遇偏爱有准备的人 012
　五、用坚强的意志力抵御厄运 015

第二讲
理想与信仰 019
　一、人生为何一定要追求理想 020
　二、理想的主观完美性 024
　三、追求理想的苦恼与欢乐 026
　四、信仰是至高的追求 028
　五、共产主义是我们的理想
　　　与信仰 031

第三讲
追求与价值　　　　　035

　　一、人生是无尽的追求　　036
　　二、创造生活有苦有乐　　039
　　三、人生价值或重于泰山或轻于
　　　　鸿毛　　043
　　四、人的自我价值与社会价值　047
　　五、青年应当追求高尚的
　　　　人生价值　　049

第四讲
生存与发展　　　　　055

　　一、求生存是人的本能和权利　056
　　二、求发展是在生存基础上
　　　　追求自我实现　　058
　　三、创造是自我发展的最高价值　061
　　四、享受也有其人生价值　　063
　　五、青年要努力做一个有所
　　　　创造的人　　066

目录

第五讲
责任与人格　　069

一、天下兴亡，匹夫何以有责　070
二、社会责任感与道德人格　073
三、人对自己的责任是塑造人格　075
四、做负责、有气节的青年　077

第六讲
个体与群体　　081

一、己之个体与群之一员　082
二、人如冬天里的刺猬　085
三、"忠孝不能两全"与公私
　　冲突　087
四、社会洪流与个性的细浪　091
五、崇尚自我与"既是主体，
　　又是客体"　092

第七讲
名誉与利益　　　　　　　　097

　　一、人生不必讳谈名利　　098
　　二、名贵予而不贵取　　102
　　三、求利绝非人生的最高追求　　107
　　四、过度追名逐利是祸患　　109
　　五、正确追求名誉与利益　　111

第八讲
爱情与婚姻　　　　　　　　115

　　一、爱情对人生有独特价值　　116
　　二、婚姻是鞋还是一双筷子？　　120
　　三、婚姻能凑合吗？　　123
　　四、相爱容易相处难　　126

第九讲
亲情与友情　133

　　一、亲情之爱人生不可缺少　134
　　二、别让亲情变了味　136
　　三、朋友是疏通郁闷的灵丹妙药　140
　　四、君子以道为朋，小人以利
　　　　为朋　143
　　五、要打开别人的心，先要敞开
　　　　自己的心　147

第十讲
自由与幸福　151

　　一、生命与爱情为何都不及自由
　　　　可贵　152
　　二、不自立则无自由　157
　　三、创造给人带来幸福　161

第十一讲
自卑与自信　　169

　　一、正确认识自我不容易　　170
　　二、自卑是青年中常见的心理
　　　　状态　　172
　　三、自信是青年成功的助推器　　177
　　四、增强自信心的五个理念
　　　　和八个方法　　181

第十二讲
顺境与逆境　　187

　　一、人生的自由与枷锁　　188
　　二、生于忧患，死于安乐　　190
　　三、人生不会一帆风顺　　192
　　四、穷不失义，达不离道　　196
　　五、战胜逆境，把握顺境　　198

第十三讲
竞争与合作　　　　　205

一、人的生活充满竞争　　206
二、恶意与宽容：处理人际关系的
　　两种态度　　211
三、推己及人与以礼待人　　215
四、学会合作才能成就事业　　218

第十四讲
克己与成己　　　　　221

一、能克己，乃能成己　　222
二、克己的关键是处理好得与失的
　　问题　　224
三、要左右天下先左右自己　　229
四、克己就是管理和约束好自己　　232

第十五讲
明辨与选择　　　　　　　　239

　一、青年时期是人生明辨、
　　　选择的关键时期　　　240
　二、经验欠缺是青年明辨是非的
　　　短板　　　　　　　　244
　三、青年如何做到明辨是非　245
　四、选择决定成败　　　　248
　五、青年如何培养善于选择的
　　　能力　　　　　　　　249
　六、青年怎样作出正确选择　252

后　记　　　　　　　　　　257

第一讲

命运与机遇

不论什么时候与命运发生冲突，明智的人应当从不抱怨；正如不论什么时候听到战斗的喧闹，勇敢的人都不会使人感到讨厌。因为对于他们二者来说，他们的艰难是他们的机会，勇敢的人可增添荣誉，明智的人能够确信和增强他的智慧。……所有不事奋争或奋争过度的行为都是对幸福的蔑视，都徒劳无益。为自己选择什么命运可由你自己决定。

——波衣修[①]

[①] 波衣修是古罗马哲学家。

从某种角度讲，人生是对生命价值的自觉追求过程，它表现为一种意志、愿望的实现过程。人的意志、愿望有一些能比较顺利实现，但有一些不能顺利实现或根本不能实现。因为人生活在社会与自然之中，是社会与自然之人，个人的意志不能支配一切，绝对的意志自由是从来都不曾有的。人生就是一个不断处理自由意志与客观必然二者关系的过程。

一、人是否有命运

人生的追求是需要人们付出巨大努力的，不努力很难有收获。可以说，努力与收获之间有一种必然的关系，这是合乎规律的事。

不过，有时也会出现一些特殊的现象，一个人虽然付出了巨大的努力，却一无所获。这种情况，古人也有过多种描述。

白居易曾写过一首寓意诗，描述了这种现象。他写道：

养材三十年，方成栋梁姿。

一朝为灰烬，柯叶无子遗。

地虽生尔材，天不与尔时。

第一讲 命运与机遇

> 不如粪上英，犹有人掇之。
> 不悲焚烧苦，但悲采用迟！[1]

白居易在诗中说一个人奋斗了 30 年，具有了才干，可以为国家、为社会作出一番事业了，但是还没有被选用就被一些意外的事件给毁掉了，甚为可惜，又无可奈何。这就是所谓的怀才不遇。

汉代大儒董仲舒，提出"罢黜百家，独尊儒术"的学术方针，他在汉代位高权重，也同样有着不遇之悲。他在《士不遇赋》中写道："末俗以辩诈而期通兮，贞士以耿介而自束。"[2] 用直露的笔法指出朝廷用人制度的不合理，奸诈阴险之人仕途通畅，而坚持道义的耿介之士只能"努力触藩，徒摧角矣。不出户庭，庶无过矣"，以"足不出户"求得安身保节，其不被世用的辛酸与无奈显而易见。

被鲁迅称为"史家之绝唱，无韵之《离骚》"[3] 的《史记》，因其作者司马迁的怀才不遇、惨遭宫刑及忍辱负重、发愤著书而增色不少，正如他在《悲士不遇赋》中所言"悲夫！士生之不辰，愧顾影而独存"，此种生不逢时的困境，正是其不遇情结的表现。

遇到还是遇不到，是一种偶然。用荀子的话说，就是"节遇谓之命"[4]。所谓"节遇"，就是偶然之遇。王充专门写了一篇题为《逢遇》的文章，揭示这种现象。他说："操行有常贤，仕宦无常遇。贤不贤，才也；遇不遇，时也。才高行洁，不可保以必尊贵；能薄操浊，不可保以必卑贱。或高才洁行，不遇，退在下流；薄能浊操，遇，在众上。世各自有以取士，士亦各自得以进。进在遇，退在不遇。"[5]

---

[1] 《白居易集·寓意诗五首》，转引自《人生哲学宝库》，中国广播电视出版社 1992 年版，第 1187 页。
[2] 〔唐〕欧阳询：《艺文类聚》卷三十，上海古籍出版社 1982 年版，第 541 页。
[3] 鲁迅：《汉文学史纲要》，江苏文艺出版社 2008 年版，第 75 页。
[4] 〔战国〕荀子：《荀子·正名》。
[5] 〔汉〕王充：《论衡》，上海人民出版社 1974 年版，第 1 页。个别标点笔者作了订正。

大意是说，一个人的品质、操守是一贯的、稳定的，但是他能不能经常有官位却不一定。因为操行好不好由个人的才德决定，而官位要看机遇。一个人即使很有才能，操行很廉洁，也不一定能得到尊贵的地位；没什么才能、操守污浊的人，也不一定得不到尊贵的地位。这与是否赶上好机会是相关的。

作为汉武帝身旁的文学弄臣东方朔，在文学史上常以喜剧人物形象出现，其《答客难》中有这样一段话："遵天之道，顺地之理，物无不得其所；故绥之则安，动之则苦，尊之则为将，卑之则为虏，抗之则在青云之上，抑之则在深泉之下；用之则为虎，不用则为鼠；虽欲尽节效情，安知前后？"这段话充分表现出封建社会中文人士大夫没有独立的政治自主权，只是帝王治理国家的工具和附属物，呼之则来、挥之则去，所谓"施展政治抱负"也只是空中楼阁，犹如水中之月、镜中之花，可望而不可即，其间蕴含着东方朔壮志难酬的不遇之悲与苦闷之情。

人世间的这种现象可以说多得很，古今都有。如著名边塞诗人岑参，祖上家世显赫，先后出过三位宰相，一时传为奇谈，然而到了岑参这一代，家道中落，政治格局变动，尽管岑参的文学才华为他在官场初期带来了不少机遇，但他的职业生涯却未能一帆风顺。岑参考中进士后，被授予了人生中第一个官职：右内率府兵曹参军——负责看守兵甲器杖、管理门禁锁钥的从八品小官。经过十多年的波折与努力换来的职位，既没能让岑参感受到飞黄腾达，也没能让他体会到金榜题名的荣誉感，于是他写了《初授官题高冠草堂》这首诗，借以抒发心中的颓然之情，诗中写道："三十始一命，宦情多欲阑。自怜无旧业，不敢耻微官。涧水吞樵路，山花醉药栏。只缘五斗米，辜负一渔竿。"纵然他自己对这一官职有很多无奈与不满，但因个人经济条件匮乏，无法拒接此官职。这真是为了那"五斗米"而不得不放弃生活中的自主、自由、自娱，从此让自己的身心被官职束缚住，戴上了无法摆脱的命运枷锁。事实上，事情总是在合适的时间、合适的地点，以它合适的方式发生，个人很难主动控制，正所谓人不能理解的一切或许都是命中注定的。

第一讲　命运与机遇

　　努力绝非总能带来成功。在人的一生中，会遇到把握不了自己前途、把握不了自己生命进程的事。比如，有的人一生下来就有残疾。人被客观环境，被一种外在的、个人无法改变又无法摆脱的力量所支配的生存状态，被人们称为命运。

　　可见，人是有命运的。在人的意志之外，有一个客观的力量。这个力量对人的利益，对人生的价值会产生重大的影响。但是，这个力量还不是命运。命运只是人的一种生存状态。人既改变不了这种力量，又无法回避它，因而受制于它。这种生存状态就是命运。"人生下来是自由的，可是处处受到束缚。"① 在人的一生中，这种生存状态或大或小、或多或少总会出现。

　　冯友兰对命运有一个形象的说法。他说："人生如打牌，而不如下棋。于下棋时，对方于一时所有之可能底举动，我均可先知；但如打牌时，则我手中将来何牌，大部分完全是不可测底。所以对于下棋之输赢，无幸不幸。而对于打牌之输赢，则有幸不幸。善打牌者，其力所能作者，是将已来之牌，妥为利用，但对于未来之牌，则只可靠其'牌运'。"② 这个比喻讲得很有趣，人生确实有许多不确定的、无法预知的因素，人对这些因素是把握不了的。人所可能把握的，只有已经抓到手中的牌。人应该在已经抓到的牌上下功夫。

　　按照这个说法，人是有命运的，但命运并没有成为人生的全部主宰。那么命运对人生主宰了多少呢？马基雅维里对此有个见解。他说："命运是我们半个行动的主宰，但是它留下其余一半或者几乎一半归我们支配。"③ 马基雅维里关于人和命运关系的这个观点，不是信口说来的，他是在专门论述"命运在人世事务上有多大力量"时说的这番话，是作了认真思考的。

---

① 北京大学哲学系外国哲学史教研室编译：《西方哲学原著选读》下卷，商务印书馆1982年版，第66页。
② 冯友兰：《贞元六书》上册，中华书局2014年版，第151页。
③ ［意］马基雅维里：《君主论》，潘汉典译，商务印书馆2020年版，第96页。

005

但是，根据什么计算出来命运和人各主宰了人生行动的一半呢？这是一个随便的说法，还是能够找到某种哲学根据的说法呢？这个"一半"又是什么意思呢？

马基雅维里可能是根据经验来说的。但在客观上这种说法符合人生自由与必然的关系。因为人与命运的关系，可以说就是自由意志与客观必然性之间的对立统一关系。一方面，自由和必然是相互对立的，必然是客观规律对人的约束，于人是外在的。对人的主观意志而言，必然的存在是一种"不自由"，人无法同时既是自由的又是受必然控制的。另一方面，自由与必然又是辩证统一的，违背必然的所谓"自由"，不是真正的自由，而是盲动。这种盲动由于违反了自然规律，必定会受到规律的惩罚，因而最终是不自由的。而真正的自由是内在的、"自在自为"①的，是基于必然性的理性思考而作出体现自我意志的选择，以及进行的实践活动，马克思称之为"自由的有意识的活动"②。人生过程，可以说是人的主观意志与客观必然性之间的相互作用、对立统一的过程。

张岱年在他的著作中谈到了这个问题："人实现其志意之作用，谓之力。而环境所加于人者，谓之命。命即环境对于人之限制。力即人对于环境之反应。人生之历程，亦即力与命相错交综之历程。力与命，即自由与必然。力由于自己，命系于必然。"③

中国古代哲学中的力命关系，就是自由意志与客观必然的关系。成书于战国的《列子》一书中就专有一篇题为"力命"的文章，讨论力与命的关系。可见这是一个非常古老的人生问题了。

---

① [德]黑格尔：《小逻辑》，贺麟译，商务印书馆1980年版，第17页。
② 《马克思恩格斯全集》第三卷，人民出版社2002年版，第273页。
③ 张岱年：《真与善的探索》，齐鲁书社1988年版，第215页。在该书中，现在所通用的"意志"一词，都表述为"志意"。

二、扼住命运的咽喉

命运分为两种,一种是好运,一种是厄运。一个打工者花了 300 元人民币购买彩票,未曾想中了大奖,得到一部高级汽车,外加 100 万元人民币,这是好运。命运这个东西有时候实在厉害,它可以使人笑,可以使人哭;可以使人一瞬间由打工者变成百万富翁,或者使一个百万富翁一夜间变成穷光蛋。尽管这种概率特别小,但命运是多么会捉弄人!

在人生与命运的问题上,面对好运,应慎重对待,不要被它弄得飘飘然、东西南北都分不清,被它勾引干出什么坏事来,"万物生于有,有生于无",这是"内部的原因"①,黑格尔称之为"自为存在",每个人现实经历的一切都是自己思想的再现,无论好运还是厄运,都与个人思想有直接关系。事实上,人们所说的运气与超自然的力量和智力没有任何关系,它完全是内在思想再现的结果。更为关键的是如何对待厄运。它带给人灾难,摧残人的肉体,打击人的精神,使人痛苦,使人烦恼,使人的意志不仅不能得到实现,而且使人怀疑人生的价值、怀疑生活的意义,甚至可以使一些意志力薄弱的人走上不归之路。

每个人的一生中,遇上厄运可以说是难免的,区别只在于大小、次数多少而已。因此如何对待厄运,是人生这道题目中的应有之义。俗话说"命里一尺,难求一丈",似乎命运是天注定的,无法改变。其实这只是夸大了命运中的自然生命,而忽略了社会生命。自然生命是每个个体无法抗拒、无法改变的,出生在什么样的家庭、生活在什么时代、遭遇何种挫折,是我们决定不了的。即便是天才,他出生时的第一声啼哭和普通婴儿也没什么两样,可是后来却有了天才与凡人之分,有了奉献与索取之别,有的人身残志坚,

---

① [荷兰] 斯宾诺莎:《简论上帝、人及其心灵健康》,顾寿观译,商务印书馆 1999 年版,第 **164** 页。

成为令人敬佩之人，而懦夫以命运为借口，把自己的人生过得黯然失色。

扼住命运的咽喉就是要秉持乐观态度，发挥人的主观能动作用，揭示生命的规律，从而更好地了解生命，知命而不认命。虽然主体受客体环境的制约，就像谁也无法扯着自己的头发而离开地面，但主体是具有能动作用的。"知命者"通过调整心态，适宜地应对变动的环境，知命而不唯命，敢于超越自己的命运，正如范仲淹在《岳阳楼记》中所指出的，志士仁人应该"不以物喜，不以己悲"，应该具有"先天下之忧而忧，后天下之乐而乐"的人生境界追求。

命运犹如一块木胚，是否用心雕刻、雕刻手法怎样，使人呈现出的模样各不相同。同样，自然生命需要社会生命的润色，才能获得丰富多彩的人生。因此，唯一正确的态度，应当如泰戈尔所说："让我不要祈求免遭厄难，只让我能大胆地面对它们。"[①]鲁迅先生也讲过："真的猛士，敢于直面惨淡的人生，敢于正视淋漓的鲜血。"[②]

人生在磨难中逐渐茁壮起来，一个人的思想在与命运抗争中走向成熟，一个人的意志可以在残酷的生活中变得更加坚强。以这样的态度对待厄运，就是要与命运进行搏斗。听听雨果是怎么说的吧："试探，挺进，忍耐，坚持，忠贞不渝，和命运肉搏，以泰然自若的神态使苦难惊奇，时而冒犯不义的暴力，时而唾骂疯狂的胜利，站稳脚，昂着头；这是人民所需要的典范。"[③]

"和命运肉搏"，这是何等的勇气与决心、何等的自信与威严？还有那渴望美好生活的贝多芬——一个音乐家、一个最需要辨别声音的人，偏偏耳朵患疾病，以至于完全失去听力。可是他不屈服，他说："我应当尽可能地

[①] ［印］泰戈尔：《采果集》，转引自《世界文豪妙语精选》下，青海人民出版社1994年版，第274页。
[②] 鲁迅：《纪念刘和珍君》，转引自《中国著名文学家论人生》，中国国际广播出版社1992年版，第14页。
[③] ［法］雨果：《悲惨世界》，转引自《世界文豪妙语精选》下，青海人民出版社1994年版，第263页。

在此世得到幸福，——决不要苦恼。——不，这是我不能忍受的！我要扼住命运的咽喉。它决不能使我完全屈服。"[1]病魔束缚了霍金的躯体，这位科学巨匠的睿智思绪却在宇宙中遨游，他就像一颗坍缩的恒星，释放自身能量让周围世界散发耀眼光芒，就像《哈姆雷特》里的一句台词："即使把我关在一个果壳里，我也会把自己当作一个拥有着无限空间的君王的。"困难和挫折是弱者的绊脚石，是强者的垫脚石。半身瘫痪的富兰克林·罗斯福，却领导人民战胜了残暴的法西斯反动派，成为美国历史上连任时间最长的总统……人生的精彩来自遭遇厄运百般折磨后的奋起反击，来自遭遇重创之后的重生，这恰恰是生命的非凡意义。厄运面前，你若足够强大，那么苦难只会把你磨炼得更强；如果一味懦弱、胆怯，苦难对你而言无疑是一个深渊、一场噩梦。

没有比脚更长的路，也没有比人更高的山。能走多远的路，取决于你的脚；能爬多高的山，取决于你的心。在厄运面前，只有把命运把握在自己手里，与命运抗争，才是真正的出路，而"怯弱是出卖我们灵魂的叛徒"[2]。

三、以力胜命与以义制命

人与命运顽强抗争这件事，在中国古代叫作以力胜命。就是人凭借自己的努力、依靠自己的奋斗，战胜命运给自己带来的灾难，减轻命运对自己的打击，在困逆的环境中顽强地生活，以享受生命之乐趣。

以力胜命的人生态度，其意义还不止于此，它还有一个与生活之本性相联系的重要意义，就是探求生命、探知生命之真谛，探知自己的命究竟

---

[1] [德] 贝多芬：《贝多芬致前人书》，转引自《理想论——中外名人名篇荟萃》，上海人民出版社1987年版，第351页。
[2] [印] 泰戈尔：《印度的祈祷》，转引自《世界文豪妙语精选》下，青海人民出版社1994年版，第275页。

是怎样的，向命运证实自己的能力、证实自己的价值，完全释放生命能力。不达此目的，绝不罢休。这实际上就是要向命运宣战，要从命运手中讨回那本该自己掌握的人生行动的另一半。只有这样做，才叫作自己把握自己的命运。试想，若人生行动的一半把握在命运手里，自己只掌握一半的行动，那人能活得舒心吗？命是人生之必然，是环境强加于人、对人的自由意志的限制。人若不能战胜必然，就没有自由，自由意志就是一句空话，人自己掌握的人生行动的一半也就不能实现，这就等于把自己掌握的一半也拱手让给了命运。

事实上，所谓"命运掌握着人生行动的一半，人自己掌握着人生行动的另一半"这个说法，并非说"人生的一半是必然，是命运掌握的；人生的另一半是自由，是由人掌握的"。如果这样理解，那是不大正确的。可以这样来理解：人生有两种力量，一种力量是客观的力量，一种力量是主观的力量。人生就是这两种力量在较量。人生胜败成毁、顺逆穷达、得失益损，就看这两种力量较量得如何了。卢梭认为"人一达到理性的年龄，单凭自己来判别适于自保的手段，就立即从而成为自己的主宰"。把命运掌握在自己手里，不能把自己的生命只看作自然运行过程，甚至祈求上苍的保佑，而是要创造属于自己这一半人生的行动。自然生命无法选择，但人的价值可以通过努力自己创造，就如《国际歌》里所唱的那样："从来就没有什么救世主，也不靠神仙皇帝，要创造人类的幸福，全靠我们自己。"

以力胜命，就是要使人自己的力量压倒那客观的力量，把命运掌握在自己的手中。也就是说，"人是可以不受感性世界摆布的，能够按照灵明世界的规律，即自由的规律，来规定自己的意志的"[1]。诚然，人生之意志是不可能完全都实现的。人的力量在特定的历史阶段，都是有极限的。比如，

---

[1] 北京大学哲学系外国哲学史教研室编译：《西方哲学原著选读》下卷，商务印书馆1982年版，第319页。

许多疾病人类目前还不能战胜，目前还要受制于它们。就是说，命运还不会完全败给人的努力。在有些问题上，人是可以把命运征服的，可以在命运面前讨回人的尊严；而在有些问题上，人还没有太好的办法，人可以尽到最大的努力，但不能改变根本的状态。

张岱年先生把命运分为相对之命与绝对之命，就是这个意思。他说："命有二：一相对之命，二绝对之命。相对之命，即环境之相对限制，而可改变；绝对之命，即环境之绝对限制，不可改变。""相对之命即未尽人事之前所遭逢之状况，加以人事之功，则可以改变之；绝对之命，即既尽人事之后犹不能逾越者，为人力所无可奈何。"[①]

"无可奈何"的状况虽然不能改变，但有志者总是尽力在能改变生存状况的范围内改变命运。最具代表性的例子，就是众多的残疾人通过不懈努力，在生活、事业等方面取得了非凡的成绩，使自己生命的价值得以实现，使自己的能力得到了最大限度、最充分的发挥。他们在命运面前捍卫了人的尊严。

以力胜命的人生态度，是中华民族的宝贵精神财富。

在中国历史上除了广泛流行的以力胜命的人生态度外，还有一种积极的人生态度，即以义制命的态度。《吕氏春秋·知分》中说："命也者，不知所以然而然者也。人事智巧以举错者，不得与焉。故命也者，就之未得，去之未失。国士知其若此也，故以义为之决而安处之。"

这段话的大意是：命运是一个客观的东西，你想得到某种命运是得不到的，你想摆脱某种命运也摆脱不掉。有识之士明白命是这样一个东西，所以就按照义的要求，去做他应做的事，以坚定的意志与命相处，而不与之纠缠。

简单地说，这种态度就是道义高于个人生命，为了坚持道义而置命之好坏于不顾。这是把命撇在一边，淡然处之的态度。命好也罢，坏也罢，

---

① 张岱年：《真与善的探索》，齐鲁书社1988年版，第215页。

对于我来说都无所谓，因为我心中有更重要的、更值得追求的东西，这就是道义，就是按照道义的要求，做我该做的事。

冯友兰对以力胜命与以义制命的区别、以义制命的意义有个说明。他说："不管将来或过去有无意外，或意外之幸不幸，只用力以做其所欲做之事，此之谓以力胜命。不管将来或过去之有无意外，或意外之幸不幸，而只用力以做其应做之事，此之谓以义制命。如此则不因将来成功之不能定而忧疑，亦不因过去失败之不可变而悔尤。能如此谓之知命。知命可免去无谓底烦恼，所以《易·系辞》说：'乐天知命故不忧'。"[1]

"以力胜命"是不管命运如何，去做自己想做的事；"以义制命"是不管命运如何，去做自己应该做的事。只要是自己做了应做的事，就是完成了使命，心里就踏实，没有什么为命运所引起的烦恼。应该说，这也是一种积极的、超越了个人之得失的人生态度。历史上许多志士仁人对命运所持的态度，正是这样一种态度。以司马迁为例，虽命运甚为坎坷，但他忍辱负重，写下千古绝唱，为中华民族立下了一大功劳。应该说，以义制命是人生的一个很高的境界。

四、机遇偏爱有准备的人

人生之命运显然与机遇是密切相关的。人把握命运，有时就表现为把握机遇。

机是时机，遇即逢遇，俗话说是"赶上了""碰上了"。"赶上""碰上"，就是遇、就是会，所以机遇也叫机会。荀子在解释什么是命的时候就说："节遇谓之命。"[2] "节遇"就是偶然的遭遇。荀子认为命运是人生的一种偶然遭遇。

---

[1] 冯友兰：《贞元六书》上册，中华书局 2014 年版，第 151 页。
[2] 〔战国〕荀子：《荀子·正名》。

王充所持的也是这种观点。有许多人都有这种看法，认为命运就是人生中一些偶然性所造成的福或是祸。布宁就明确说，"一切人的命运都形成于偶然"①，人生之命运与偶然发生的事件有关系是肯定无疑的了。

但是，世界上是没有纯粹的偶然性的。一个有偶然性的东西，从另外一种角度或者另外一种关系来看，偶然性可能就变成了必然性。凡是偶然性起作用的地方，其背后总是隐藏着某种必然性。分析任何事物，都要将它放在一个很复杂的背景下，分析为什么是这样子，而不能仅仅放在偶然性视角下分析。如果看不到这种必然性，把命运完全解释为偶然性，那么人就没有办法把握其一生，没有办法把命运掌握在自己的手中了。

如果机遇是纯粹的偶然性，一点合规律的东西都没有，那人把握机遇的问题又从何谈起呢？狄更斯在《远大前程》中说："机会不会上门来找人，只有人去找机会。"②如果人生的事物一点规律都没有，怎么去找机会呢？澳大利亚的科学家贝弗里奇说："机遇只垂青那些懂得怎样追求的人。"③

如果机遇一点踪影都没有，人怎么去追求机遇呢？而如果机遇的出现是有征兆的，人去寻求它，那它就不是纯粹的偶然性；不是纯粹的偶然性的东西，就是有几分必然性；有几分必然性，就是带有一定规律性，这样人才能沿着它的规律性去寻求它，才能去把握它。"规律是事物发展中本身所固有的、本质的、必然的、稳定的联系"④，规律的运动和结果不以人的意志为转移，客观规律以体系化的理论为表现形式，这就体现了机遇背后的必然性。

人们往往认为机遇只是单纯的偶然，而事实上个人的准备、努力、行动等都起到了至关重要的作用。没有机遇是自发产生的，前面一定会有某

---

① 转引自《自我论》，佟景韩等译，生活·读书·新知三联书店1986年版，第255页。
② ［英］狄更斯：《远大前程》，转引自《人生哲学宝库》，中国广播电视出版社1992年版，第1196页。
③ ［澳］贝弗里奇：《科学研究的艺术》，转引自《人生哲学宝库》，中国广电视出版社1992年版，第1196页。
④ 李秀林等主编：《辩证唯物主义和历史唯物主义原理》，中国人民大学出版社1995年版，第159页。

种因素、某种动力在推动，只有沿着规律寻找必然性，才能为机遇的到来做好准备。机遇一旦出现，就把它牢牢抓住，让它为自己服务。从这个意义上讲，机遇、好运，是人自己给自己创造的。培根说："一个人底幸运底造成主要还是在他自己手里。"[1]

人怎样为自己创造幸运呢？培根说："善于识别与把握时机是极为重要的。在一切大事业上，人在开始做事前要象千眼神那样察视时机，而在进行时要象千手神那样抓住时机。"[2] 主动寻找和创造机遇，拥有强大的能力和准备，才能更好地发现并抓住机遇，让机遇更有利于自己。

乔叟也认为命运在一定意义上是自己造成的，他说："每人都有一个好运降临的时候，只看他能不能领受；但他若不及时注意，或竟顽强地抛开机遇，那就并非机缘或命运在作弄他，其实惟有归咎于他自己的疏懒和荒唐；我想这样的人只好抱怨自己。"[3] 所谓"能不能领受"好运，是说你能否一眼看出自己的好运来了，是否有能力占有它、利用它。若好运几次降临到自己头上，而自己把握不住，那就等于"顽强地抛开机遇"。这种人不是太麻木，就是太窝囊。

贝弗里奇认为，科学家发现的科学机遇，是科学家长期研究的结果，是他们具有发现能力的结果。他说："有时，机遇带给线索的重要性十分明显，但有时只是微不足道的小事。只有很有造诣的人，其思想满载着有关论据并已发展成熟适于作出发现，才能看到这些小事的意义所在。"[4] 贝弗里奇讲的是科学家的机遇、科学发现的机遇。他的意思很明确：机遇是上天给有充分准备的人安排的。机遇的到来、出现是偶然的，有偶然性；能否认识到这是机遇、能否抓住机遇、能否利用机遇，绝对不是偶然的，而完全是必然的。

---

[1] ［英］培根：《培根论说文集》，水天同译，商务印书馆 2011 年版，第 110 页。
[2] ［英］培根：《培根论人生》，何新译，上海人民出版社 1983 年版，第 33 页。
[3] ［英］乔叟：《特罗勒斯与克丽西德》，转引自《人生哲学宝库》，中国广播电视出版社 1992 年版，第 1190 页。
[4] ［澳］贝弗里奇：《科学研究的艺术》，转引自《人生哲学宝库》，中国广播电视出版社 1992 年版，第 1196 页。

科学家是如此，其他人莫不如此。罗曼·罗兰说："如果有人错过机会，多半不是机会没有到来，而是因为等待机会者没有看见机会到来，没有一伸手就抓住它。"① 抓住机遇并不容易，需要千锤百炼练就"火眼金睛"，只有拥有强大的能力，才有机会掌握机遇，让机遇为自己所用。

可以说，人生的机遇、命运，绝大多数是如上述多位哲人所说的那样，是偶然性与必然性的统一，是偶然出现的机会与长期准备的努力的统一。没有这种偶然性是不行的，只有偶然性，而没有准备、没有能力，则更不行。只有极少的情况才如买彩票一般，完全凭撞运气。如果人生完全凭运气的话，那只能是极少数人走运，绝大多数的人只好自认倒霉。

五、用坚强的意志力抵御厄运

好运多半是凭自己的勤奋、努力和汗水换来的；厄运是要靠斗争、抗争，把它赶走。在与厄运的抗争中，最重要的是要有坚强的意志力。这是因为厄运就像一条毒蛇，它若是缠绕在人的身上，是很难把它立即弄下来的。李大钊说："历史的道路，不全是坦平的，有时走到艰难险阻的境界，这是全靠雄健的精神才能冲过去的。"② 没有坚强的意志力，不能与之作持久的斗争，是很难战胜厄运的。

肉体上的疾患、伤残，日常生活中的天灾人祸，政治生涯中的逆境，经济生活中的不景气、蚀本、破产，科学研究中的失败、挫折，长期没有突破性的进展，等等，都不是咬一咬牙、挺几天就可以渡过难关的。类似的灾难有的是终身性的，有的则是用数月、数年，甚至是数十年来计算的，如果只有勇气而没有韧劲、不能忍耐苦难，不能一点一滴地去克服困难，不想等待时机，那

---

① [法] 罗曼·罗兰：《母与子》，转引自《人生哲学宝库》，中国广播电视出版社 1992 年版，第 1194 页。
② 《李大钊全集》第四卷，人民出版社 2013 年版，第 487 页。

是不行的。著名心理学家、"意义治疗"的创立者维克多·弗兰克尔曾在纳粹集中营生存三年，面对至亲骨肉相继离世的精神打击与被虐待的肉体折磨，仍坚强地活了下来，并靠自身体验建立了意义治疗。可见，拥有足够坚强的意志力，即使在最坏的情况下，也会保持乐观和坚强的信念，与命运相抗争，逆转生命的轨迹。弗兰克尔认为："如果生活中确实存在着意义，那么，这一意义也必然存在于痛苦之中。痛苦是生活中不可或缺的组成部分，甚至就像生和死一样。没有痛苦和死亡，人的生命是不完整的。"[1] 这意味着每个人必然要接受命运及其带来的所有苦难。正如蒙田所讲到的："我们必须学会忍受我们不能规避的东西。"[2] "我们必须耐心地忍受我们自然条件的法则……"[3]

在另一段话中他又说："可你对命运却没有任何其它权利，除了耐心。'安宁只有凭理智而获得。'"[4] "安宁只有凭理智而获得"是蒙田引用的古罗马哲学家塞涅卡的一句话。蒙田引用这句话，意在说明：忍耐、坚持，所需要的是一种理性的沉思，是一种很清醒的自我控制。他知道只有这样做才会有出路，其他的行为、态度，很可能把事情搞坏。超强的忍耐力、坚定的信心是战胜厄运的前提。

中国人对"忍"这个字、这种心理状态、这种自我控制的能力，是不陌生的，甚至是有所偏爱的。中华优秀传统文化博大精深，无论是儒家的内圣、道家的守柔，还是佛家的慈悲，无一不体现"忍"这个字。《论语》有"小不忍则乱大谋"的警戒流传于世；《孟子》有"养浩然之气"的言论警示后人；《老子》留给我们"上善若水，水利万物而不争"的名言警句；佛家有"六度万行，忍为第一"的信条等。可见"忍"不仅是一种能力，更是一种修养韬

---

[1] [奥]维克多·弗兰克尔：《追寻生命的意义》，何忠强、杨凤池译，新华出版社2003年版，第69—70页。
[2] [法]蒙田：《随笔集》，转引自《世界著名思想家论人生》，中国国际广播出版社1992年版，第239页。
[3] [法]蒙田：《随笔集》，转引自《世界著名思想家论人生》，中国国际广播出版社1992年版，第240页。
[4] [法]蒙田：《随笔集》，转引自《世界著名思想家论人生》，中国国际广播出版社1992年版，第240页。

略。这个"忍",是人在没有办法时的最后的一个有效办法。越王勾践卧薪尝胆,忍人所不能忍之辱,受人所不能受之苦,励精图治,始终不忘东山再起。

欲获得成功的喜悦,需体验痛苦的折磨,但凡有所成就的人,往往是能够忍受折磨的。明朝薛应旂曾说了这样一段话:"君子不可以不忍也。忍欲则不屈于物;忍剧则不扰于事;忍挠则不屈于势;忍穷则不苟于进。故曰必有忍乃有济。"[1] 忍受、接受、承受、享受人生路上的种种苦难,才能征服令很多人望而却步的命运!实际上这也是顽强意志力和尚未达到目标不屈不挠精神的体现。

"欲"指物质欲望,"剧"指事物的进程过于快,"挠"指有意阻挠、设置障碍,"穷"指没有出路。"挠"与"穷"和命运是有关的。你想办成一件事,不料有权有势的人出来加以阻挠,你只有一边忍耐着他们的搅和,一边坚持干,否则就只能屈服于他们。即使身处困境,没有了出路,也要忍耐、坚持住,不能随随便便找一条出路。一个人只有具有忍耐、坚韧的精神、能力,才能实现自己的人生愿望,而不被命运所吞噬。我们在讨论"顺境与逆境"问题时,引用了培根的一句名言:"幸运所需要的美德是节制,而厄运所需要的美德是坚忍;后者比前者更为难能可贵。"培根这句话确实很精彩。节制与坚忍虽然都源于一种自我控制能力,但是身处两种不同的境遇,前者是一种满足、幸福,而后者是痛苦;前者一般是短暂的,而后者一般是长期的。

没有忍耐力、耐心和坚持到底的精神,就是没有意志力。没有坚强的意志力,与厄运抗争就是一句空话。要战胜厄运,就要培养、锻炼自己的意志力。高尔基说:"在意志面前,一切都得弯腰低头。"[2] 一个人的身世虽然不可控制,命运也许有时候会更加险恶,但是一个人的意志力可以让他

---

[1] 〔明〕薛应旂:《薛方山纪述》,转引自《顿悟人生》,金城出版社1993年版,第33页。
[2] [苏]高尔基:《意大利童话》,转引自《世界文豪妙语精选》下,青海人民出版社1994年版,第269页。

通过足够的努力和顽强的精神逆转由外界导致的不好命运。

平静的海洋练不出熟练的水手。人生不会一帆风顺，狭路相逢勇者胜。不经风雨难见彩虹，愈挫愈勇才能绝处逢生。只有经历过困难与挫折，才能更好地认识自己、提高自己，以顽强的意志力战胜厄运，这样才能在披荆斩棘中一往无前，做命运的主宰者。

（撰稿：陈昇、王雅瑞）

第二讲
理想与信仰

的确，信念最好能由经验和明晰的思想来支持。……关于"是什么"这类知识，并不能打开直接通向"应当是什么"的大门。人们可能有关于"是什么"的最明晰最完备的知识，但还不能由此导出我们人类所向往的目标应当是什么。……应该认为只有确立了这样的目标及其相应的价值，我们的生存和我们的活动才能获得意义。

——爱因斯坦

人生不仅有许多具体的价值追求，而且还有一些超出了具体价值目标的追求，其中包括了对理想与信仰的追求。这样说并非认为有脱离开具体价值目标的理想与信仰，也不是说一些具体价值目标中没有理想与信仰的因素，而是要在不同的维度上将二者有机地结合起来，才能更好地理解其含义。

一、人生为何一定要追求理想

人们都是生活在现实之中的，现实的经济、政治、文化便是我们生活的依托，柴米油盐酱醋茶、房子票子位子是每个人都关心在意的，离开现实我们到哪里去生活呢？可是，生活在现实中的人又都不安于现实，总是在谈论未来，追求理想。理想、未来为什么对人有那么大的吸引力？理想到底是什么呢？

其实，人们在追求理想的时候，并不一定先要从理论上把理想是什么弄清楚，然后再去确定一个理想。在实际生活中，没有人追求那个抽象的理想。人们凭生活实际的指导，就知道要确立理想。没有钱的千方百计在赚钱，没有房的在想办法盖房或买房，知识与技能欠缺的会去学知识、练技能，尚未有意中人的在积极寻找意中人……关于个人生活的理想，生活实际本身就是老师，用不着别人多费口舌。

可是，这种理想也只能说是大致地知道需要追求什么，要使这个目标很确定、能够实现，那就不太容易了。这时就需要对理想是什么、它有什么特点、它与人生到底是什么关系，以及怎样才能确定一个恰当的理想等问题进行一些研究。

简要地说，理想是一种人对未来的向往、对未来的追求。人与动物有许多区别，其中之一是动物既没有过去也没有未来，动物只有现在。这是因为动物没有精神世界，没有精神生活。它既没有对它的过去的记忆，也不可能对未来有什么设想，它只会适应现在。严格地讲，就适应现在这一点，在它的头脑中也是不存在的，它若能知道、能意识到它是在适应现在，那也就能懂得过去与未来了。

人则不然。可以说人是生活在三个时态中的：过去、现在与未来。人是生活在现实中的，他现实的人生状况中就包含了他的过去。现在是从过去走过来的，是自己创造的。同时人还常常在回忆过去，在消化自己的人生、体会生活的意义，不仅会对过去的美好之处有些留恋、怀念，而且还会总结出一些经验教训，用以指导现在与未来的人生实践。人生是一边回忆过去，一边面对现在与未来。不论过去是美好的还是不堪回首的，时光总是一天天在消逝，人总要从过去走到现在、走向未来。

人不仅不能停留在过去，甚至连停留在现在，或者说是生活在现在，都是一个带有矛盾性的问题，必须对现在的概念加以特殊的限定，现在才能成立。因为当我们说"现在"的时候，现在已经过去了。我们经常把未来表述为明天，就是说未来距离我们是很近的。从这个角度看，人是身在今天，心想明天。人的一生简直就是全在为未来打算、为未来奔忙，在不断地营造未来。

可以说人生是未来指挥着现在。歌德就表达过这个意思，他说："我觉察到，人类毕竟是为着将来的缘故而忽略和牺牲了现在。"[1] 歌德说的是正确的。自古以来，凡是有远见的人，总是把未来的利益看得高于现在的利益，认为眼前的利益要服从长远的利益。人们不理睬现在而忙着构筑未来，这好像是一件不可思议的、奇怪的事，然而却是真实的。只有把现在当作一段相对稳定的时间，才有现在。否则，现在就是一个稍纵即逝的东西。

人追求未来，主要并不是因为时不我待，而是人总希望未来比现在好。理想之所以对人有吸引力，就是因为在理想中寄托着一个希望，寄托着一种能在未来实现的追求。这个希望、这种追求，使人觉得生活有盼头、有熬头，现在出点力，甚至是受点罪也是值得的。这就是理想给予人的一种精神力量。雨果在《九三年》这本书中说："如果世界上没有绝望这回事，希望就是人类最伟大的鼓舞力量了。"[2] 换句话说，只要人不是处于绝望的境地，只要还有一丝希望、一点盼头，人就会去奋斗。从这个意义上讲，理想就是人生的精神支柱，是人在遇到艰难困苦时战胜困难的力量与意志的来源。理想向人们展示了未来，鼓舞着人们去追求未来。

那么，现实是不好的吗？我们不能说现实是不好的，不能对现实完全持否定的态度。特别是在一个理想刚刚实现的时候，更应该是这样。人们生活在现实之中，现实是追求未来的基础，我们不能越过现实凭空去追求未来。也要认识到，现实总是有缺陷的，世界上不存在绝对完满的事物。人们之所以追求理想，说到底就是要把现实世界的缺陷弥补起来，使之趋向于完满，也就是说，理想总是高于现实、好于现实，所以人们才会追求理想。

---

[1] ［德］歌德：《歌德自传——诗与真》，转引自《世界著名思想家论人生》，中国国际广播出版社 1992 年版，第 106 页。
[2] ［法］雨果：《九三年》，转引自《世界文豪妙语精选》上，青海人民出版社 1994 年版，第 217 页。

理想是怎样产生的呢？理想是在现实暴露出来的缺陷的启发下产生的，是在现实的缺陷这个"老师"的指点下产生的。人们发现了现实的缺陷，研究这个缺陷是如何形成的，能够用什么办法把它克服掉，在头脑中形成一套方案，形成一个与现实比较起来没有缺陷的、比较好的新事物的构想。这个构想是在理性的指导下，通过理性思维和推理形成的。这个构想便是理想。理想状态就是完满的状态，理想的最大特点就是具有完美性。

马克思和恩格斯提出了共产主义的伟大理想。这个理想是怎样提出来的？这个理想社会的基本制度，就是针对克服资本主义制度的根本缺陷而提出的。在资本主义制度的根本缺陷没有被克服之前，共产主义制度的基本构想与理论是不会过时的。至于它如何得以实现，则要根据历史发展的具体历程，并非教条地去按马克思和恩格斯的设想去做。我们党坚持把马克思主义基本原理同中国具体实际相结合、同中华优秀传统文化相结合，产生了毛泽东思想、邓小平理论、"三个代表"重要思想、科学发展观、习近平新时代中国特色社会主义思想等重大理论成果，用于指导中国的实践，一步一步到达理想之境界。

追求理想就是追求完满、追求完满的人生。张岱年先生在讲述人生目的时曾表达过这个意思。他说："人生之目的，在于生之圆满。"[1] 歌德也说过："十全十美是上天的尺度，而要达到十全十美的这种愿望，则是人类的尺度。"[2] 人生之圆满，是人生追求的一个终极性的价值目标。这样看来，人的一生只是在做着一件事——使现实生活圆满起来。

对青年而言，理想就是孕育目标的土壤。为了达到理想，青年需要设立很多目标并一一实现。为了实现这些目标，就会产生动力，就会采取积

---

[1] 张岱年：《真与善的探索》，齐鲁书社1988年版，第349页。
[2] ［德］歌德：《歌德的格言和感想集》，转引自《世界著名思想家论人生》，中国国际广播出版社1992年版，第135页。

极的态度。所以说，有理想，就会有目标、有动力、有担当。

二、理想的主观完美性

在旧社会，穷人中流传着这样一句话："穷人三件宝：丑妻、孬地、破棉袄。"对当时的穷人来说，能得到丑妻、孬地和破棉袄就是他们追求的理想。

现在的青年人没有经历过旧社会的生活，对这个说法可能是大惑不解的。丑妻、孬地、破棉袄怎么能够成为宝贝呢？又怎么能成为一部分人的人生理想呢？要理解这个问题，就必须把它摆在旧社会穷人的生活环境中去。

爱美之心人人皆有，穷人并非不想有一个漂亮美貌的妻子。但是，穷人娶妻主要是为了传宗接代、干各种活、养育子女与侍候老人，同时能维持家庭的平安和睦，能完成这些，就是一个好的妻子。

所谓孬地，就是土质或地形不好的田地。或是不能好好长庄稼，或是不便于耕种与使用。这种田地，地主恶霸看不上，不会成为他们抢夺的对象。而穷人只要舍得出力气，就会有一些收成，就对度日有一些帮助。穷人若是有一块肥沃的或是地理位置好的土地，那地主恶霸就会惦记这块地，早晚会找个"理由"，把这块土地弄到自己的手中。穷人若是不依那些地主恶霸，大祸就会临头，一家人的日子就不会安宁。弄不好还可能流离失所，父亡子伤。这样看来，孬地对穷人来说，不失其优越性。

破棉袄能成为一宝，就在于它的破旧，不会让人格外心疼它。穿在身上能干活，铺在地上能当被褥。一年四季都用得上，在家在外都少不了。若是一件新棉袄，且不说买不起，就是几代人拥有一件，谁又肯舍得把它铺在地上呢？

丑妻、孬地和破棉袄对于尚未拥有的穷人来说，确实都是理想的对象。这个现象对于我们研究理想的特征来说，是非常有价值的。理想是否完美，不在于客观上是否完美，而在于主体的主观需要。理想的完美性是一种主观完美性，是主体自己看它是否有完美性。这正如爱因斯坦所说的："'是什么'这类知识，并不能打开直接通向'应当是什么'的大门。"① 从"是什么"的角度看，这"三件宝"是一眼就能看清楚的，这是一个很简单的事实。但一讲"应当是什么"，就多出来了一个因素，这个因素就是主体，就是作为主体的人。有了作为主体的具体的人，就有了具体的需要。这时，就产生了"应当是什么"的问题了。

"是什么"讲客体是什么。这个客体是否合于主体的需要，那就要由另外一个东西作出决定，这个东西就是一个价值标准。"能打开直接通向'应当是什么'的大门"的那个东西、那个"另一个源泉"，不是别的什么东西，而是主体的价值取向，是看这个客体对主体是好的、有利的，还是坏的、有害的。丑妻、孬地和破棉袄从抽象的、一般的意义上讲，是不理想的，可对于穷人来说，却有极高价值，因而能成为他们的理想目标。

理想中包含的这种主体的主观完美性表明，理想不是别的东西，而是主体个人追求的价值。人生追求理想，就是主体追求他认为值得追求的生活。理想的这种主观完美性既有可爱的一面，也会给追求理想的人带来一些苦恼。

---

① 转引自《理想论——中外名人名篇荟萃》，上海人民出版社1987年版，第57页。

三、追求理想的苦恼与欢乐

追求理想、追求未来是非常美好的事，但是追求理想的人也常常有一些苦恼。比如，有的人有一个美好的理想，可是几经努力也未能实现，他就会认为自己的运气不好，从而为理想实现不了而苦恼。

在历史上有一些有名的人，从他们的人生经历或他们的著作中都能看到，他们由于实现不了理想，内心极度痛苦。屈原就是一个典型。他虽然有报国之志，但得不到楚国当权者的欣赏与任用，甚至遭到一些人的忌妒、陷害。他把内心的愿望与苦闷，在《离骚》中作了尽情的倾诉。凡读过这篇作品的人，都会为之感动。历史上追求理想的婚姻、爱情而受阻的故事，不胜其多。那些主人公也都是满怀愁绪，被理想的爱情与婚姻不能实现的痛苦折磨。《红楼梦》中林黛玉就是不能实现爱情理想的典型。可以说，越是美好的理想，给人带来的快乐与痛苦越剧烈、越长久，对人生的影响也越深刻。

追求理想的人的苦恼是由多方面原因引起的，而其中一部分与理想本身的一些特点分不开。

理想是人对圆满的追求，而对这个圆满如何理解、如何把握，就会带来一些问题。如果把这个圆满绝对化，则后患无穷。因为世界上不存在绝对的圆满，只有相对的圆满，或者说只有相对的理想状态。如果有人要追求到绝对圆满时方才罢休，那就永远也没有个完结了。有些自恃条件不错的人挑选意中人的过程拉得特别长，甚至从 20 岁一直挑选到 40 岁。这种人大多不知道理想状态是相对的，一心想寻找绝对理想的意中人，结果自己给自己招来许多苦恼。

理想有着极强烈的主观完美性，这个主观完美性也会给追求理想的主体带来许多苦恼。因为这个在主体看来很完美的东西到底是否真的完美，是不一定的。主体自己的价值观念有时就是不大正确的，或者是变动不居的。特别是青年人，受情绪的影响比较大，理智的一面有欠缺，看问题往往好走极端，好感情用事。所以，在一些青年人那里，此一时自以为是完美的东西，到彼一时就可能发生变化，认为那个东西千疮百孔、不值一文；或是自己认为是理想的东西，结果在别人看来是很不值得追求的，在社会的价值标准看来是不应当追求的。这些情况的存在，都会引起理想追求者内心的一些负面的情绪，甚至会带来痛苦。

理想是一系列的行为所指向的目标，只要这个目标是切合实际的，与追求者的能力、客观的条件和需求是相符合的，那么只要经过一段时间不懈地努力，这个理想就可能实现。实现理想的乐趣，局外人是难以体会到的。

追求理想的乐趣主要不是体现在理想实现的结果上，而在于追求的过程之中。一个理想实现之后，人们就不再总去谈论它了，不会总是把这一次胜利放在心上。人们必须继续前进。莎士比亚在《威尼斯商人》中说："世间的任何事物，追求时候的兴致总要比享用时候的兴致浓烈。"[1]

歌德也说过："人好象是同什么的关系也没有同长久在心里所孕育所保有的希望和愿望的关系这样亲切，可是，如果希望和愿望一旦实现了，并且一拥而至，他反而不认识它们，在它们面前退避了。"[2]

这是为什么呢？因为人在追求的过程之中，总是处于一种好奇之中，处于一种非要弄他个水落石出、揭开那神秘的面纱、探个究竟的心情之中，这也是人的兴奋过程，是发挥他那可贵的创造力的过程。可以说，追求理

---

[1] ［英］莎士比亚：《威尼斯商人》，转引自《世界文豪论人生》，中国国际广播出版社 1992 年版，第 384 页。
[2] ［德］歌德：《威廉·麦斯特的学习时代》，转引自《世界著名思想家论人生》，中国国际广播出版社 1992 年版，第 135 页。

想的真正乐趣，就在这里。追求的过程虽然不是目的，但在追求的过程中，可以发挥自己的作用，体现自己的价值。理想的实现虽然是目的，但到了那时候，一幕戏也就演完了。理想的实现在一定的意义上，只是对人的能力的证实。这便是理想实现的乐趣所在。

四、信仰是至高的追求

人生活在世界上追求理想，是为了未来生活得比现在更好，是要从理想中获得一种精神动力，在遇到困难时有一个精神支柱。但人不仅追求理想，还追求信仰。为什么在理想之外还要追求信仰呢？理想与信仰是一回事还是两回事呢？理想与信仰是何关系呢？

理想与信仰有时是合二为一的，看起来是一回事。共产党人的理想就是在全世界实现共产主义，他们信仰的也是共产主义。但仔细推敲起来，理想与信仰还是有区别的。理想是作为一个完美的目标、目的存在的，而信仰并不是目标、目的。信仰是人追求这个目标的根据，是人生活在世界上的根据，是说服自己、指导自己的行为的根据。共产党人把共产主义作为理想追求时，共产主义是一个要实现的目标，是一种理想的社会制度；共产党人把共产主义当作信仰追求时，共产主义是一种思想理论体系，是一种世界观。这个思想理论体系指出了人类历史发展的必然趋势，指出了人类社会必然要走向共产主义，这是共产党人追求共产主义社会制度的思想根据。

信仰对于人生的作用，比理想更大一些。罗曼·罗兰说："居于一切力量之首的，成为所有一切的源泉的是：信仰。而要生活下去就必须有信仰。""信仰如不存在，整个生活和科学便成虚无。"①

这里所说的"所有一切"，指的是全部生活、"整个生活"，他认为信仰是整个生活据以存在的一个基础。人生活在这个世界上，与自然、与社会相比较，是渺小的、软弱的。人是生命体，总有一天会离开这个世界，这对一些人来说，是一大恐惧。人总是面临着未来，未来到底是什么样子？人们耿耿于怀。特别是当人的生命、人的生活受到某种不测的威胁时，人或多或少会有一种恐惧感，会感到不踏实，不知未来是祸是福。

魏特林在说到信仰时，有一段话，所描述的正是这样一种心情。他说："即使知识力量坚强，有足够的精神力量对任何信仰形式甚至任何信仰不屑一顾，但有谁敢于断言，他已经研究透了人内心最深处的秘密，他的知识永远能够满足他的感情呢？""有知识的人啊！你坚强有力，完全能够骄傲自豪地以深沉的目光注视着最可怕的形式的死亡，在你背后一种空空的静寂的永恒；但是，难道你也知道你在生命的任何瞬间都不会失却这种自豪的力量？难道你的智力不会随着你的体力的毁灭而毁灭？今天你站在知识的高峰上觉得信仰十分幼稚软弱和浅薄渺小，但是，难道你在智力方面不会又回复到你起步向知识的高峰攀登时所处的幼稚状态？死亡和坟墓吓不倒你，骄傲自豪的人！但是，如果命运端给你的是它苦杯中的沉淀的苦渣，如果在这个世界上你喜爱和珍视的一切都背弃你，如果你再也得不到朋友的拥抱，如果各种情欲合力熄灭你胸中熊熊燃烧的骄傲自豪的力量之火，试问，你的知识这时能够战胜占居你心灵的绝望吗？"②

人如果真遇到这种情况，他将十分孤独，绝望将是难免的。可是，如果心中有信仰，信仰将给他以支撑，给他以生命价值的寄托。外在的力量

---

① ［法］罗曼·罗兰：《罗曼·罗兰回忆录》，转引自《世界文豪妙语精选》上，青海人民出版社1994年版，第227页。
② ［德］威廉·魏特林：《一个贫苦罪人的福音》，转引自《理想论——中外名人名篇荟萃》，上海人民出版社1987年版，第15—16页。

尽管可以剥夺他的一切，却难以夺去他的信仰。正如方志敏烈士所说的："敌人只能砍下我们的头颅，决不能动摇我们的信仰！"[1] 信仰与人的这种关系，使得信仰对人生具有了十分不寻常的意义。它是人的生活中至高的和永久的价值，在那绝望的时刻，得之则生，弗得则死。

追求理想与追求信仰的路径是不一样的。追求理想是充分发挥人的创造性，实现人的愿望，把主体的追求变成外在的、客观的现实，以使自己的力量与智慧得到确证。而追求信仰恰恰与追求理想走着相反的路，是要把一个外在于主体的、崇高而神圣的对象当成自己的守护神，把它从客观世界请到自己内心来，让它占据自己的心灵的主导地位，成为自己精神世界的重要组成部分。这种信仰是自觉自愿的选择，是逐步形成的一种情感与理智。泰戈尔把它看作是生命的主宰："如今我才深切地体会到'走自己的路虽死犹生，走别人的路危险重重'这一格言的意义。一切都可以当做礼物收下，但是，信仰和所选择的道路，如果不是自己的，那就不是得救，而是死亡。我不能从别人的手中乞求布施似的得到我的神——我生命的主宰，如果我得到他，那是我自己找到他的。如果不是这样，真是生不如死啊！"[2] 这就是追求信仰的过程，是自己主动选择的过程，然后将自己托付于它。所以信仰最重要的是信，是信赖，是敬仰，是把自己献于这个崇高而伟大的东西，使自己的生命与一种永恒的东西联系在一起，化短暂为永恒。

理想是精神的支柱，信仰是精神的源泉。追求理想是生命的活动，追求信仰是找到安身立命的根基。

---

[1] 方志敏：《死》，转引自《理想论——中外名人名篇荟萃》，上海人民出版社1987年版，第333页。
[2] ［印］泰戈尔：《四个人》，转引自《人生哲学宝库》，中国广播电视出版社1992年版，第201页。

五、共产主义是我们的理想与信仰

毛泽东在《新民主主义论》中写道:"共产主义是无产阶级的整个思想体系,同时又是一种新的社会制度。这种思想体系和社会制度,是区别于任何别的思想体系和任何别的社会制度的,是自有人类历史以来,最完全最进步最革命最合理的。封建主义的思想体系和社会制度,是进了历史博物馆的东西了。资本主义的思想体系和社会制度,已有一部分进了博物馆(在苏联);其余部分,也已'日薄西山,气息奄奄,人命危浅,朝不虑夕',快进博物馆了。惟独共产主义的思想体系和社会制度,正以排山倒海之势,雷霆万钧之力,磅礴于全世界,而葆其美妙之青春。"①

毛泽东在这段论述中把共产主义既作为共产党人的理想,又作为共产党人的信仰来看待。新中国成立后,共产主义的理想和信仰扎根在当时中国青年的心中。

共产主义、社会主义的道路、理想,从根本上说并不是人的主观选择,而是历史的选择。自鸦片战争开始,中国一步步沦为半殖民地半封建社会,先进的中国人开始寻找救国救民的道路。鸦片战争结束约10年后,中国爆发了太平天国农民起义;鸦片战争结束近60年的时候发生了戊戌变法;鸦片战争结束70年后发生了辛亥革命。但这几个大的历史事件都没能挽救中华民族的危亡。1917年,列宁领导的俄国十月革命成功,马克思列宁主义传到了中国,1919年五四运动进一步促进了中国人的觉醒,两年之后,中国共产党成立。在中国实现共产主义成了先进的中国人的理想与信仰。经过28年的奋斗,中国人民获得了解放,中华民族获得了独立。每个人每个党派走什么道路,是由人选择的,好像历史的道路是人的

---

① 《毛泽东选集》第二卷,人民出版社1991年版,第686页。

主观意志选择的结果，但历史要淘汰谁、要选择谁，并不是各党各派、各种势力自己的意愿所能决定的。这是历史的潮流。把共产主义当作理想与信仰，是中国历史的潮流和世界历史潮流的共同选择。

新中国成立70多年来，经济发展走过了曲折的道路，发生了翻天覆地的变化。特别是改革开放40多年来，国家的综合实力有了较大的提升，这并非自吹自擂，而是全世界有目共睹的。党的二十大报告指出，新时代十年，"我国经济实力实现历史性跃升。国内生产总值从五十四万亿元增长到一百一十四万亿元，我国经济总量占世界经济的比重达百分之十八点五，提高七点二个百分点，稳居世界第二位；人均国内生产总值从三万九千八百元增加到八万一千元。谷物总产量稳居世界首位，十四亿多人的粮食安全、能源安全得到有效保障。城镇化率提高十一点六个百分点，达到百分之六十四点七。制造业规模、外汇储备稳居世界第一。建成世界最大的高速铁路网、高速公路网，机场港口、水利、能源、信息等基础设施建设取得重大成就。我们加快推进科技自立自强，全社会研发经费支出从一万亿元增加到二万八千亿元，居世界第二位，研发人员总量居世界首位。基础研究和原始创新不断加强，一些关键核心技术实现突破，战略性新兴产业发展壮大，载人航天、探月探火、深海深地探测、超级计算机、卫星导航、量子信息、核电技术、新能源技术、大飞机制造、生物医药等取得重大成果，进入创新型国家行列"[1]。所以我们说，中国在改革开放以来创造了两大奇迹，一个是经济快速发展奇迹，一个是社会长期稳定奇迹。

社会主义事业、共产主义事业，就是要克服资本主义制度的基本缺陷，要消灭生产资料的私人占有制，以及建立在此种占有制基础上的人剥削人

---

[1] 习近平：《高举中国特色社会主义伟大旗帜　为全面建设社会主义现代化国家而团结奋斗——在中国共产党第二十次全国代表大会上的报告》，人民出版社2022年版，第8页。

的制度，大力发展社会生产力，为绝大多数人谋求幸福；要实现人人平等、民主自由，每个人都能得到全面发展的机会和条件。每个民族、每个国家的社会主义具体是个什么样子，对于如何实现这一理想，马克思并没有，也不可能有详细的说明，只能靠我们自己来探索。

我们经过几十年的实践，根据实践的检验，抛弃了原来的一些不符合实际情况的做法，同时吸收了资本主义世界在发展经济方面的一些有益于我们的做法，实行社会主义的市场经济，走出了中国特色社会主义道路。但这并不等于要抛弃共产主义的理想和对马克思主义的信仰。1872年，马克思和恩格斯在为新的德文版的《共产党宣言》写的序言中就说，"这些原理的实际运用，正如《宣言》中所说的，随时随地都要以当时的历史条件为转移"[①]。把我们抛弃过去对社会主义的一些不正确的认识和不正确的做法，当作要放弃共产主义理想和信仰，是一种错误认识。

我们之所以不能放弃共产主义理想与共产主义信仰，是因为只有共产主义才能给绝大多数人带来利益。我们允许一部分人先富起来，是为了先富带后富，尽快达到共同富裕。党的十八大以来，我们下了很大的力气搞脱贫攻坚，坚定不移推进共同富裕，就体现了社会主义的本质要求。让少数人富起来，不是我们的目的。放弃共产主义理想和信仰，放弃这个根本的价值观，就必然会使绝大多数人的利益受到损害。

共产主义的理想与信仰不仅应当是我们的共同理想和信仰，而且应当尽可能地使它成为个人的人生追求，如果不能成为个人的追求，共同理想和信仰就会成为无主体的抽象的存在，共同理想和信仰的坚持就是不可能的。

为共产主义的理想和信仰而奋斗是崇高的，因为共产主义是人类有史

---

① 《马克思恩格斯选集》第一卷，人民出版社2012年版，第376页。

以来最为崇高的、最为壮丽而美好的事业，它不是为少数人的私利，而是为绝大多数人的利益而存在的。

（撰稿：陈昇、刘俊彦）

第三讲
追求与价值

人有了物质才能生存，人有了理想才谈得上生活。你要了解生存与生活的不同吗？动物生存，而人则生活。

生活就是理解。生活，就是面对现实微笑，就是越过障碍注视将来。生活，就是自己身上有一架天平，在那上面衡量善与恶。生活，就是有正义感，有真理，有理智，就是忠贞不渝、诚实不欺、表里如一、心智纯正，并且对权利与义务同等重视。生活，就是知道自己的价值、自己所能做到的与自己所应该做到的。生活，就是理智。

——雨 果

一、人生是无尽的追求

已故哲学家冯友兰在20世纪二三十年代写过一本《人生哲学》,其中对什么是人生有一个说明。他说,吃饭是人生,读书是人生,生孩子是人生。"人生就是生活之总名。"①

当代伦理学家李奇在她所主编的《道德学说》中对什么是人生也有一个说明。她认为人生就是有目的的活动,而活动的内容非常多,包括社会生活的各个方面。因此她说:"就这个意义来说,人生就是人们的整个生活内容,就是人们的生活本身。"②

在罗国杰主编的《伦理学》中,对这个问题是这样说的:"如果说人生就是人的社会实际生活过程,那么这个过程对个体来说,就是个人认识世界和改造世界的生命历程。"③

这些说法各有其道理。但对于那些渴望了解人生真谛、渴望知道人生到底是什么,以便使自己摆脱人生矛盾折磨的青年来说,似乎还不太能"解渴"。

---

① 冯友兰:《人生哲学》,转引自《人生幸福论》,中国青年出版社1996年版,第187页。
② 李奇主编:《道德学说》,中国社会科学出版社1989年版,第519页。
③ 罗国杰主编:《伦理学》,人民出版社1989年版,第318页。

一般说来，人在生活非常顺利的时候，是不大会想到"人生是什么"这个问题的。唐朝诗人孟郊考中进士后，在京都长安策马游街，万分得意。他赋诗一首，曰："昔日龌龊不足夸，今朝放荡思无涯。春风得意马蹄疾，一日看尽长安花。"此时此刻，他的脑海中浮现的是美好的未来，绝对不会去思考那恼人的人生是什么的问题。而思考人生是什么的人，大半是那些遇到挫折、遇到了不顺心的事的人。他们努力了、奋斗了，甚至比别人多付出了几倍的心血、多吃了几倍的苦头，然而得到的却不及别人的几分之一；或者他们经过长期的拼搏，也取得了非凡的成绩，可是在命运的捉弄下又从山顶跌到了谷底，他们想不通这到底是为什么，弄不明白人生怎么会是这样一番情景。他们对于前途产生了怀疑，价值观发生了动摇。在这种疑惑中，人会思考人生到底是什么的问题。对于有这样的人生问题的青年来说，仅告诉他们人生就是人的生活，或人生就是人的生命历程等，既不能解除其心中的苦闷，也不能告诉他们应怎样看待、怎样对待这个问题。

　　对于人生是什么的问题，还要再挖掘。

　　人是一种非常奇怪的动物，我们每个人都经历着人生，可是我们有时候还要追问什么是人生。这真是有点骑驴觅驴的味道，难道我们平时都在稀里糊涂地生活着？

　　其实并不是因为稀里糊涂地生活才有什么是人生的问题，稀里糊涂生活的人恰恰不理会世界上还有什么是人生的问题，只有那些认真对待生活的人，头脑中才会出现这个问题。

　　也许有人会说：这算什么问题，人人都在经历着人生，还不明白什么是人生？他们认为这个问题太平凡了，简直不成其为问题。

　　这话有一定的道理，但不全面。什么是人生是一个既平凡又深奥的问题。说它平凡，是因为每个人确实都在经历着人生，都在感受着人生，虽然不能有条有理地说出人生是什么，但对于人生的基本内容是很清楚的：小时读书；大了工作，结婚生子，挣钱养家；老了退休；死了安葬。

从生到死，如此而已。说它深奥，是说仅仅这样描述人生经历还不等于解决了什么是人生的问题。只有对人生的真谛作出抽象、概括，并把握它，人在遇到重大人生矛盾时，心里才能明白这是怎么回事，才能面对矛盾采取正确的态度与做法。可是要作出这种抽象，不太容易。

我们在本讲开篇征引了雨果关于生存与生活的一段话，这段话很值得我们玩味。他认为只有为理想而奋斗，才能称之为生活；没有对理想的追求，浑浑噩噩，那只能是动物一般的生存，不能称之为生活。而"生活就是理解"。为什么说"生活就是理解"？"理解"又是什么？要"理解"的内容是什么？

理解就是体会、认识、反思。所谓生活就是理解，是说人与动物不一样，他能把自己的生活作为认识的对象来对待，分析、认识、体会它的得失与意义，寻找它的道路与前途。雨果在这段话的末尾说："生活，就是知道自己的价值、自己所能做到的与自己所应该做到的。"这是只有人才能做到的，动物是不知道自己的价值的。对于动物来说，它既不会，也没有必要理解什么是自己所能做到的与自己所应该做到的问题。

人则不然。人的一生都在不断地审视自己，安排自己的生活：看一看自己有多大能力，能做一些什么事、如何去做；哪些前途是能争取到的，哪些前途是争取不到的，哪条路走得通，哪条路走不通，如此等等。也就是说，人不是像动物那样无忧无虑，一切听从大自然的安排，顺其自然。人是有忧有患的，大自然没有为人准备一日三餐。人要自己安排自己的生活，自己创造自己的生活。所谓创造生活，就是自己要找事情去做，把人生当作一番事业来开创，把人生当作一件未完成的艺术作品精雕细刻。

人这样生活当然比动物要累得多了，但这就是人的价值，因为他有自由，他能实现自己的意志。动物生存在世界上虽然自己不费什么力气去创造，但它是任凭自然去摆布的，它没有意志自由。这正是动物的可悲之处。

马克思对这个问题也有过许多论述，其中有一段话是这样说的："动物和自己的生命活动是直接同一的。动物不把自己同自己的生命活动区别开来。它就是自己的生命活动。人则使自己的生命活动本身变成自己意志的和自己意识的对象。……仅仅由于这一点,他的活动才是自由的活动。"①

马克思的这段话与本讲开篇雨果的那段话,所说的是同一个问题。雨果是用文学的语言来揭示人生、揭示生活的深刻内涵,马克思是用哲学的语言揭示人生与生活的本质。都是说人是在创造自己的生命、创造自己的生活,这是人的最根本的价值所在,是人的伟大之处。

二、创造生活有苦有乐

罗曼·罗兰为托尔斯泰写了一部传记,他在书中说:"人生不是一种享乐,而是一桩十分沉重的工作。"②

人生是一桩沉重的工作,但也是一桩有特殊乐趣的工作。

人生是人在不断地创造自己的生命、创造自己的生活。黑格尔在讲到人与动物的区别时,也强调了这一点。他说:"男子应该汗流满面去劳动,女子应该忍受痛苦去生育。此种劳动,细究起来,一方面固是与自然分裂的结果,一方面也是对于这种分裂的征服。禽兽对于足以满足其需要之物,俯拾即是,不费气力。反之,人对于足以满足其需要的手段,必须由他自己去创造培植。"③

如果人生的内涵仅仅是为解决自己的生命存在,与自然发生关系,进行生产物质生活资料的劳动,此外不再有别的什么事情,那么人生就简单得多了。虽然劳动需要付出一些艰辛,却也不会太为难人。因为自然没有

---

① [德]马克思:《1844年经济学哲学手稿》,人民出版社2018年版,第53页。
② [法]罗曼·罗兰:《托尔斯泰传》,转引自《世界文豪妙语精选》上,青海人民出版社1994年版,第122页。
③ [德]黑格尔:《小逻辑》,贺麟译,商务印书馆1980年版,第91页。

头脑，不会有意与人玩心眼儿。若人只是与自然发生关系，没有其他更为复杂的纠纷，那么人生虽然会显得单调一些，但也落得个清静。可是事情并不是这么简单。泰戈尔说："生活本身就是五花八门的矛盾集合——有自然的也有人为的，有想象的也有现实的。"[1] 泰戈尔说得很有道理。

人是生活在社会之中的，社会是由人与人的相互交往形成的。这是马克思告诉我们的最基本的一个道理。在人与人的交往中，不可避免地会产生矛盾，或者是利益的冲突，或者是思想的冲突，或者是脾气秉性的冲突，或者是道德观念、价值观念的冲突，或者是不同生活习惯的冲突，或者纯粹是由误会引起的冲突。这些冲突给人带来许许多多的麻烦，使人觉得人生很艰难。

可是，完全消除人与人交往产生的这些麻烦是绝对办不到的。人在社会中生活，自己不能满足自己的需求。人要进行物质生产活动，要进行产品的交换，就必然要交往；在社会生活的其他方面，也存在着直接的或间接的相互配合，这都是一种交往。这种相互交往实际上就是人对社会的依赖性。人生的诸种矛盾，一大半是在与社会、与他人交往的过程中发生的。人既然离不开社会，就不能期望摆脱这种矛盾状态，当然也不能期望摆脱这种种矛盾给人带来的压力。

如果一个人甘心过一种平平淡淡、简简单单的生活，那么他的人生也许不会多么沉重。但这不符合人的本性。人的本性是要通过不断创造来证实自己的能力，是总想胜过别人，不甘落后于人，是不甘平庸的。可是越不甘平庸，人面临的困难就越大，生活中需要付出的就越多、也越艰辛。那些科学家、政治家、文学家、艺术家、哲学家，所有兢兢业业为事业奋斗的人，总在争取使自己的事业越来越发达的人，那些艰苦

---

[1] ［印］泰戈尔：《胜与败》，转引自《世界文豪妙语精选》上，青海人民出版社 1994 年版，第 132—133 页。

创业、不甘于贫困、不甘于总是听别人指挥的人，其生活怎么不是一桩沉重的工作呢？不经过艰苦奋斗怎么能取得成就呢？

罗曼·罗兰为一些在事业上取得辉煌成就的人写过传记，他从这些人身上悟出了不甘平庸的人其人生的艰难性。他在《贝多芬传》中说："人生是艰苦的。在不甘于平庸凡俗的人，那是一场无日无时的斗争，往往是悲惨的，没有光华的，没有幸福的，在孤独与静寂中展开的斗争。"[1]

有这种体验的也不只是罗曼·罗兰一个人，泰戈尔在《沉船》中说："顺境也好，逆境也好，人生就是一场对种种困难的无尽无休的斗争，一场以寡敌众的斗争。"[2]

对于想出类拔萃的人来说，他们的人生比起其他人要付出更多的艰辛。那么人们为什么要自讨苦吃呢？他们的追求在有生之年有尽头吗？如果没有尽头，那么他们追求的到底是什么呢？这是一个必须回答的问题。

罗曼·罗兰认为人生不是享乐，而是一桩沉重的工作。若只是沉重的工作又有何追求的必要呢？人生不是享乐，但人生有快乐，特别是内心的那种满足感、幸福感。而满足感、幸福感总是伴随奋斗的成功、理想的实现、目标的达成等出现的。享受成功的喜悦，是人生的目的之一。

可是诸如快乐、幸福、满足这一类的心理体验，在其本性上是容易消失的，而不是常驻的。人们长期努力创造的成果会长期存留于世，但是成功带来的喜悦、欢乐，尤其是激动的情绪、满足感、幸福感，在人的心里停留不了多长时间，好不容易得到的成功的欢乐，不久即从人的心里悄悄地消失了。这正如马克·吐温说过的一句话："说也奇怪，人生在世就是偶有心满意足的时候，结果也还是转眼成空。"[3]

---

[1] ［法］罗曼·罗兰：《贝多芬传》，转引自《世界文豪妙语精选》上，青海人民出版社1994年版，第124页。
[2] ［印］泰戈尔：《沉船》，转引自《世界文豪妙语精选》下，青海人民出版社1994年版，第281页。
[3] ［美］马克·吐温：《在亚瑟王朝廷里的康涅狄克州美国人》，转引自《世界文豪妙语精选》上，青海人民出版社1994年版，第127页。

欢乐、幸福这种体验容易消失除了有其本性上的原因之外，还有什么原因呢？莎士比亚在《一报还一报》中说的一段话，可以当作一个回答。他说："对于生命应当作这样的理解：……你并不快乐，因为你永远追求着你所没有的事物，而遗忘你所已有的事物。"① 就是说，人们追求一个目标，当这个目标实现之后，很快就不满足于已经取得的成绩，而要确立一个新的目标，新一轮的奋斗又重新开始了。

这并不是说人对成就的追求像狗熊掰棒子，掰一个扔一个。人是不满足于已经到手的东西的，会把已经取得的东西当作一个新的起点，再向前迈进。如果停在这个起点上不再往前走，那么欢乐就会一去不复返。

托尔斯泰在《家庭幸福》中写道："我要的不是我已经到手的东西，而是一种斗争的生活。"② 如果不认真思考，只是用世俗的眼光看，很可能会认为托尔斯泰有点犯傻：为什么一定要跟生活斗争呢？斗争是多么艰苦呀！斗争是艰苦的，可是不斗争就不能有所得，不斗争人就会空虚。仔细想一想，这就是人生追求的逻辑。如果人在追求到一定程度时便停了下来，那时要么是生命的活力已经消耗殆尽，要么是自以为功成名就，可以满足了，可以停下来不追求了。当然，这里所说的"斗争"，不是指与人争斗、争名夺利，而是指人生不要满足现状，要勇于追求、积极进取。

停下来之后将会是一种什么样子呢？高尔基说："只有两种生活方式：腐烂或燃烧。"③ 对于这种停下来不再追求的人来说，一旦停止追求，就会改变生命存在的方式，由燃烧变成腐烂。这当然不是肉体的腐烂，而是精神的腐烂：由空虚到颓废，由颓废到腐烂。

高尔基还说过："生活是一部关于人的英雄史诗，它描述的是世人寻求

---

① ［英］莎士比亚：《一报还一报》，转引自《世界文豪论人生》，中国国际广播出版社 1992 年版，第 367 页。
② ［俄］托尔斯泰：《家庭幸福》，转引自《世界文豪妙语精选》下，青海人民出版社 1994 年版，第 280 页。
③ ［苏］高尔基：《时钟》，转引自《世界文豪妙语精选》上，青海人民出版社 1994 年版，第 132 页。

人生奥秘而不可得、有心通晓一切而无能为力、渴望成为强者而又无力克服自身弱点的历程。"[1] 他还说："生活，就是人为了一种神秘的东西作出痛苦的牺牲。"[2]

高尔基讲的"人生奥秘"、那个"神秘的东西"是什么呢？我看就是人生作为一个事物所具有的内在矛盾性，即人的追求是没有一个满足的界限的。用俗话说，就是人心没有穷尽。已经追求到手的东西虽然非常有用、非常好，但这也只是从功利的角度看的。从人的创造心理的角度看，追求的目标一旦实现，对人就不再有吸引力，因为矛盾已经解决了。这时很自然地会把已追求到的东西搁置一边，再追求新的目标。这是人的天性，也是乐趣所在。停止这种追求，生活就失去了意义，人生就失去了价值。

这就是人生！人生是不尽的追求！

三、人生价值或重于泰山或轻于鸿毛

毛泽东说："人总是要死的，但死的意义有不同。中国古时候有个文学家叫做司马迁的说过：'人固有一死，或重于泰山，或轻于鸿毛。'为人民利益而死，就比泰山还重；替法西斯卖力，替剥削人民和压迫人民的人去死，就比鸿毛还轻。"[3]

人的一生都在追求，追求的具体目标、内容，难以一一道来，概括起来说，是追求自己的价值，或追求自己认为有价值的东西。那么价值到底是怎样的东西？它为何值得追求？

---

[1] ［苏］高尔基：《一个自命不凡的作家》，转引自《世界文豪妙语精选》上，青海人民出版社 1994 年版，第 125 页。
[2] ［苏］高尔基：《意大利童话》，转引自《世界文豪妙语精选》上，青海人民出版社 1994 年版，第 131 页。
[3] 《毛泽东选集》第三卷，人民出版社 1991 年版，第 1004 页。

所谓价值，是人、社会与客观事物，或与其他人之间的一种特殊的关系。在这种关系中，人与客观事物存在于这个世界上的意义得到了实现。人生活在这个世界上的意义，就是人生的价值。

人与客观事物之间的这种特殊关系，叫作价值关系。人是价值主体，客观事物是价值客体。[①] 价值关系是主体与客体之间多种关系中的一种。主客体之间除了有价值关系之外，还有认识关系、实践关系、审美关系等。为了说明价值关系的特殊性，为了进一步说明什么是价值，我们对这几种关系简单进行一个比较。

在认识关系中，主体与客体的关系是一种探求与被探求的关系，主体极力要弄清楚的问题是：客体到底是什么？有何规律？规律是客体自身固有的，不以主体的好恶为转移，主体只是在寻找它，判定它究竟是什么。在这一关系中，主体的认识是不断在向客体靠拢，要统一于客体。

在实践关系中，主体与客体的关系是一种作用与被作用的关系，主体要把自己的意志加于客体之上，使客体得以改造，使主体的意志变为客观现实，使主观意志客观化。这实际上是使客体向主体靠拢，使客体统一于主体。

在审美关系中，主体与客体是一种欣赏与被欣赏的关系，主体在审美对象身上发现了与自己的某种情感相一致、有共鸣的东西，因而使自己产生了一种情感体验，或者说是把自己的情感移到那个东西上去了。但是主体并不是要占有客体，不是要从客体那里得到什么利益。

价值关系与上述三种关系都不相同。在价值关系中，价值主体首先是有一种需求，一种与自身利益相关的目的。主体的主观意愿，是使这些需求得到满足，这是一种主体的利益所在。这种需要、这种利益，主体无法靠自我得到满足，不能从自己身上获得，必须靠主体之外的某个或某些东

[①] 一般来说，客体是客观事物，但人有时也是客体。

西来满足。主体之外的那个能满足主体需要的东西，就成了价值客体。

进一步说，价值客体是这样一种东西：它自身具有某种性质，或是具有某种功能，但是它的这种属性、功能在不与特定事物发生关系时，表现不出来；只有与特定对象发生特殊的联系时，才能表现出来，如同化学中酸的性质只有在和碱或其他金属元素等发生反应时，才能表现出来一样。价值客体只有在与主体发生联系，成为主体需要的对象时，主客体之间的价值关系才产生。所以说，价值是主体和客体处于特殊的关系——价值关系时，各自的存在意义的获得或是表现、证实。

这样说来，价值并不只是客体一方才具有的，也不只是主体一方才具有的；主体有主体的价值，客体有客体的价值。不论是主体的价值，还是客体的价值，都不是以一种既成的形式存在的，都是只有在主客体的关系中表现出来，或只有在主客体的价值关系中才能得以实现。

客体的价值固然是以它自身的属性或功能为根据，但是如果它不处于和主体的需求相联系的关系中，这一属性或功能是显示不出来的。"好雨知时节，当春乃发生。随风潜入夜，润物细无声。"春天万物萌发，迫切需要雨露甘霖。一场春雨，禾苗得以茁壮成长，一季收成有了保证。所以人们认为春雨贵如油，这是春雨的价值。夏季，暴雨滂沱，山洪暴发，江河水满为患，人们则会抱怨雨水太多了，受不了了。可见雨水的价值是随着人的需要或不需要而发生变化的。客体的价值一半是自身所具有的一种性能，一半是主体的好恶所赋予的。所谓怀才不遇、所谓英雄无用武之地，都是说某人有才，但没有使他的才能得以发挥的环境、条件，没有人用他，也就是说他没有处于特定的价值关系之中。如果一辈子都没有人用他的话，也许他的才能就总是显露不出来。

主体的价值首先是作为主体的需要、好恶，存在于主体之中的。这时它只是一种需要，一种未实现的价值。如果这种需要是正当的，便是他的权利；如果不是正当的，那就是一种非分之想。不论是一种应得的利益，还是非分之想，要实现它都必须与价值客体处于一个价值关系之中。

不论是主体的价值，还是客体的价值，只有处于同一个价值关系中，二者才能实现这个客观的联系，这表明主体的价值与客体的价值的实现过程是相互依赖的。

人的价值作为一个有特定含义的概念，是在人类历史上形成的。人们不能随心所欲地对它进行解释，否则就什么问题也说不清楚了。

在人类历史上，人的价值是相对于物的价值与神的价值而言的。在中国的先秦时代，就形成了人为万物之灵、人是世界上最有价值的存在物的思想。荀子的一段话最为典型。他说："水火有气而无生，草木有生而无知，禽兽有知而无义。人有气、有生、有知，亦且有义，故最为天下贵也。"[1]所谓"最为天下贵"，就是人是世界上最有价值的存在。

在古希腊，也形成了人为万物之灵，是万物中最有价值的、最高贵的思想。普罗泰戈拉提出的"人是万物的尺度"的命题，就是最典型的代表。

到了中世纪，宗教神学占据了意识形态的统治地位。宗教神学抬出神来压制人、贬低人，把人说成生来就是有罪的，人的老祖宗的身上就带有邪恶的东西，所以对人实行禁欲主义，压制人的正当欲望，压制人的个性，不把人视为一个自主的、独立的主体。这才有了文艺复兴时期人文主义思潮的兴起，有了人文主义对人的价值、人的欲望、人的主体自由、人的创造力的歌颂，并以此反对宗教神学鼓吹的禁欲主义，反对封建专制；提倡人道主义，反对神道主义。从而使沉寂了数百年的人的价值问题再次被提出来。但是这一次提出来不是把人与物作比较，而是把人与神作比较。要以人的价值与神的价值相抗衡。

当人们把人的价值与物的价值、与神的价值相比较时，人的价值实际

---

[1] 〔战国〕荀子：《荀子·王制》。

上是一个类价值，即把人作为一个类比物，与神进行比较。上面引用的荀子的话和普罗泰戈拉的话，都是把人与万物进行对比的典型。文艺复兴时期的文学家、艺术家、哲学家歌颂人，是侧重于把人与神比较。但丁说："人的高贵，就其许许多多的成果而言，超过了天使的高贵。"后来到了德国哲学家费尔巴哈那里，就直截了当地讲世界上并没有神，不是神创造了人，而是人创造了神。这就从根本上肯定了人的价值，否定了神的价值。费尔巴哈讲的人的价值，就是一个类价值。就是说，只要是人，就应当具有这个价值。

四、人的自我价值与社会价值

人是一种矛盾的存在物，他在社会生活中既是主体，又有客体的身份。在此一关系中是主体，在彼一关系中就可能是客体。因此不论是讲人的价值，还是讲人生价值，都应当包括作为主体的人的价值与作为客体的人的价值两种形态。作为主体的人，其价值简单地说，就是他的权益；作为客体的人，其价值简单地说，就是他的社会责任、职责、义务。

只看重人的需要，只强调人作为主体时的价值，只讲人的权利，甚至用权利否定社会职责、不愿意负社会责任的思想，是片面的、不可取的。这样想问题就太自私了，不合乎道理。任何一个主体享有的权利，都是靠社会、靠其他许多作为客体的人的劳动来满足的，你怎么好意思只做主体、只让别人满足你的需求，而不想也做一做客体，去满足别人的需求呢？

反过来，如果社会，或是某一个理论，只强调人的社会责任，只强调人所应承担的社会义务，不考虑、不照顾人的权利，甚至抹杀他们的权利，那同样是不可取的。人生存在社会上，需要有生存的物质条件。他的精神的发展，也要有其条件与环境。只强调人的责任，不为人的生存、发展创造条件，就是不把人当成一个主体看待，不承认人的主体价值。

人是一种矛盾的存在物，有多种社会关系、多种社会角色。但从价值学说的角度看，人只有两种角色：价值主体与价值客体。作为价值主体时，其价值就是所谓的自我价值，即个人的权益；作为价值客体时，其价值就是所谓的社会价值。这个时候，社会、他人是价值主体。对于作为价值客体的个人来说，他的社会责任、义务，就是他的社会价值。

任何一个人，都逃不脱这两种身份。只看重一种身份，不合于客观事实，不合于客观事物的道理。

人的价值在每个人身上的实现，都受到两个方面因素的影响。一方面是客观条件，包括社会制度、经济状况、生存环境等；另一方面是主体个人的精神状况——文化水平、性格气质、道德情操、情感意志和个人的身体条件。

具体地说，人都是生物体，是肉体生命，需要有物质生活条件来维持他的生存。但是作为个体而言，有的人有钱，有的人没钱。有钱的人与没钱的人所享有的物质生活条件，就有很大的差别。

凡是人，只要不患有痴呆愚傻的疾病，都应当有智慧、有思想，会劳动、会创造。这也是作为类价值而言的。可是具体到张三李四、王五赵六，那就不一定是个个有智慧、能创造的了。有的人从小受到了良好的教育，潜在的能力得到了开发，因而作出了成就；有的人没有受到良好的教育，这些人的作为就受到很大的局限。

每个人都是有情感意志的，情感意志与人的价值密切相关。但是每个人的情感意志都不大相同，无法强求其一致，也不必强求其一致。

可见人的类价值和每个个体的价值既有联系，又不完全是一回事。

人类是对有着共同特点的许多个人的概括，类只存在于概念之中，只有个体才是活生生的处在具体环境条件下的人，才是体现着不同的社会关系的真实存在物。马克思说："人的本质不是单个人所固有的抽象物，在其现实性上，它是一切社会关系的总和。"①马克思的这句话并没有直接涉及人生价值问题，但这个论断也适用于理解人生价值问题。因为它告诉我们现实的人都是具体地存在着的、活生生的、处于具体的社会联系中的人。这才是具体的人生，人生价值首先是具体的人的价值，它是人的类价值在个体身上的具体表现。同一个类价值，一旦具体化、个体化，就变成五花八门的东西了。把人生价值与人的价值混为一谈，会把问题搞乱。

人的价值具体化的过程，就是人生价值实现的过程。人降生到这个世界上，有他一些应得的权益，这是他的自我价值。这一价值受到法律的保护，但他的社会价值只有通过履行自己的职责才能实现。分清这两种人生价值是有必要的。

五、青年应当追求高尚的人生价值

进一步分析，人生价值重点在于"生"、在于生活的价值。这就同个体的人生追求、个体如何对待生活、如何度过一生密切联系在一起了。每个人的追求不同，其人生价值也就不同。不同的人生价值包含在不同的追求目标中。

这样讲与我们前面讲的价值理论是否冲突呢？不冲突。主体的价值包含了主体的需求。离开主体的需求和情感意志，就不存在什么价值。人生追求的目标，是主体的需求、情感意志的体现。目标实现了，主体的价值就实现了。而实现这个目标，要靠人的奋斗。目标如果没有实现，但主体为之做了最大的努力，甚至为之奋斗终生，主体的价值也应该说是实现了。

---

① 《马克思恩格斯选集》第一卷，人民出版社 2012 年版，第 135 页。

主体的价值就是通过这个奋斗表现出来的。主体追求的目标，是人生价值中一个至关重要的问题。

在人类的历史上，无论是在中国还是在外国，那些历来被人们称颂的志士仁人，那些对人类、对民族、对国家、对事业作出贡献的人，都是在为一些远大的、有重要价值的目标奋斗。他们把实现这些远大目标看得高于一切，甚至在必要时为之献出生命。读一读革命烈士遗留下来的书信、著作，他们为争取民族独立、人民解放以及实现美好的未来所抱定的宁死不屈的信念，他们大义凛然、蔑视一切反动势力的气概，至今还震撼着我们的心灵。在现实生活中，比如在抗洪、抗疫第一线，为了保住人民的生命和财产，为了保护城市和乡村，成千上万的人奋不顾身地与洪水、病毒搏斗，有的人甚至为之献出了生命。他们的人生价值就凝结在这不朽的事业之中，与民族、国家、人民同在，千秋万代永不磨灭。

而有些人完全为自己活着，完全以自我的生存发展、自己的利益、需要为人生目标。这是一种狭隘的人生目标，把人生价值限定在为自我服务的范围之内。这种人把尽社会责任当作一种额外的负担，能逃避就逃避，实在逃避不了就采取一种应付的态度，或者找一些歪理为自己不履行社会责任进行辩护。他们多半是从个人的功利角度对人生进行观察和理解，在涉及个人利害、是非的问题上斤斤计较，不能吃半点亏，眼界、心胸不开阔。在这些人的头脑中，除了个人的利益，再没有别的什么东西值得追求了，社会的公共利益对他们来说，完全是一个异己物，和他们毫不相干。也就是说这些人所理解的人生价值就只有自我价值，除此之外，什么也没有。对于这些人，爱因斯坦有一句话是很适用的。他说："一个人的真正价值首先决定于他在什么程度上和在什么意义上从自我解放出来。"[1] 这些人就是没有从自我中解放出来的人。

---

[1] 李申伍编：《世界贤哲箴言集萃：爱因斯坦哲言录》，吉林教育出版社1990年版，第100页。

在完全为自我生存的人中，有一种人把自己的人生目标完全定在"享乐"二字上。这种人认为，人生一世，只有几十年，若不能尽情享乐，那就太吃亏了。所以他们的主要心思，就放在追求享乐这个目标上，对于成就事业没有兴趣，因为那是要付出艰苦代价才能获得的。

应该怎样评价这种人生选择呢？他们又没有危害他人或社会的行为，能谴责他们吗？似乎不好直接谴责他们，只能说这种人的人生太平庸了。如果比平庸还要再次一等，游手好闲、好吃懒做，在职的不能尽职尽责，读书的不能完成学业，而热衷于享乐，那么谴责也是应该的。这种人信奉的人生价值观，不能为积极的社会舆论所认同。

我们也要看到，即使是完全为自己而生存的人，从客观上看，也能满足他人与社会的一些需要。他的劳动也给他人、社会解决了一些问题，从客观效果上看，他也履行了他的社会责任。他在社会生活中的客体身份的价值，是部分地，甚至是大部分地实现了。如果是这样，从自我中解放出来或者是没有解放出来，在实际的意义上有何不同呢？他们的人生价值又当如何评价呢？

这里实际上是提出了这样一个问题：人生价值是否如商品生产活动一样，一个商品生产者本来是为自己赚钱、为自己的私利而生产，但是通过市场交换，他的产品满足了社会的需要，按照一些资产阶级经济学家、伦理学家的说法，这是私恶转换成了公利。①这种转化靠的是什么呢？是那只有名的"看不见的手"，即商品经济的客观机制。就是说，私恶转化为公利并非商品生产者的本意，满足社会的需求只是商品生产者求利的一个手段。商品生产只具有谋利的本性，并不具有主动为社会尽责的本性。客观上产生的效果不代表主观的精神境界。私恶转化为公利是市场机制的社会

---

① 关于私恶即公利的思想，在资产阶级经济学家与伦理学家中有广泛的认同，亚当·斯密在他的《国富论》《道德情操论》中都有论述。在亚当·斯密之前，英国伦理学家曼德威尔就把自己的一部著作命名为《蜜蜂的寓言：私人的恶德，公众的利益》。

功能，不是商品生产者的人生价值。

人作为一个有意识的生命，必然会意识到自己的直接利益，会自发地去追求这些利益，会对价值客体提出自己的需求。人又总是处在价值客体的地位，社会、他人作为价值主体，必然会对作为价值客体的个人提出一些要求，要求个人尽自己对他人、对社会的责任。

所以，人在社会责任面前，会有两种态度：一种是主动地、积极地履行职责；一种是被动地履行职责。它们对履行自己的社会职责是两种不同的情感意志和精神境界。

范仲淹有"先天下之忧而忧，后天下之乐而乐"的精神境界，所以他能够"居庙堂之高则忧其民，处江湖之远则忧其君"。[1] 林则徐有"苟利国家生死以，岂因祸福避趋之"的精神境界，所以他能置个人生死安危于不顾，毅然禁烟，给侵略者以沉重打击，而长中国人的威风、志气。方志敏不幸被国民党反动派逮捕，国民党上上下下使尽各种方法，也没能使方志敏屈服。他在文章中写道："为着共产主义牺牲，为着苏维埃流血，那是我们十分情愿的啊！"[2] 这些先辈把为国家、为民族、为人民贡献自己的力量，完全当成自己的人生追求和人生目标。他们为实现这个目标奋斗终生，这就使主体的价值远远超出了只为个人生存、只为个人利益的狭隘界限。这种尽职尽责不是因为有客观因素的制约，而是因为有主观的意愿，是主体的目的。这就是中国传统美德中所提倡的以天下为己任的人生境界。

以天下为己任与以个人私利为己任，是两种人生境界。以天下为己任，就是胸怀天下，胸怀民族、国家，就是主动站在社会的立场上要求自己，把为社会尽责任当作自己第一等的人生需要。这是一种崇高的精神境界，是一种高尚的道德情操。只有在这种精神的鼓舞下，才能如马克思所说的：

---

[1] 〔宋〕范仲淹：《岳阳楼记》。
[2] 方志敏：《方志敏全集》，人民出版社 2012 年版，第 141 页。

"如果我们选择了最能为人类而工作的职业，那么，重担就不能把我们压倒，因为这是为大家作出的牺牲；那时我们所享受的就不是可怜的、有限的、自私的乐趣，我们的幸福将属于千百万人，我们的事业将悄然无声地存在下去，但是它会永远发挥作用，而面对我们的骨灰，高尚的人们将洒下热泪。"[1]

在人类历史上，古今中外对于有这样的人生价值观念与人生实践的人，都是十分崇敬的。毛泽东赞扬白求恩是具有"毫不利己专门利人的精神"的人，号召人们学习白求恩的"毫无自私自利之心的精神"。他认为一个人的能力的大小并不是最重要的问题，是否具有"毫无自私自利之心的精神"才是最重要的问题。他说："一个人能力有大小，但只要有这点精神，就是一个高尚的人，一个纯粹的人，一个有道德的人，一个脱离了低级趣味的人，一个有益于人民的人。"[2]

毛泽东把这种精神称为"为人民服务"的精神，他号召每个革命者都应有为人民服务的人生追求。这是新时代青年应有的人生追求。在实现这个人生追求的过程中，青年也会得到社会的承认和肯定，得到人生丰厚的回报。

（撰稿：陈昇）

---

[1] 《马克思恩格斯全集》第一卷，人民出版社 1995 年版，第 459—460 页。
[2] 《毛泽东选集》第二卷，人民出版社 1991 年版，第 660 页。

第四讲

生存与发展

倘若一定要问我青年应当向怎样的目标,那么,我只可以说出我为别人设计的话,就是:一要生存,二要温饱,三要发展。有敢来阻碍这三事者,无论是谁,我们都反抗他,扑灭他!

——鲁　迅

人生的追求有许多，生存、发展、创造与享受是基本的内容。

一、求生存是人的本能和权利

人生是由生存开始的。因为人首先要活着，然后才能谈得上其他追求。生存是人生追求的基础。

有人说因为人知道自己总有一天会死去，所以才追求生存。这虽不能说没有道理，但似乎不是最根本的道理。动物是不知道要死的，但一旦生存受到威胁，它就会逃跑，或者进行反抗。当一只狼闯入羊群时，羊就会拼命逃跑，这叫逃生。求生存是动物的本能。

小孩子也未必知道死是怎么回事，他们很可能认为人死就像睡着了一样，过一段时间仍然会醒过来，并没有什么可怕的地方。可是当他们遇到危险、感到不安全时，就会拼命地哭。这个哭实际上是一种求救的方式，或是一种反抗。稍大一点的孩子，就会逃离那个危险的境地。马斯洛的需要层次说中，就把吃、喝、求安全等作为人的最基本的需要。

可见求生存是人的一种本能。

凡属于本能的东西，不仅是不教而会、不学而能，而且都是世界上最顽强的东西。人求生存的欲望，就是世界上最顽强的欲望之一。看看那些被洪水卷进激流中的人吧，不论抓住一个什么能逃生的东西，都会死死地抓牢它，甚至一抓就是几个、十几个小时。还有那些因矿井发生事故而被困在井下的人，千方百计延长生命，渴望着得救，以求死里逃生。

求生存对于人来说，是一种最基本的欲望。其价值就是人要活着，要在这个世界上占他应占的一个位置。这是人本能的欲望，是大自然经过若干年进化的一个结果。用哲学语言说，这是一种自我肯定的欲望。

也许人们并不明确地知道生存是他的权利，不知道世界上有他的一席之地，但他在本能上是求生的。他从直觉上感到自己生存、活着，是他的希望所在，是其他一切价值的基础所在。所以，一般说来，人是不愿意放弃这种机会的。在难以生存的条件下，生存下去就是他的目的。为此，他可以忍，忍受饥寒、忍受艰苦的环境，甚至忍受屈辱。生存对人的诱惑力，是发自生命的本能。

人是生物，是生命有机体。作为生命有机体，有生就有死。人在世上从追求生存开始，以生存为目的，最终却都难免一死。死而不得复生，人在世上只能走一遭。古话说"人生七十古来稀"，现在人类求生存的本领进步了，活到七十岁已算不上长寿，但大多不过八九十岁，极少数上百岁。死给人在世界上规定了一个最基本的界限，人们把它称为人生大限。

前面说过，人并不是因为怕死而求生存。人的生命只有一次，而且时间不太长，死而不得复生，这无疑使得人生成为一种格外珍贵的东西。

所以，在一定意义上说，生命的珍贵性是它的对立面即死亡所赋予的，是死对生的馈赠。如果人能永生，谁还会刻意追求生存？谁还会拼命在有限的时间里创造最大的生命价值？

可是死不仅是馈赠生以珍贵，同时也向生提出了一个很大的问题：既然人终归是要死亡的，那么人为什么要求生存呢？为什么要为生存付出那么大的代价呢？人不论如何珍惜生命，不论如何努力为人生求得圆满，不论以何种态度对待人生,都不免一死,当死神光顾他的家门时,一切都不再是他的了。到底是他抛弃了一切,还是一切都抛弃了他,都很难说清楚。人真是赤条条而来,空荡荡而去。高尔基已就此问题向人们发问:"他的使命究竟是什么?他为谁而活,为谁终日劳碌,最后从地上回到地下去,把自己的全部劳动成果遗留给到时候也会离开人世的后人?总之,为什么要活着呢?"[1]

诸如上述一大堆问题,简直可以说全都是由于存在着一个死的事实而被提出来的。如果人不会死,或者人生不是一次性的,那么人与生命的关系,人应如何对待生命、如何对待死的问题,就简单得多了,甚至可以不必提出这样的问题了。

死给人提出的问题比生给人提出的问题还要多,还要难。

二、求发展是在生存基础上追求自我实现

求生存是人生追求之始,也是人生追求之母。因为人的生存与动物的生存有所不同,动物是适应环境,而人是自己为自己创造生存条件。求生存是其他一切追求的源头,是其他一切追求的原动力。其他一切追求皆是由生存的需要引申出来的。求生存的价值也正在于它引出更多的追求。这更多的追求首先是求发展。

当人的生存受到很大威胁的时候,人只是求生存;一旦生存的基本问题得到了解决,人就会追求更好的生存状态。这就开始了求发展。求发展是人生追求之必然,是人生的本性使然。一方面,求发展是为了获得更好的生存。人总是不满足于今天的状况,总是觉得生活还有不圆满

---

[1] [苏]高尔基:《与世隔绝》,转引自《世界文豪论人生》,中国国际广播出版社1992年版,第293页。

之处，还有不如别人的地方，人总是在追求更美好的明天。这是人生的动力所在，也是求发展的一个方面的内容。从这个方面看，求发展就是自觉地创造自己的美好生活。另一方面，求发展是使自己的各个方面都得到发展，使自我潜在的能力得以实现。从绝大多数人的经验来看，在这一方面得到发展，有助于人创造出更加美好的生活，使生存状况得到进一步的改善。

马克思和恩格斯在创立共产主义学说的时候，把实现每个人的全面而自由的发展作为共产主义的一个基本原则。他们在《共产党宣言》中写道："代替那存在着阶级和阶级对立的资产阶级旧社会的，将是这样一个联合体，在那里，每个人的自由发展是一切人的自由发展的条件。"①

全面发展就是使人的各方面都得到较为均衡的发展。自由发展就是主体自主、自愿、自觉地使自己得到发展，使个性得到发展。

人的发展应当使身心两方面都得到发展。身体的发展即一个人的身体发育、逐渐成熟的过程。健康、强壮的身体，是人生存、发展、工作与生活的基础，是人一切追求的物质承担者。

身体的发展基本上是一个自然过程，而内心世界的发展主要靠他人对其有意识地培养、塑造，而不是靠其自发形成，这是一个复杂而漫长的过程。其中包括向其传授知识、培养其品德、磨炼其意志，使其形成健康的心理、较强的思维能力与动手操作能力，具有正确的世界观、人生观、价值观，等等。

这种发展在前期最好能具有良好的外部环境；在后期则取决于个人的自觉努力，取决于自己有意识地自我培养。看一看人类历史，几乎任何一个有大作为的人，都不是靠老师、父母手把手教出来的。老师、父母只能帮助其具备基本的能力和素质，其余的全靠自己的自觉奋斗。

---

① 马克思、恩格斯：《共产党宣言》，人民出版社2018年版，第51页。

从这个意义上讲，我们讲的发展与马斯洛讲的人的自我实现有共同之处。马斯洛在《自我实现的人》中说："自我实现也许可以大致被描述为充分利用和开发天资、能力、潜能等等。这样的人几乎在竭尽所能，使自己趋于完美。"[①] 弗兰克·戈布尔在《第三思潮：马斯洛心理学》一书中也写道："马斯洛大致把它（指自我实现——笔者注）描述为对天赋、能力、潜力等等的充分开发利用。这样的人能够实现自己的愿望，对他们力所能及的事，总是尽力去完成。"[②]

从马斯洛的需要理论看，这种自我实现是人的最高层次的需要，他把它称为"发展需要"。人的其他需要是基本需要，当大部分基本需要得到满足后，人就会追求最高层次的需要即发展需要。发展需要内容非常多，主要有真、善、美、正义、秩序、乐观、轻松、有意义、自我满足等。把自我实现仅仅理解为实现个人利益、达到个人目的，是不符合马斯洛的本意的。

就青年群体而言，求发展的愿望是十分迫切的。青年朝气蓬勃，浑身有使不完的力气，满脑子是稀奇古怪的想法，他们希望自己学习好、工作好、身体好，希望取得更高的学历，找到满意的工作，发挥自己的才能，组建幸福的家庭，获得人生的圆满，做出有利于社会的功绩，这就是求发展最基本的内涵。

---

① ［美］马斯洛：《自我实现的人》，许金声、刘锋等译，生活·读书·新知三联书店 1987 年版，第 4 页。
② ［美］弗兰克·戈布尔：《第三思潮：马斯洛心理学》，吕明、陈红雯译，上海译文出版社 1987 年版，第 24 页。

三、创造是自我发展的最高价值

人在追求生存的过程中，也会有艰苦的斗争，需要发挥人的能动性。但从总体上说，在这种状态下，生命的最高价值还难以体现出来。

生命的最高价值是什么？是创造。世界上只有人才有创造力，是否会创造是人与动物的根本区别之一。人生的根本价值，在于发挥自己有创造能力这一特殊的天赋优势，在自己短暂的一生中，做出一些有益于这个世界的事情，使自己生命中最宝贵的东西发出光辉。罗曼·罗兰在《论创造》中说的"我创造，所以我生存"是一句至理名言。

中国古代有人生"三不朽"的说法。在《春秋左氏传·襄公二十四年》的记载中，有鲁国大夫叔孙豹与晋国大夫范宣子的一段关于人生与不朽的问题的对话。范宣子问叔孙豹：古人有死而不朽的说法，到底什么是死而不朽？叔孙豹没有立即回答范宣子的问题。范宣子又摆出历史上夏、商、周三代各代爵位世袭的情况，问叔孙豹：这是不是死而不朽？叔孙豹认为范宣子讲的只是世袭制，不是死而不朽。他说，他听说古人说的三不朽是："太上有立德，其次有立功，其次有立言。虽久不废，此之谓不朽。"

把这几句话翻译成白话，就是：最高境界的不朽是具有高尚的道德，其次是建立了功业，再次是提出了重要的学说。人虽然死了很久了，但他的高尚品德、业绩、学说言论还在世上流传，这才是死而不朽。

我们用今天的观点来看，这三个方面的建树，都是与人们的创造密切相关的。道德高尚的人，用自己善良的心和与人为善的行为创造了一个高尚的人格。那些民族英雄、具有大公无私精神的人，那些为维护正义、捍卫真理而献身的人，都久久留在后人的心中，成为民族精神的楷模。建功立业的人与建立理论学说的人，是对政治、经济、文化、艺术、工程、科学、思想理论有重大贡献的人，他们用自己的聪明才智造福于后人，后人感激他们，向他们学习。

当然，并不是每个有建树、有创造的人都能在历史上留下名，绝大多数人是默默无闻的。也不是每个人都能有大的创造，绝大多数人是普通的劳动者。历史告诉我们：任何一项伟大的事业，任何一次历史的进步，都不是靠个别人独自完成的，而是许多人，甚至是许多代人奋斗的结果。今日中国的繁荣强大是中国人民奋斗了一百多年的结果。那些为中华民族独立解放献身的千百万生命，很多人都没有留下姓名。但他们作为创立我们的事业的先辈，与他们的功劳一起永远留在人们的心中，他们的名字就是革命先烈，革命先烈包括了每一位为这一事业流血牺牲的人。

马克思创立的历史唯物主义认为，历史是人民群众创造的，人民群众是创造历史的主体。这是千真万确的。

人们劳动与创造，首先固然是为了生存，是为了解决吃穿住用的问题。其次是为了争份荣誉，获得社会的承认。可以说，这两个目的都是非常实际的、与个人切身利害相关的。

再扩大一层，还有一些思想道德觉悟较高的人，他们从事劳动、创造的基本出发点，是为社会作贡献，为人民服务。因而他们能做到不图名、不图利，只图有利于国家、社会与人民。

人生奋斗除实际的功利目的之外，是否还有非功利的目的，或者称之为非功利的价值（而且这也是人生的重要价值，是人生所要追求的东西）？

之所以会提出这样一个问题，是因为世界上有虚度年华的人，也有孜孜以求的人。而世界上的事是非常复杂的，虚度年华的人获得的名与利不一定就比孜孜以求的人少，孜孜以求的人获得的名与利也不一定就比虚度年华的人多。自古以来就有这种怪事，往后也不会杜绝。然而这种情况并不能改变孜孜以求者的人生态度。这种人比那些虚度年华的人把功利看得要淡得多。社会上也有一些人对那些孜孜以求者持一种嘲讽、鄙视的态度，却很羡慕那些虚度年华的人。到底人生价值是什么？这两种人生态度哪一个更值得追求？

有一位女科学家的故事，也许会给这个问题一个最生动的答案。2023年7月1日，在中国科学院大学2023年度毕业典礼暨学位授予仪式上，校长周琪谈到前不久去世的微电子所研究员黄令仪老师的事迹时，泣不成声。为了尽快解决国家芯片"卡脖子"问题，年近80的黄令仪依然坚守在"龙芯"研发中心，不计得失、夜以继日地工作，她说，"我这辈子最大的心愿就是匍匐在地，擦干祖国身上的耻辱"。听到这句话，很多人都被感动得泪流满面。黄令仪的人生选择和人生价值，是青年人应该学习、追求的榜样！

四、享受也有其人生价值

如果创造有人生价值，享受有没有人生价值？人生追求中应不应该把享受也包括进来？

其实，享受与生存密切联系在一起。人追求生存，就不会拒绝享受。生存就是对生命的享受。

享受是人生的题中之义。享受的根本含义是指人的物质需求或精神需求得到满足，或者说享受是指得到一定的物质或精神的利益以满足自己的需要。人既是自然之物，又是社会的人；既有灵魂，又有肉体。作为自然之物，作为肉体生命，人必然有得到食物、衣服、住宅以解决温饱居住的需要；作为社会的人，需要受到他人的尊敬，需要获得一定的社会地位、利益。人会有一些生理的欲望，这都是最自然的需求。上述种种需求，都是应当得到满足的正当需求。人的奋斗、追求，首先是要获得满足这些需求的基本手段。如果人享受不到这些最基本的利益，他就不能生存。如果认为享受这些利益人便没有价值，从而不准人追求这些享受，那就无异于剥夺了人的生存权利。

马克思在1844年讲到人的社会本质时曾经说："社会本质不是一种同单个人相对立的抽象的一般的力量，而是每一个单个人的本质，是他自己的活动，他自己的生活，他自己的享受，他自己的财富。"① 马克思并不否认享受是人的正常需要，他认为不能把享受看作与人的本质相对立的东西。

肯定享受有其价值，就不可避免地要肯定享受快乐也具有一定的价值。人对生存的追求，其中就包含对享受快乐的追求。亚里士多德在《政治学》中对此曾说过一段话，他说："世界上的苦难如果不太甚，生存的实际也许早已包含了一些良好的因素。这是一个明显的现象，许多人忍受着无数的忧患，总不肯舍弃自己的生存，以此为证，可知人世虽单纯为生存而生存，其中未必完全没有幸福和天然的乐趣。"②

亚里士多德的意思是很明确的，即生活中是有乐趣的。人虽然是为生存而生存，但生存中也包含着得到某种快乐的目的。我们共产党人所奋斗的一切，不就是为了让广大人民群众获得幸福、获得快乐吗？

追求快乐是人生的一个原动力，是应当予以肯定的。没有人活在世界上是为了追求痛苦。

肯定享受、追求快乐有其人生价值，是不是要肯定享乐主义？这是一个十分重大而严肃的问题，也是一个无法回避的问题。

肯定享受、追求快乐有其人生价值，并不等于要肯定享乐主义。在理论上把享受、追求快乐的人生价值抹掉，并不等于在实践中能消除享乐主义。我们批判享乐主义批判了几十年，在历史上曾经批判了几百年，但现实生活中照样有享乐主义。可见是否存在享乐主义，不完全是理论问题。

享乐主义是这样一种人生观：把物质享受和感官快乐作为人生追求。

---

① 《马克思恩格斯全集》第四十二卷，人民出版社1979年版，第24页。
② [古希腊]亚里士多德：《政治学》，商务印书馆1965年版，第130—131页。

不少享乐主义者鄙视创造，鄙视艰苦生活，把享乐看得高于一切。承认享受、追求快乐有其人生价值，并不等于把追求物质享受和感官快乐当成人生最高价值。讲清楚享受在人生中的地位，对于引导人们正确对待享受是有益的。

我们肯定的享受、追求快乐指的是什么呢？是追求人生必不可少的精神快乐与感官快乐。但我们要进一步指出，精神快乐与感官快乐是有很大区别的。精神快乐是人所独有的，感官快乐是人与动物所共有的。

这两种快乐中，享受感官快乐是不学而能的，是人的一种本能。精神快乐则不然。没有一定的文化修养，没有一定的知识与经验，没有一定的阅历，是无法享受精神快乐的。感受到精神快乐，总是有一定的精神创造活动在其中的，至少需要有一定的理解能力。感官快乐只是物与物的刺激反应。精神快乐可以与他人分享；感官快乐一般只是一己之乐，因为它是个体的感觉，是个人的感受。精神快乐有广泛的社会内容，感官快乐在本质上是一种自然之物的活动。

当然，精神快乐也有高尚与卑劣之分。但是那些卑劣的东西往往是与人身上的兽性相联系的。

在历史上或是现实生活中，持享乐主义见解的人，对于精神生活、对于崇高、对于人的责任、对于创造与劳动，大多持一种不理解的态度。他们对于人生的真实，只是理解为物质享受的真实；对于人生的价值，只是理解为一己享乐的价值。享乐主义必然是利己主义、个人主义。

我们承认人既是动物又是人，承认人既有灵魂又有肉体，在这个前提下，就无法把感官的快乐从人的追求中排除出去，无法把生理需求从人身上彻底否定掉。但我们是人，不是动物。我们必须把感官快乐恰如其分地摆在恰当的地方。不夸大，不缩小；不贬低，不抬高。这样才可能正确对待它。禁欲主义之所以遭到人们的反对，就是因为它完全否定人的感官快乐，我们不能走禁欲主义的老路。

五、青年要努力做一个有所创造的人

生存是人生价值，发展也是人生价值；创造有人生价值，享受也有其人生价值。

从人类历史上看，人们对这两种人生价值的评价是不同的。对于发展与创造，人们给予充分的赞扬、肯定，从思想家、科学家、政治家到普通人，都认为创造是真正的人生价值。对于生存与享受的价值，人们只是予以承认，予以肯定，而少有更多的褒奖。可见，虽然创造与享受同是人生价值，但是二者在人们的心目中地位不同，它们的品格是有区别的。

创造是人的本质力量的发挥，是人的自我确证。享受是否也具有这样的品格呢？人们追求享受，也是一种自我肯定，但它肯定的不是人的能力，而是人的生存需要，人的生存所必需的利益。创造是一种生产性的活动，不论是生产物质产品还是生产精神产品，都为社会增添了财富；而享受则是一种消耗性的活动，消耗性的活动是必须以创造为前提的，没有创造，消耗就没有对象。创造是体力或智力的付出；而享受是一种吸纳和获得。创造是劳作、是辛苦；而享受是安逸、是快乐。

创造一般是要经过学习、培养、训练与长期实践才能具有的才能；享受，特别是对物质的享受几乎是一种本能。

创造与享受虽然都是人生的价值，但不可把二者的价值完全等同。必须明白：创造高于享受。这是人类社会发展的历史告诉我们的。若二者是等价值的，人类社会如何向前发展？

任何人不论从事何项工作，要想做出一番成绩，没有孜孜以求的创造精神，都是不可能的。世界上没有不出力气就能取得成绩的事。那些兢兢业业、全神贯注于事业的人，必然要比别人多出一些力气、多吃一些苦。而由于他们全身心投入工作，一门心思思考他们的问题，生活享乐很可能就顾不过来。然而这些人并没有感到不幸，没有什么吃亏的感觉。即使有人对他们不理解，认为生活亏待了他们，他们也只是淡淡一笑。旁人的议论并不会使他们的情绪有什么变化，更不会改变他们的人生态度。也许有些不公平的事会在短时期内扰乱他们的心绪，但在基本生活得到保证的情况下，他们是不会放弃自己的事业的。

这些人除了有一定的政治觉悟和较高的道德情操之外，是否还有什么别的力量在支持着他们为此而奋斗呢？他们是否觉得这种生活太痛苦、毫无乐趣可言呢？

不是的。创造者有他们的乐趣，有支持着他们的一种力量，那就是追求事业的成功，追求事业的成就。他们的乐趣就在于通过工作的成就确证自己的创造能力。这种力量被马克思称为人的本质力量。而一个人对自己这种创造能力的确证，可以通过创造性的劳动和工作这个途径。对自我的这种力量的确证，其价值是给人以自信，给人以自我肯定。这个价值远远超过任何物质报酬与奖赏。为确证自我的创造能力，人可以克服各种各样的艰难困苦，可以忍受常人难以忍受的冤屈。这种追求是超越个人的功利的，是真正的人之为人的东西。苏联学者科恩在《自我论》中写道："创造活动消除着个人与物质、个别与普遍、自由与必然、发现自己与自我献身之间的对立，人的真正使命正是在于这种创造的活动。"[1]

罗素在《真与爱》中也说："生活中有了这种精神——意在创造而非索取的精神，那么就会有一种根本的快乐，即不会被逆境所完全掠夺的快乐。……那些找到这种生活方式的人就会从恐惧的压抑中解放出来。"[2]

劳动、创造对人的创造能力的确证及其带来的快乐，并非只有大科学家、文学家、发明家、政治家、哲学家才能体验到，实际上任何一个普通劳

---

[1] [苏]科恩：《自我论》，佟景韩等译，生活·读书·新知三联书店1986年版，第488页。
[2] [英]罗素：《真与爱——罗素散文集》，江燕译，生活·读书·新知三联书店上海分店1988年版，第256页。

动者，只要认认真真地付出了劳动，都能体验到。一个农民，若是他的地种得比别人好，庄稼长得比别人的好，凡是走过他的地头的人都会赞叹不已，他的心中会有一种自豪感、幸福感、满足感。这种自豪、幸福、满足是用多少钱都买不来的。再看看那些在足球比赛中把球踢入球门的运动员吧，有跪在地上的，有来回奔跑的，有翻跟斗的，有手舞足蹈的……他们的兴奋之情不知该如何表达。其实不论怎样表达，无非是向人们表明他们有能力突破对方的防守，将球踢入球门。

证实"我能"，这是真正的人的追求，一个非功利性的追求，这是人生价值的一个核心的东西。青年朋友，你能吗？你能证明自己吗？只有在火热的实践和艰苦的奋斗中，你才能找到这个问题的答案。

（撰稿：陈昇）

第五讲
责任与人格

职责啊！好一个崇高伟大的名字！你丝毫不取媚人，丝毫不奉承人，而只是要求人的服从，可是你并不拿使人望而生厌、望而生畏的东西来威胁人，以便感动人的意志，你只提出一条法则，那条法则就自然进入人心（不论我们愿意与否，也不论我们如何不常遵守它）；而且在这个法则之前，一切好恶不论如何暗事抵制，也都得默然无语！啊！你的尊贵来源是在哪里呢？你那个与好恶之心傲然断绝一切血缘关系的谱系根源……又在哪里去找呢？

——康　德

在人生的种种追求中，有两方面非常特别，就是职责与道德人格。人对其他种种东西的追求，或多或少都带有一些自发的、来自本能的要求，在一定程度上带有不教而会、不学而能的特点，而唯独于这两个东西不然。人只有经过教育、培养才可以具有这两方面的追求。

一、天下兴亡，匹夫何以有责

中国有句格言，叫作"天下兴亡，匹夫有责"。我们所要说的"责"，就是"天下兴亡，匹夫有责"的"责"。

若问天下兴亡，匹夫何以有责？大的方面讲，人对祖国负有责任，对社会负有责任，对他所属的群体负有责任；小的方面讲，对他的家庭负有责任，对他从事的职业负有责任，对与自己相关的他人负有责任，对他自己也负有责任。

人生不仅要生存、发展、享受，也要尽职尽责。两个方面都具有，才有完整的人生价值。

第五讲　责任与人格

责任来自何处？如同康德所问的，"你的尊贵来源是在哪里呢？"[①]

直观地看，责任来源于一种人生的依赖关系，即来源于你对为你的生存、发展、享受提供了条件的祖国、社会、家庭的依赖关系。

人生是从降生开始的。然而，一个人刚降生时是什么样子呢？是一个软绵绵的、生命力极其脆弱的婴儿。除了会吃奶、排泄、啼哭、睡觉之外，几乎什么也不会，甚至还会生病。十几年过去之后，这个当初软绵绵的婴儿变成了一个生龙活虎的年轻人，生机勃勃，前途无量，心中充满着美好的理想。在生活面前，他充满热情，跃跃欲试，要在人生的舞台上大显身手。他知道，这未来的美好生活、未来的世界，是属于他的。

然而这一切是怎么得来的呢？十几年前的一个弱小的生命是怎样奇迹般地变成了一个有着蓬勃活力的青年的呢？完全是他自己的功劳吗？显然不是。最主要的是依靠祖国的庇护，依靠整个社会所提供的各种条件，依靠先辈们的流血与牺牲，依靠父母与亲人的养育。没有前人的奋斗，后人的生存、发展、享受就是一句空话。俗话说，前人栽树，后人乘凉。栽树是前人的职责，乘凉是后人的福气。后人所享受的很多条件，都是由前人为他们准备的。前人不能尽职尽责，后人就不能尽情享受。一个国家、一个民族乃至整个人类，就是这样一代一代向前发展的。

当一个人还是孩子的时候，受到照顾是他们的权利。因为他们还没有自食其力的能力，更没有为国家、社会、家庭尽职尽责的能力。但当他们成人之后，就必须承担责任，履行自己应当承担的职责。

如果仅仅是这样来理解职责，那么这种职责只是一种法律上的责任、义务。似乎人生就是享受了什么权利就要尽什么样的义务，没有享受权利，就可以不承担相应的义务。如果人生的职责就是这样，那么康德所说的职责的

---

① ［德］康德：《实践理性批判》，转引自《人生哲学宝库》，中国广播电视出版社1992年版，第1018页。

崇高与伟大就值得怀疑了。应该说，履行这种意义上的责任也是一个人应尽的义务，但它的"尊贵"何在？它那"与好恶之心傲然断绝一切血缘关系"的品格何在？它"丝毫不取媚人，丝毫不奉承人，而只是要求人的服从"的威望，也就要被大打折扣了。

如果职责只是与权利相对，那么一个国家、一个民族怎么能发达起来呢？人人都根据等价交换的原则与国家、社会发生关系，享受多少就创造多少，否则他就感到自己吃了亏，那国家与社会如何向前发展呢？又有谁会甘愿冒着生命危险上前线保卫、拯救民族与国家呢？

如果职责就是法律上的与权利相对应的义务，那么可以说这个职责尚未超越出自我的界限，因为它是以自己享有的权利为前提、为界限的。尽这种职责对人的心理上的暗示也只是要遵守法律，人的精神境界只能停留在不要做违法的事情的水平上。

更高的人生境界是什么呢？人的精神境界靠什么再往高一层次上提升呢？世界上还有什么超越了自我的价值呢？上述的职责之"责"，是"天下兴亡，匹夫有责"中的"责"吗？

"天下兴亡，匹夫有责"之"责"，正如陆游所说，是"位卑未敢忘忧国"。为国家、民族尽责容不得讨价还价，这个"责"不容避让。

林则徐为拯救中华民族，顶着巨大的压力坚决禁烟，有着莫大的功劳，却被昏庸的清政府革职查办，发配到新疆伊犁充军。他不仅没有得到奖赏，反而连报效民族、国家的机会都被剥夺了。发配伊犁，万里之途，艰难险阻，生死难卜。然而他报效民族、国家的志气并没有被摧毁。在向家人告别时，他口占一绝，对家人说："苟利国家生死以，岂因祸福避趋之？"这种为了民族、国家，完全把个人生死祸福置之度外的精神，才是那个"匹夫有责"之"责"。

这个"责"并不是以一个人是否获得某种权利为前提，只看他是不是这个群体之一员。只要他是这个群体的一员，他就应当为这个群体的利益奋斗、为这个群体的存亡效力，而不应当计较是否享有或享有多少权利。所以这个职责就是人应当为其所属群体主动献身的精神，这是一种超越自我的精神，之所以"天下兴亡，匹夫有责"，就是因为他是这个群体的一员，他应当为这个群体尽到责任。

二、社会责任感与道德人格

任何一种职责都是要人去履行的。人不去做，事情不能自行完成。

康德说，职责这个东西"丝毫不取媚人，丝毫不奉承人，而只是要求人的服从"。人有好恶之心，人的好恶之心不能完全与职责相一致，难免与职责发生冲突，使人有时不能心甘情愿地去履行职责。

而康德说"一切好恶不论如何暗事抵制，也都得默然无语"。职责需要人去完成，可是它又不对人表示谦恭，不会低头，不会请求人。而一些人既不想痛痛快快去履行职责，又不敢公开抵制。从私人平等交往的角度看，这就是一桩怪事。

履行职责是处理个人与国家、社会及其所属的群体的关系，是处理个人与社会角色之间的关系。这种关系是不以个人主观意愿为转移的一种客观的关系，而职责就是这种客观的关系对一个人提出的要求，是由个人在这个社会关系中所处的位置确定的他应当做的事。由于这是他应当做的事，所以他不应该讨价还价，更不能拒绝。也正因为如此，职责才能理直气壮地要求人服从它，而它不会向人表示谦恭。

凡是生活在这个世界上的人，都是有他的职责的。只是有的人意识到了自己的职责，有的人没有意识到自己的职责；有的人意识到了可是并不付诸行动；有的人履行职责的意识很强烈，有的人则没有强烈的履行职责的意识。

从伦理学、道德心理过程来看，责任感或者说责任心，是一种道德品质，是一个人人格的核心部分，一旦形成，就成为一种生活习惯。

陆游坚决主张抗击金人的入侵，但遭到了投降派的压制、打击。但他并没有因此而放弃对国家、人民的责任。他拖着病体客居江岸，夜半挑灯细读诸葛亮的《出师表》，写下"位卑未敢忘忧国"的不朽诗句。[1]是有人逼迫他这样做的吗？不是。是他自己的责任心使他夜不能寐。

是有人逼着林则徐禁烟吗？不是。是他自己的良心以及报效祖国的责任感告诉他，要把自己一身、一家的性命置之度外，豁出命去禁止那个残害中国人民与这个民族的鸦片。即使遭革职流放万里之外，他也不后悔。他们的这种社会责任感，完全是主动的、自愿的，是高于一切的，个人的好恶乃至肉体的生死，都不能动摇它。

在新民主主义革命以及后来反对帝国主义侵略战争中英勇牺牲的那些烈士，也有着同样的报国之志。为了保证战斗的胜利、减少战友的牺牲，董存瑞毅然举起了炸药包，甘愿与敌人的碉堡同归于尽；黄继光用自己的血肉之躯堵住敌人的机枪眼；邱少云宁肯自己活活被烈火吞噬，也一动不动，以免潜伏部队被敌人发现。他们这样做是谁的命令？是自我的命令，是责任感的命令，是一个伟大的人格的命令。

这种强烈的社会责任感，就是人们所说的以天下为己任的精神。在中国，乃至整个世界，凡是有以天下为己任的精神的人，都是人们、是历史所崇敬的人。他们是民族的脊梁，是民族的魂魄。他们伟大崇高的人格与日月同辉，与山河共存。他们的英名与事迹彪炳史册，传颂于千秋万代的人民之中。

而另外的如秦桧、吴三桂、汪精卫之流，在民族危难之关头，为保自家的性命和功名利禄，放弃自己的职责，丧失民族精神，或主张屈膝投降，或径直叛国投敌、认贼作父，助纣为虐，残害自己的骨肉同胞，践踏生养

---

[1] 陆游的这首诗题为《病起书怀》，全诗为："病骨支离纱帽宽，孤臣万里客江干。位卑未敢忘忧国，事定犹须待阖棺。天地神灵扶庙社，京华父老望和銮。出师一表通今古，夜半挑灯更细看。"

自己的土地。他们虽然一时得逞，但最终难逃历史之审判。身败名裂，遗臭万年。这又是怎样的一类人呢？没有骨气，没有国格、人格，因而永远遭到人们唾骂。

历史表明，不同的社会责任感体现不同的道德人格。用传统的概念表述，那些社会责任感非常强的人就是仁人志士，是君子；那些没有社会责任感的人是小人。处于这两种人之间的，我们可以称之为常人。

三、人对自己的责任是塑造人格

康德说职责有一个"与好恶之心傲然断绝一切血缘关系的谱系"，所谓"傲然"，就是理直气壮、毫不客气的样子。这个在个人的好恶之心面前理直气壮、毫不客气的"谱系"的来源是什么呢？康德说，这个谱系的来源就是人格。

人格就是人给自己在世界上划定了一个位置，这个位置就在野兽与天使之间。小人靠近野兽，君子靠近天使，常人居于二者中间。

从中国传统文化的角度看，人的一生说到底只有两件大事，一件是做事，一件是做人。与完成自己的职责相关的活动，是做事的问题；对待自己职责的态度，是做人的问题。做人要通过做事来体现，做人又是做事的道德人格基础。仔细琢磨中国自先秦传下来的修身、齐家、治国、平天下的人生座右铭，修、齐、治、平，是以做人为基础的。只有塑造好自己的人格，才能做好齐家、治国、平天下的事。

一个人做事，应当按照人的样子去做，做人应该做的事。那么到底哪些事是人应该做的？怎样做才算符合人做事的样子？什么方式才是人做事的方式？这很难有一个固定的标准，不能定一个固定的模式。天下的事情那样多，同一类事情在不同的情况下，又有不同的对待方式，怎么能找到一个僵死的、一成不变的样板呢？所以，所谓按照人的样子去做，主要是树立一种精神，就是要向着那个人之为人的方向去靠拢，然后再辅之以一定的行为规范。

这种精神，要求人在为人处世的时候，尽量地表现出人的文明的特征，使人性中那些经过努力能够成为美好、崇高的潜在的可能性化为现实，使自己成为一个名副其实的人。

这种经过努力能够转化为美好、崇高的潜在的可能性，在每个人身上都是有的，这就是人可以教化的可能性，就是理性，就是那种高于本能的情感意志。这种潜在的因素如同一种等待人们加工的原材料。

我们又绝对不能把这些原材料与诸如矿石、木料那一类的原材料视为等同。那些东西是死的，没有灵魂，不加工虽成不了器物，但也不会走上邪路。对于人来说，不教育他，不往正道上引导他，他就可能走上邪路。他的灵魂不朝着真善美的方向发展，就可能朝着假恶丑的方向发展。

人在幼年时是不知道自己到底会追求什么的，还不能把握自己，很多时候要依靠环境。此时其信赖的人的人格对其人格有着强烈的影响。等其长到十多岁的时候，独立的主体逐渐形成，自己有了选择、自我教育的能力，才开始塑造自己的人格。这时幼年时受到的人格影响的好坏就成了一个至关重要的东西。如果幼年时受到的影响比较好，那对真善美的追求就多些；反之，人格意识可能会差，灵魂中真善美的因素少，假恶丑的因素就会多一些。

人生的职责中，也包括人对自己的责任。人对自己的责任中的一个重要内容就是塑造自己的人格。完全放纵自己，完全依照欲望行事，是一种对自己不负责任的态度，就谈不上是塑造自己的人格，而是放浪形骸。对于多数人来说，基本上能按照社会所要求的规范去做，这就是常人。那些对高尚人格孜孜以求的人，他们要比别人多吃许多苦，但他们人格高尚，受人尊敬，用传统的概念说，这些人就是君子。

对高尚人格孜孜以求的人不仅会按照社会要求的基本的道德规范去做事，而且会追求至善。一般人对自己的要求是"己所不欲，勿施于人"，这是孔子提出的做人的最基本的准则，被称为恕道。追求至善的人则要求自己朝着"己欲立而立人，己欲达而达人"的境界去努力。"己欲立而立人，己欲达而达人"是孔子提出的最高的做人的境界。为人尽己，被称为"忠"。这是一种需要有极高的自觉性与坚强意志力才能达到的境界。达到这种境界的人往往在心中确立了一个很高的标准，经常用这个标准衡量自己、要求自己、审视自己，问自己是否尽到了自己的职责，是否对得起民族、国家，是否对得起他人，是否对得起自己的良心。他们对高尚人格的追求不为别的，只为净化自己的灵魂，为了使自己身上的人的特征、崇高与伟大越来越成为自己的本色。这个崇高与伟大的东西就是道德人格。

四、做负责、有气节的青年

把青年培养成负责、有气节的人，是我们的目标。

什么是责任？责任是分内应做的事情。负责就是承担应当承担的任务，完成应当完成的使命，做好应当做好的工作。责任无处不在。父母养儿育女、儿女孝敬父母、老师教书育人、医生救死扶伤、军人保家卫国、学生好好学习、科技工作者创新攻坚、企业家创造财富，每一位劳动者做好自己岗位的工作，都是负责的表现。

勇于负责的人重信守诺。勇于负责的人都把承诺看作有千钧之重。答应了的事，再难也要做到；做不到的事，就不要轻易承诺。重信守诺的人能够得到别人的信任，而信任是良好人际关系的基础。商鞅立木取信传为美谈，就是因为他有令必行、言而有信的作风赢得了秦国百姓的信任，变法才得以实施，为秦国统一六国打下了基础。而反面的例子也比比皆是，周幽王烽火戏诸侯，失去了诸侯的信任，结果身死国亡。所以，青年人在生活和工作中要树立负责的形象，做一个负责的人，要把重信守诺作为处世原则。

勇于负责的人机会更多。托尔斯泰说："一个人若是没有热情，他将一事无成，而热情的基点正是责任心。"负责的人受人尊敬、招人喜爱、让人放心，人们都愿意跟他打交道、同他合作，他当然就会获得很多机会。我们看那些成功人士的奋斗历程，富有热情、勇于负责是他们共有的特点。在日常工作中，我们也有这样一种深切的体会和感悟：对于勇于负责的青年，我们总是愿意把更多的机会给他们，让他们挑大梁、担重任，尽快成长；对于不愿意负责，甚至老耽误事的青年，我们要么批评之，要么敬而远之，要么放弃之。

勇于负责的人更容易成功。发自内心深处的责任感能产生勇气、智慧、力量，有助于人们想出应对事情的方法。有了强烈的责任心，做再危险的工作也能减少风险；没有责任心，再安全的岗位也可能出现险情。责任心强，再大的困难也比较容易克服；责任心差，很小的问题也可能酿成大祸。勇于负责的人，不光是有一个好的态度，还会用心琢磨自己的任务，全身心投入到完成任务的过程中。开动脑筋，当然就会打开思路，想到方法。

如前所述，人的责任与人格密切相关。讲完责任，我们再看看人格。人格不论高低，它所展示给人的，是他自己内心世界中演奏的人生格调。对于他自己来说，这种格调是自我与良心达成的共识。所以人格就是人的真实灵魂，就是他的人生境界。

人格的最高境界就是气节。中国人历来都是重视气节的，对于民族气节更是看重。何谓气节？在强大压力面前不改变志向、操守，谓之气节。孟子讲的"富贵不能淫，贫贱不能移，威武不能屈"[1]就是讲气节。从大的

---

[1] 〔战国〕孟子：《孟子·滕文公下》。

范畴上说，气节与人格同属一类，都是要维护独立意志。但是以气节称呼，是因为人所遇到的挑战更为严峻，所面对的压力更大，环境更加恶劣，甚至关系到生死存亡的问题。匈奴扣押了苏武，并想使其投降，苏武坚决不从。匈奴使出各种招数，对苏武皆不起作用，最后把他流放到北海（今俄罗斯贝加尔湖）边上去牧羊。历时19年，苏武都不屈服，不论多么艰难困苦，也不改变忠于汉朝的志向。

文天祥也是一个有着崇高的民族气节的典范。他在狱中写了有名的《正气歌》，歌中列举了12位具有浩然正气的人格典范，他表示要学习他们的崇高气节，置个人生死于度外。

有人问：命都没有了，保持气节还有什么用？

诚然，人死了以后，后人如何评说，他是无法听到了。从这个意义上讲，坚持一个志向，保持一种气节，对个人来说，没有什么实用价值。可是龚自珍说："士皆知有耻，则国家永无耻矣；士不知耻，为国之大耻。"[1]意思是说，只有人们具有知耻之心，当受到外来强大压力时，才能坚持气节，冒着生命危险维护民族、国家利益。如果人们不以丧失气节为耻辱，在外来压力下都变节投敌，那就会亡国，整个民族国家就要蒙受耻辱。个人讲气节，从小处讲，是维护个人的人格尊严；从大处讲，是民族、国家得以永存的道德条件。

19世纪意大利爱国志士马志尼在他写的《论人的责任》一书中，批评了只讲物质利益、用物质利益排斥殉道精神的现象。他说："在关于个人权利的各项理论中，只有物质利益占主导地位，殉道气节变得荒唐可笑：人死以后，还有什么利益可言呢？但是尽管如此，殉道气节往往是一个世界经受的洗礼、进步的庄严开端。"[2]

---

[1] 〔清〕龚自珍：《龚自珍全集·明良论》。
[2] ［意］马志尼：《论人的责任》，吕志士译，商务印书馆1995年版，第198页。

马志尼并不否定物质利益，但他反对用物质利益否定殉道气节。他的关于殉道气节是"进步的庄严开端"的思想，值得深思。可见，讲气节并非只是中国人讲，西方人也讲。任何一个伟大的民族，没有不教导他的子孙要讲气节的。

一个人对人格、气节的态度，就是对人生的态度。不讲人格、不讲气节，就会成为物质欲望、物质利益的俘虏。一个人不知何为人格尊严，不讲气节，就经不起威胁与利诱，容易被人利用。这种人活在世上，早晚要被人唾骂。

（撰稿：陈昇、刘俊彦）

第六讲

个体与群体

> 个人之所以成为个人，以及他的生命之所以有意义，与其说是靠着他个人的力量，不如说是由于他是伟大人类社会的一个成员。从生到死，社会都支配着他的物质生活和精神生活。
>
> ——爱因斯坦

人存在的矛盾性是多方面的。一个生活在现实中的人，往往有着多重身份，处于多种社会关系之中。其中最重要的是他既是一个独立的个体存在物，又是隶属于某一群体，具有某些群体特性的群体性的存在物。群体的性质由个体的性质及不同个体之间的关系所决定，每一个个体也无法脱离群体独立存在。人生活在特定群体中并受到群体的影响。

一、己之个体与群之一员

现代社会中，个体与群体之间往往存在个体利益与群体利益的矛盾。在生活中经常会见到这样一种情景：一家兄弟几个人，为多给自己争一点家产闹得鸡飞狗跳，相互仇视，似乎真是要老死不相往来一样。在争夺家产时，他们只为自己着想，从来不真心顾及他人的利益，就像18世纪法国著名思想家霍尔巴赫在《自然的体系》中所说的那样："不论在任何时候和任何地方，都只是我们的好处、我们的利益……驱使我们去爱或去恨某些东西。"17世纪英国唯物论者霍布斯也曾说："对于每一个人，其目的都是为着他自己的利益的。"个体在资源竞争中通常倾向于选取利益最大化的策略，为自己争取尽可能多的资源与福利。

可是，一旦有外姓人与这户人家发生冲突，兄弟几个就会齐心协力，一致对外。此时，他们因争家产发生的冲突一下子烟消云散了。如果说为自己争家产是个人利益，那么一致对外就是为了"自己的家"这个群体的利益。也正是这种群体利益促使人们联合起来互相帮助。上述例子中的几兄弟都有双重身份，每个人既是一个独立的利益主体，又是一个命运共同体，这个家族的利益与他们每个人都相关，就像兄弟之间是利益分明，相对于外人来说，则利益一致。

在某些既定情况下，由不同个体聚集起来的人群所表现出来的新的群体特征，与他们作为个体时所表现的特征截然不同。在现实生活中，每一个人都有着这样的多重身份。作为个人而言，他是一个独立存在的个体。他的肉体是独立存在的，可以独立自由地运动；他的灵魂是独立的，受自己的支配，谁也无法偷走、不能代替；有独立意志、独立人格，有自己的权利，有个人的独特性格、爱好和追求。但每一个人总是属于一定的群体，在一定的意义上说，他是以一个群体的面貌存在的。"个人与他人或群体在情感和心理上的趋同过程，可以理解为某一社会群体成员在行为与情感上的同化过程。"[1]

马克思在《关于费尔巴哈的提纲》中指出："人的本质不是单个人所固有的抽象物，在其现实性上，它是一切社会关系的总和。"[2] 构成人的本质的要素不是生物上的类，而是社会关系，所以，人既是一种个体存在物，同时又是一个群体存在物。由此带来人与人之间的诸多同与异的双重存在。

同包括共同利益。共同利益就是社会全体成员的利益，是与个别人或集团的特殊利益相区别的，就像恩格斯在《国民经济学批判大纲》中提到的："单个人的利益是要占有一切，而群体的利益是要使每个人所占有的都相

---

[1] 车文博：《弗洛伊德主义原著选辑》，辽宁人民出版社 1988 年版，第 18 页。
[2] 《马克思恩格斯选集》第一卷，人民出版社 2012 年版，第 135 页。

等。"① 作为一个群体，必然有其共同的利益，这是一个群体存在的依托与意义，每一个成员都依赖着它。在此基础上，共同利益还是实现人自由全面发展、构建人类命运共同体的物质基础。马克思主义认为，阶级斗争是最核心、最本质的社会矛盾，民族性从属于阶级性，各国无产阶级属于同一阵线。一个民族、一个国家如果被外敌所占领，那么遭受奴役的就不是某一部分人，而是整个民族。整个民族、国家兴旺发达了，每个家庭、每个人才从根本上有了发达的保证。

人们生活在社会上，不仅仅是一个物质生活过程，也是一个精神生活过程。处在一个群体内的成员除了可能有共同的利益外，还可能有共同的文化、生活方式、情感心理、语言、传统、道德习俗等。特别是作为一个民族，如果地域辽阔，历史久远，人口分散，那么人们之间借以认同的首先不是利益，而是肤色、文化、语言与共同的心理特征。

生活在群体中的每个成员，都依赖着共同的利益与共同的文化。江河万里总有源，树高千尺也有根。没有这些共同的东西，人就缺少归属感，就可能成为真正的孤独者。

如上面所讲，群体中的每个成员在与群体联系紧密的同时，又是一个个真实的个体，他一方面与其他成员有相同相通之处，有相一致的地方，可以协调；同时，他与其他成员又有相异的一面，有与他人不同的个性，有自己特殊的利益，就像马克思所讲："人们为之奋斗的一切，都同他们的利益有关。"② 此外，个体还有自己特殊的要求、追求，以及特殊的才能、特殊的社会联系等。这些特殊的东西不仅构成每个人追求的推动力，也使得人与人之间有可能相互补充、相互作用，使得社会生活丰富多彩。马克思和恩格斯认为群众才是物质财富和精神财富的创造者，因此，

---

① 《马克思恩格斯选集》第一卷，人民出版社 2012 年版，第 34 页。
② 《马克思恩格斯全集》第一卷，人民出版社 1995 年版，第 187 页。

他们在《神圣家族，或对批判的批判所做的批判》中指出："历史活动是群众的活动，随着历史活动的深入，必将是群众队伍的扩大。"① 毛泽东强调："人民，只有人民，才是创造世界历史的动力。"② 每个人既是历史的"剧中人"，也是历史的"剧作者"。正是不同个体身上这些特殊东西的存在，才使每个人的生活充满了活力，才有精神自由，创造了多姿多彩的世界。否则，如果世界上的人全是一个模样，世界将变得死气沉沉，毫无生命力，社会也就失去了进步的动力。

二、人如冬天里的刺猬

正是相异的利益、个性、特殊的追求等，使人与人之间产生矛盾或冲突。这种情况有如新加坡学者洪生说的："人如冬天里的刺猬，太过疏远就会各自觉得寒冷，可是过于靠近又会互相刺伤。"③ 这位学者的话很值得寻味。人与人之间在客观上既有相互吸引的地方，又有相互排斥的地方。在吸引时有排斥，在排斥时又有吸引。这是一种普遍存在的状态。

人类最早没有抵御其他野兽的工具和良策，气力、奔跑的速度又不如虎狼，但人能存活下来，而且发展了起来，所凭借的力量之一就是合群，就是结成整体，相互依赖。

随着社会的发展，个体的生存智慧、生存能力得到了很大的发展，但是人与人之间的共同利益也随之出现分裂。一方面，"随着分工的发展也产生了单个人的利益或单个家庭的利益与所有互相交往的个人的共同利益之间的矛盾……而首先是作为彼此有了分工的个人之间的相互依存关系存在

---

① 《马克思恩格斯文集》第一卷，人民出版社 2009 年版，第 287 页。
② 《毛泽东选集》第三卷，人民出版社 1991 年版，第 1031 页。
③ ［新加坡］洪生：《人性谈·冬天里的刺猬》，转引自《人生哲学宝库》，中国广播电视出版社 1992 年版，第 791 页。

于现实之中"①。社会分工日益精细使人与人的依赖性越来越大。另一方面，人与人的相互依赖也越来越隐蔽。货币出现以后，商品货币交换掩盖了人与人的依赖，凸显了人与人的对立，似乎每个人都可以不依赖他人而生存于世。一些人不大信赖共同利益，甚至不认为有共同利益。人们直接感觉到的是利益的相互排斥，是每个人只关心自己的利益。因此"利益成为转型期社会矛盾产生、发展的总根源，利益矛盾成为转型期社会矛盾的主导性矛盾，成为社会矛盾的主要表现形式。"②

亚当·斯密提出了一套经济学说，其中一个重要的部分，就是想说明人与人之间利益矛盾状况的合理性。他说："人类几乎随时随地都需要同胞的协助，要想仅仅依赖他人的恩惠，那是一定不行的。他如果能够刺激他们的利己心，使有利于他，并告诉他们，给他作事，是对他们自己有利的，他要达到目的就容易得多了。……我们所需的相互帮忙，大部分是依照这个方法取得的。"③

亚当·斯密的这段话首先是承认人与人是相互依赖的，谁也离不开社会。换句话说，二者只要能达成一种大体均衡的利益格局，就能够彼此协助，"这样一种均衡的利益格局是和谐社会最主要的基础，也是关涉到我们这个社会未来前景的根本所在"。④ 其次是告诉人们每个人都是利己的，利己之心是相互排斥的，因为给别人带来好处并不在主体的目的之内，只是一种客观效果。用亚当·斯密的话说，这不是"恩惠"，只是"利用"。用这种方法解决矛盾，还够不上是道德行为，顶多是一种合道德的行为。这种行为在客观上对他人无害甚至有利，从动机上说则不包含主动为善的动机。

---

① 《马克思恩格斯文集》第一卷，人民出版社 2009 年版，第 536 页。
② 靳江好、王郅强主编：《和谐社会建设与社会矛盾调节机制研究》，人民出版社 2008 年版，第 116 页。
③ ［英］亚当·斯密：《国富论》，转引自《人生哲学宝库》，中国广播电视出版社 1992 年版，第 794 页。
④ 孙立平：《博弈：断裂社会的利益冲突与和谐》，社会科学文献出版社 2006 年版，第 59 页。

总而言之，这个世界上"不存在什么全体人民能够同意或通过理性论证的力量能够同意的被出色地决定的共同的幸福那样的东西……对不同的个人或集团而言，共同的幸福势必意味着不同的东西"①。这意味着共同利益与个人利益是矛盾和斗争的统一体，既相互依存，又相互制约。就像美国著名法学家罗斯科·庞德认为的那样，利益是"人类个别地或在集团社会中谋求得到满足的一种欲望，因此人们在调整人与人之间的关系和安排人类行为时，必须考虑到这种欲望或要求"②。

三、"忠孝不能两全"与公私冲突

亚当·斯密所提出的这个办法对于解决私人之间的利益问题是适用的，几千年来人们就有这种习惯。但个体与群体之间的利益矛盾该如何处理？霍布斯在谈论政府公职人员时这样写道："在政治身份方面虽然留意谋求公共福利，但他会同样或更多地留意谋求他自己以及他的家属和亲友的私人利益。在大多数情形下，当公私利益冲突的时候，他就会先顾个人的利益，因为人们的感情的力量一般说来比理智更为强大。"③群体的利益是一种共同的利益，与构成群体的每个成员的个人利益并不完全一致，在不一致的地方就可能出现个体与群体之间的冲突。这就是所谓的公私问题。

在公与私不发生冲突时，没有必要去牺牲一方保存一方，双方都可以保全。但若发生冲突，就很难双方兼顾，这时就有一个取舍的问题，双方不能两全，比如中国人都知道的"自古忠孝不能两全"。所谓忠，就是"君薨不忘增其名，将死不忘卫社稷"。越是国家需要的人，在孝敬父母、

---

① [美]熊彼特：《资本主义、社会主义和民主主义》，绛枫译，商务印书馆1979年版，第314页。
② [美]罗斯科·庞德：《通过法律的社会控制法律的任务》，沈宗灵等译，商务印书馆1984年版，第81—82页。
③ [英]霍布斯：《利维坦》，黎思复、黎廷弼译，商务印书馆2011年版，第124页。

照顾妻子儿女上就越是困难。反过来，要是一心照顾家庭，也就难以为国尽忠。人在面对冲突时，对双方利益总会有所舍、有所取。这时出现了道德问题：如何对待这种公私冲突？

对于这一问题，19世纪中叶德国历史学派的学者——斯卡尔钦茨基在其《亚当·斯密的道德哲学及其作为政治经济学的创始人》一书中认为，亚当·斯密在1759年所著的《道德情操论》中的人性观是利他的，而在1776年发表的《国富论》中的人性观是利己的，这两者之间的不一致被经济学家们称为"亚当·斯密难题"，由此引发了有关"经济人"利己属性与"道德人"利他属性的讨论。

从历史上看，不论在中国还是在西方，都承认共同利益高于个人利益。在共同利益与个人利益发生冲突时，应牺牲个人利益服从共同利益，这就是集体主义。斯蒂芬·R.C.希克斯说，集体主义认为组成集体中的个人不如社会集体重要，为了维护集体的利益，个体有责任牺牲自我利益，无论集体的性质是阶级、种族、部落、家庭还是民族。[1]摩莱里在《自然法典》中说："整体比部分甚至比最美妙的部分要好，全人类比最出众的个人重要，民族高于最可尊敬的家族和最受尊敬的公民。"[2]但是这个道理需要论证。如果不能从理论上证明共同利益高于个人利益，那么人们就不会信服。

首先应当说清楚的是凡是有共同利益存在的地方，就需要有集体主义；凡是一个群体能长久存在的地方，就必然有集体主义。这样说来，集体主义是从来就有的，并非无产阶级所特有的。马克思和恩格斯在《德意志意识形态》一文中多次论述了个人利益必须发展为阶级利益的道理。他们说："个人利益总是违反个人的意志而发展为阶级利益，发展为共同利益，后者脱离单独的个人而获得独立性，并在独立化过程中取得

---

[1] 参见王海明：《新伦理学》中卷，商务印书馆2008年版，第742页。
[2] [法]摩莱里：《自然法典》，商务印书馆2011年版，第72页。

普遍利益的形式，作为普遍利益又与真正的个人发生矛盾……"[1]这是一种客观的个人与群体之间的利益关系。在这篇文章中，他们还批判施蒂纳无法正确理解私人利益与共同利益的关系，认为他只看到了私人利益与共同利益的对立，却无法理解作为私人利益代表的资产者为什么会顺应共同利益。指出施蒂纳"非常不愉快地发现，在历史上表现出来的两个方面，即个别人的私人利益和所谓普遍利益，总是互相伴随着的"[2]。

在阶级内部他们个人之间的利益是冲突的、相互排斥的，但一旦此一阶级与彼一阶级发生冲突，他们则会集中在阶级利益的旗帜下，一致对外，不惜牺牲个人利益。这种集体主义是各个群体得以保存的道德条件。可以说，集体主义与人类有着同样古老的历史，只是这个集体的圈子不断在扩大。施什金认为："理想化的集体主义就是以社会主义为前提的，属于一种互相帮助，不存在压迫、较为宽松的社会环境。"[3] 无产阶级的集体主义，是人类历史上最大范围的集体主义。

有人问：集体主义如何界定？这确实是一个问题。不弄清这个问题，就不能把集体主义与小团体主义区分开。

关于集体主义的概念，《辞海》将其界定为："个人主义"的对称。社会主义和共产主义道德的基本原则。是个人与集体辩证统一关系在道德上的反映。也是集体利益和个人利益发生矛盾时正确的价值取向。集体是一个相对性极大的概念，层次特别多。集体包含国家、民族、社会等普遍的集体和各种不同的、局部的集体这两层含义。人类社会就是一个大小不等的集体体系。大集体与小集体只是整体与局部的关系。

社会主义社会的集体主义所说的集体，应当是以整个社会为集体，以整个民族、国家为集体，这是最高的集体。民族、国家、全社会的利

---

[1] 《马克思恩格斯全集》第三卷，人民出版社 1960 年版，第 273 页。
[2] 《马克思恩格斯全集》第三卷，人民出版社 1960 年版，第 272—273 页。
[3] [苏] 施什金等：《伦理学原理》，蔡治平等译，北京大学出版社 1981 年版，第 62 页。

益高于一切，各省、地方、部门的利益、个人的利益，都应服从民族、国家、全社会的利益。"社会主义是不能撇开个人利益的。只有社会主义社会才能给这种个人利益以最充分的满足。此外，社会主义社会是保护个人利益的唯一可靠的保证。"[1] 这个思想列宁早就提出过。他说："根据马克思主义的基本思想，社会发展的利益高于无产阶级的利益；整个工人运动的利益高于工人个别阶层或运动个别阶段的利益。"[2] 社会主义的集体主义首先是以全民族、国家、全社会为集体，然后就是层层遵循部分服从整体、眼前服从长远的原则。罗国杰教授阐释的集体主义内涵是当下最典型的观点，他提出集体主义包含三方面内容："首先，个人利益低于集体利益；其次，以此为原则，要对个人的合法利益进行保障，促使个人价值目标的完成；最后，集体主义就是个人与集体双方利益的辩证统一体。"[3]

社会共同利益为何高于个人利益？因为个人对社会的依赖是绝对的，而社会对具体的个人的依赖是相对的。"个人主义与集体主义在利益协调方面有着紧密的关系。个人劳动创造集体利益，集体利益内含个人利益。"[4] 有史以来没有一个人可以离开群体，作为个人来说，其生存、发展离不开社会。

社会的价值高于个人的价值，民族、国家的利益高于个人的利益。这是自古以来就被公认的道理。就像邓小平所讲的："在社会主义制度之下，个人利益要服从集体利益，局部利益要服从整体利益，暂时利益要服从长远利益，或者叫做小局服从大局，小道理服从大道理。"[5]

---

[1] 《斯大林文集（1934—1952）》，人民出版社 1985 年版，第 13 页。
[2] 《列宁全集》第四卷，人民出版社 2013 年版，第 192 页。
[3] 罗国杰：《马克思主义伦理学的探索》，中国人民大学出版社 2016 年版，第 161—170 页。
[4] 魏英敏、金可溪：《伦理学简明教程》，北京大学出版社 1989 年版，第 211 页。
[5] 《邓小平文选》第二卷，人民出版社 1994 年版，第 175 页。

四、社会洪流与个性的细浪

人作为个体存在，是有个性的。个性是人的个体价值的一种表现。它要求的是被尊重，是能自由地发展。

然而人又是一种群体的存在，有群体的共同内涵。人的个性与群体的共同生活总是有冲突的。霍克海默说："人们生活在被抽象化、符号化的世界里，导致人丧失自我意识和自由，人与自然的关系破裂。"[1] 瞿秋白有一段生动的文字，感叹封建社会对人的个性的摧残。他写道："社会现象吞没了个性，好似一洪炉大冶，熔化锻炼千钧的金锡，又好像长江大河，滚滚而下，旁流齐汇，泥沙毕集，任你鱼龙变化，也逃不出这河流域以外。这'生命的大流'虚涵万象，自然流转，其中各流各支，甚至于一波一浪，也在那里努力求突出的生活，因此各相搏击汹涌，转变万千，而他们——各个的分体，整个的总体——都不知道自己，不知道自己的转变在空间时间中生出什么价值。"[2]

瞿秋白是历经五四时代的青年，对个性解放的要求有深切的体会。然而，人终归不是细流与浪花，人有思想、有情感。一旦醒悟，他就要为自己的个性发展与不合理的制度进行抗争。死气沉沉的旧社会，终究也会被汇成洪流的这种反抗、斗争掀起的万丈波涛所冲毁。在中国新民主主义革命的过程中，有许多青年最初投奔革命队伍的缘由，正是追求个性的解放，反抗封建的家庭，反叛整个旧社会对个性的摧残压抑。可见，争取个性自由，其意义并不限于个人，它在深层次上势必是一个社会问题。

谭培文在其著作《马克思主义文本与现实的对话——谭培文自选集》中从人本身来理解个性自由，认为："人的全面发展就是要使人成为具有

---

[1] ［德］霍克海默：《批判理论》，李小兵等译，重庆出版社 1989 年版，第 212 页。
[2] 瞿秋白：《瞿秋白文选》，转引自《人生哲学宝库》，中国广播电视出版社 1992 年版，第 785 页。

自由个性的人。"自由个性是生理和心理、物质和精神、存在和本质相统一的现实个人个性,人的全面发展是在这些因素相统一的过程中逐步生成、培育和建构起来的,揭示自由个性与人的全面发展相互统一的关系。追求个性自由,是个人生存、生活的一种动力,也是促成社会发展的一种社会力量,是社会运动中的生气。为个性自由发展创造各方面的条件,是社会的一项任务,也是人类进步思想追求的一个理想。马克思和恩格斯在《共产党宣言》中描述共产主义的最终目标时说:"代替那存在着阶级和阶级对立的资产阶级旧社会的,将是这样一个联合体,在那里,每个人的自由发展是一切人的自由发展的条件。"[1] "每个人的自由发展",当然就是使个人的个性得以充分发展。个人的发展为其他人的发展提供了条件。"实质的自由只能以个人自由为前提和基础,任何离开个人自由或压抑个人自由的'自由'学说都是虚假的。"[2] 可见,个体独立的人格、个性,也是社会所离不了的。因此,人的个体的存在与群体存在的双重属性,使人生价值的内涵更加丰满。

五、崇尚自我与"既是主体,又是客体"

前些年在讨论人生价值时,关于人生的价值到底是索取还是奉献的问题,颇有争论。有的人认为人生的价值在于奉献,有的人虽然不公开讲人的价值是索取,但特别强调自我价值,有的人认为索取与奉献都是人生的价值。要弄清楚这个问题,关键是要弄清楚人是主体、客体,还是二者兼而有之。

先讲一件旧事。一般说来学术著作的发行量都是比较小的。这当然

---

[1] 马克思、恩格斯:《共产党宣言》,人民出版社 2018 年版,第 51 页。
[2] [德] 阿多尔诺:《否定的辩证法》,张峰译,重庆出版社 1993 年版,第 119 页。

是因为它的读者面很窄。可是，20世纪80年代中期，有一本名为《自我论》的学术著作在中国大地上成了流行极为广泛的畅销书。这本来是一本介于心理学与哲学之间的，或者说是跨着心理学与哲学两个学科的著作，可是那一阵子，在大学里不论是学工的，还是学理的、学医的，都在看这本书。出版社也极有眼光，第一版就印了十万册。这是一种罕见的现象。

出版社怎么敢将一本学术著作一下子就印十万册呢？他们观察到了什么？捕捉到了什么信息？历史向他们提供了什么契机？

出版社之所以敢下如此大的决心，是看到了在中国的大地上，当时崇尚自我、崇尚主体的思潮正在兴起。多数青年人说不清楚什么叫自我，但他们模模糊糊地感到崇尚自我与他们的利益相关。敢不敢崇尚自我似乎成了保守与开放的分水岭。青年人崇尚自我，使用以自我这个概念组成的词组、短语的语言，少说也有二三十个。言必称自我成了一种时髦。

自我本是一个抽象的哲学概念，也可以说自我是一个反身代词。自我就是意识到的我，是人在自己的意识中对自己的反思。但是，在这一代青年人所使用的自我一词中，其含义已不是严格的哲学概念。粗略地分析，青年人使用的自我一词大致有三种含义。

其一，"自我"是"我、我自己、我的"的另一种表述方式，这个"自我"主要是用来表示所属关系，如"自我利益"等。"主观为自我"，就是主观为我自己的利益。这种用法占了绝大多数。

其二，"自我"是指行为的"主体"，意在强调个人是独立的、自主的主体，不是别人的或某个组织的附属物。如"自我设计""自我实现"。

其三，"自我"是"个体"的另一种说法，如"自我价值"。这个概念往往与"社会价值"相对应，可见是指个体，是指与群体相对的那个事物。

青年人崇尚自我，深层次的意图是要争得一个主体的地位，因为青年人在社会上地位还不稳定,他们渴望自己能掌握自己的命运。

何谓主体?主体就是在相互的关系中处于主导地位,有主动性、自为性,起支配作用、主宰作用的一方。如果一方在相互关系中处于被动的地位,被另一方所决定、身不由己、无自由、不独立,那就是客体。主体是主动作为的一方,客体是被动作为的一方;主体是主动追求目的的一方,客体则是为实现主体的目的服务的一方。

再进一步分析,主客体的关系有认识关系、实践关系、价值关系、审美关系等。在认识关系中,客体是被认识的对象,主体是能动的认识者。主体发挥自己的认识能力探求客体的规律。"凡是把理论引向神秘主义的神秘东西,都能在人的实践中以及对这种实践的理解中得到合理的解决。"[1]在实践关系中,主体发挥自己的创造力,改造客体。主体在实践中实施自己的计划,达到目的,这是人的本质力量之所在,是主体实现自由的过程。在价值关系中,主体追求自己的利益,为满足自己的需求而奋斗,为争取自己的权利而奋斗,甚至"为需要所迫不得不行而已"[2]。客体是被主体作用的对象。粗略地说,人的价值有一半是作为主体的价值体现出来的。

从这个意义上来讲,完善自我是争做主体的一个重要途径。

一些青年掌握了大量的知识、理论,但实际的经验还不足,尚不能把理论与实际很好地结合起来。这需要一个过程,需要在实践中消化理论,把死的知识、理论变成智慧,指导实践。

从人与物的关系上说,主体只能是人,因为只有人才有思想,才有认识能力与实践能力,才有意志与情感,才能通过实践创造自己的生活,才能把自己的人生当作一个客体来认识和创造,"人只有凭借现实的、感性的

---

[1] 《马克思恩格斯选集》第一卷,人民出版社 2012 年版,第 135—136 页。
[2] 《孙中山选集》上,人民出版社 2011 年版,第 155 页。

对象才能表现自己的生命"①。这种能动的存在方式，表现出人是一种能动的存在物。

人类社会的发展是靠人自身的创造实现的，"人们自己创造自己的历史，但是他们并不是随心所欲地创造，并不是在他们自己选定的条件下创造，而是在直接碰到的、既定的、从过去继承下来的条件下创造"②。人自己为自己创造生活，自己既是主体也是客体。人是处于复杂的社会关系之中的，他在此一关系中是主体，在彼一关系中可能就是客体。青年要读书、上学，希望社会提供学校、老师，此时青年就是主体，社会是客体。社会要求青年保卫祖国、为社会服务，此时国家、社会就是主体，青年就是客体。可见人具有主客体两重身份。只想当主体不想当客体，只能是一厢情愿，实际上做不到。

人作为客体与物作为客体是有本质的区别的。物作为客体时，它只是客体。而人作为客体时，他仍然是主体，即他在另一个关系中仍然是主体。另一个关系是什么关系？是一个实践的或认识的关系。因为人在充当客体时，他必须是去做某一件事，他是通过做事来满足主体的需要。在人作客体时，主体是社会或他人。社会或他人的需要的满足，是靠充当客体的人做事来实现的。社会需要各种生活用品，需要教师、医生、军人等去做事。他们在做事的过程中仍然是主体。所以说人是一个特殊的客体。

"人以一种全面的方式，也就是说，作为一个完整的人，占有自己的全面的本质"。③一个人"如果只是为自己、为家庭而活着，那个意义是很有限的。只有为国家为社会为民族为集体为他人的利益，尽心竭力地工作，毫无保留地贡献自己的聪明才智，这样的人生才有真正的意义，才是光荣的

---

① 《马克思恩格斯全集》第四十二卷，人民出版社 1979 年版，第 168 页。
② 《马克思恩格斯选集》第一卷，人民出版社 2012 年版，第 669 页。
③ 《马克思恩格斯全集》第四十二卷，人民出版社 1979 年版，第 123 页。

人生、闪光的人生"①。

总而言之，作为个体的人需要社会、他人为自己服务，同时他也必须为社会与他人服务。人既有获得利益的权利，也有责任、义务要履行。所以，人既要活出个体的光彩，还要符合群体的要求，为群体的发展作出贡献。

（撰稿：陈昇、王雅瑞）

---

① 《毛泽东邓小平江泽民论世界观、人生观、价值观》，人民出版社1997年版，第528页。

第七讲

名誉与利益

无瑕的名誉是世间最纯粹的珍宝；失去了名誉，人类不过是一些镀金的粪土，染色的泥块。

——莎士比亚

人们奋斗所争取的一切，都同他们的利益有关。

——马克思

名誉与利益，通常合称为名利。说起名利，对绝大多数人来说，既是一个他们感兴趣的话题，又是一个沉甸甸的问题。这是因为人生活在世界上既离不开名与利，又不大好意思公开讲自己就是图名图利。在实际生活中，求名求利求到何种程度为宜，其分寸也是不好把握的。

一、人生不必讳谈名利

在中国传统的观念中，追求名利是不好的。这种观念在先秦已经出现。儒家主张重义轻利，孔子本人就很少谈到利，《论语·子罕》中说"子罕言利"。孔子认为只有小人才对利的问题感兴趣。《论语·里仁》载孔子言："君子喻于义，小人喻于利。"这个"喻"有关心关注、明白之义。道家主张无为，"道法自然"，既反对求利，也反对求名。墨家不反对求利，但主张人与人之间的互利，反对损人利己，主张求天下之公利。

应当说明，反对求名求利的思想在先秦虽然已经露头，但并没有走向极端，也还没有成为一个严密的理论体系。儒家虽重义轻利，但也不是从根本上就否定求利。荀子就提出过利与义是人的两个最基本的需要的理论。

第七讲　名誉与利益

他说："义与利者，人之所两有也。虽尧舜不能去民之欲利，然而能使其欲利不克其好义也。"①"不能去民之欲利"就是不能把老百姓追求利益的欲望去掉。荀子的这一理论，连董仲舒也是承认的。他说："天之生人也，使人生义与利。利以养其体，义以养其心。心不得义不能乐，体不得利不能安。义者，心之养也；利者，体之养也。"②意思是说物质利益与道义对人生来说缺一不可。物质利益与身体健康、肉体存在密切相关，而道义与人的精神生活密切相关。董仲舒还是认为义比利重要。他提出应当"正其义不谋其利，明其道不计其功"，就是反对把功利置于道义之上。

董仲舒提出"正其义不谋其利，明其道不计其功"的主张，可以说是中国历史上反对求利的思想发展过程中一个明显的标志。在董仲舒之后，反对求名求利的思想开始发展。诸葛亮在《诫子书》中说："夫君子之行，静以修身，俭以养德。非淡泊无以明志，非宁静无以致远。"这里所说的淡泊明志也可以算是一个标志，因为这句话对后世的影响很大，承德避暑山庄清朝皇帝行宫的大堂上，就悬挂着"淡泊敬诚"的匾额。后世人又往往把诸葛亮所说的"淡泊"解释成淡泊名利。到了宋朝，反对求名求利的思想形成了完整体系，达到了顶峰。程颢、程颐兄弟的书中就有"多权者害诚，好功者害义，取名者贼心"的论述。意思是说争权夺利、求功求名都会毒害人的灵魂。他们还提出了"存天理，灭人欲"③的禁欲主义思想。

天下的事是遵循着物极必反的路线发展的。程朱理学的禁欲主义在当时就受到一些人的批评。到了明朝时，受到的批评更为激烈。在求名求利的问题上，也有人提出了针锋相对的观点。李贽在《焚书》中写了一首名叫《朔风

---

① 〔战国〕荀子：《荀子·大略》。
② 〔汉〕董仲舒：《春秋繁露》。
③ "天理""人欲"之说最初出自《礼记·乐记》。程朱理学中主张"损人欲以复天理"，被后人概括为"存天理，灭人欲"。

青年的选择

谣》的诗，认为求名求利是完全应该的，天下的人皆是为名为利而奔走的。他在诗中写道：

> 南来北去何时了？为利为名无了时。
> 为利为名满世间，南来北去正相宜。
> 朔风三月衣裳单，塞上行人忍冻难。
> 好笑山中观静者，无端绝塞受风寒。
> 谓余为利不知余，谓渠为名岂识渠。
> 非名非利一事无，奔走道路胡为乎？
> 试问长者真良图，我愿与世名利徒，同歌帝力乐康衢。[1]

诗中所谈的"静观者"，是指在深山中隐居修行的人。这些人说自己不为名不为利，而李贽认为世界上并没有不为名不为利的人存在。既不为名，也不为利，那么到处奔走是为了什么呢？李贽说他自己愿意与为名为利的人为伍，就如同古代民谣[2]中所唱的那样，为自己的利益而劳作。

李贽所言不无道理。在整个社会生活中完全没有追求名利思想的人是罕见的。就连孔子虽然"罕言利"，虽然说"君子喻于义，小人喻于利"，但他也说如果获得财富是合于义的，就可以去追求，即使是给人执鞭的下等差事，他也愿意去做。[3] 对于名，孔子认为更是应该去追求的，他认为一个君子到死的时候，名声还没有传出去，那就是一件很令人痛心的事。[4] 屈原对于名也很重视，他在《离骚》中写道："老冉冉其将至兮，恐修名之不立。"中国历史上自隋唐实行科举制，科举就是

---

[1] 〔明〕李贽：《焚书·续焚书》，中华书局1975年版，第228—229页。
[2] "日出而作，日入而息，凿井而饮，耕田而食……"李贽在此用这一民谣，意在证明人们做事都是为了自己的生活和利益。
[3] 《论语·述而》载孔子语。原文是："子曰：'富而可求也，虽执鞭之士，吾亦为之。如不可求，从吾所好。'"
[4] 《论语·卫灵公》载孔子语。原文是："子曰：'君子疾没世而名不称焉。'"

读书人求名求利的一个途径。要不怎么有"书中自有黄金屋,书中自有颜如玉"的说法呢?真是如李贽所言:"非名非利一事无,奔走道路胡为乎?"

新中国成立后,特别是极左思潮出现之后,反对人们求名求利,把求名求利称为资产阶级名利思想,是个人主义、利己主义。

改革开放以来,党的政策鼓励人们通过诚实劳动提高生活水平,允许一部分人先富起来,求利作为人生追求的一个内容,在实践上被承认了。求名的问题虽然没有在权威著作或权威文件中被明确肯定过,但各种荣誉的授予从来都没有停止过。荣誉是什么?荣誉就是好名声。荣誉在历史上被称为荣名,即光荣的、荣耀的名声。就是在大张旗鼓地批判资产阶级名利思想的年月,也没有停止各种先进称号的授予。改革开放之后不久,恢复了各种业务职称的评定,被取消了几十年的各种职称又出现在生活中。求名的问题在实践上也是被承认了的。可以说反对求利确实实行过,最后又予以否定;而反对求名一直未真正、彻底实行。

从普遍的意义上说,人难以把求名求利从人生追求中驱逐出去。人生价值理论应当给名利一席之地。

如何看待名与利,的确是青年人应该深刻思考的人生课题。一定程度上讲,这个课题不仅涉及青年发展的动力,也关乎青年人生发展的方向。一味不求名利,一个青年可能未必走向高尚,反而有可能走向"躺平""啃老"乃至"混吃等死"的地步;一味追求名利,一个青年也可能为了名利投机取巧甚至铤而走险,误入歧途,毁掉自己的人生,这样的教训屡见不鲜。

二、名贵予而不贵取

"名贵予而不贵取"是古人传下来的一句话，意思是说真正好的名声不是自己争来的，而是社会授予的。社会公众自发地从内心赞扬、敬佩一个人，这个人就会在民众中建立起威望，天长日久，自然而然地就名扬天下。这样的名声才是有意义的。如果不是这样，而是自己吵着闹着与别人争夺名誉，甚至自己给自己戴上许多桂冠，或者通过什么手段骗取荣誉，那么这个名声就得不到民众的认可，令人生厌。"名贵予而不贵取"这句古话是很有道理的。

名到底是什么？它是从哪里来的？有何社会意义？

名是社会、公众对一个人的评价，好名声是公众对一个人的肯定的评价。社会为什么会给一些人好的评价？公众为什么会肯定这些人？那是因为他们为社会做了许多有益的事，名是社会对那些为社会作出特殊贡献的人的一种奖赏。

名作为社会对一个人的奖赏，它与利是不相同的。利可以自求，而名不好自求，不能逼着别人为自己叫好。求利比较简单，只要自己肯辛勤劳作，就能得到报酬。但一个人要想得到公众的赞赏却不容易，不是做一两件好事就能获得的。名声是一种人格信誉，是一个人长期待人接物在众人心中留下的形象。1940年，毛泽东在为吴玉章60岁寿辰发表的祝词中说，"一个人做点好事并不难，难的是一辈子做好事"[①]。

名声是一个人一辈子行为的积累。赞扬一个人看起来并不难，通常只需要说几句话，并不需要出钱出力，似乎是天下最容易不过的事了。但要众人自愿地说出发自内心深处的赞扬，那是非常不容易的。凡是发自内心的赞扬，都是一种敬佩之情。而敬佩之情只有以心换心才能得到。有一种

---

① 《毛泽东文集》第二卷，人民出版社1993年版，第261页。

人，虽然没有什么高贵的头衔，也没有什么钱财，然而当人们提起他的名字时，总有一种亲切感。在他离世时，人们为之流泪，为之惋惜，为世上失去这样一个人感到痛心。在他死后，人们还久久地怀念他、赞扬他。这就是发自内心的赞扬、是众人之心，这是金钱、权力换不来的。"名贵予"就是这个道理。

上述这种名，绝对不是想求就能求到的。凡是得到这种殊荣的人，也绝对不是为了求名才这样做的，他只是觉得这些事应该这样做。白求恩是这样的人，张思德是这样的人，雷锋、钱学森、王进喜、赵雪芳、袁隆平、李国安、徐虎……都是这样的人。他们都是一些平凡的人，他们又是很不平凡的人，因为人民群众信赖他们，打心眼里佩服他们。这是非常难得的。

多数人的境界达不到上述那些先进人物的水平，多数人也不想求什么大的名声。但在自己生活的小范围之内求个好名声的心理，绝大多数人都是有的。俗话说："人要脸，树要皮。"这个"人要脸"就是人应当顾及自己的名声，人应当关注自己在他人心目中的形象。一个人在他人心目中的地位、形象，也是他在社会上与人交往的一个通行证，一个信用卡。名声越好，人们对他越尊敬，信誉就越高，人们就越愿意与他交往。名声不好，甚至名声很臭，那他与人交往就很困难。

求名并非为名而求名，更不是为利而求名。求名绝不是立一个名扬天下的目标，为名扬天下而孜孜以求。所谓求名，就是在头脑中有较强的荣辱观念，看重自己的名声，做事时不忘记给人留下一个好印象。怎样才能给人留下一个好印象呢？不做损人利己的事，不做有害社会公共利益的事，宁可自己受点损失，也要多给他人提供方便，给社会提供方便。

这也就是说，看重自己名誉的人，对自己行为的社会效果比较关心、注意，能按照社会所公认的行为规范去做事。爱因斯坦把这种现象称为社会的约束力。他说："一个人希望得到他的同类赞许的愿望，肯定是社会对他的最大约束力之一。"① 这种约束力若能长久地存在于人的心中，久而久之，就逐渐地使人形成一种社会责任感，形成一种对自己的行为要负社会责任的品德。到了这个时候，他就不是有意识地关心自己的名誉了，一方面他养成了一种对社会负责的品德；另一方面他理解了自己的名声与履行社会责任、遵守社会规范之间的关系。尽职尽责、遵守社会规范成了人生的第一大事。这个时候，好的名声也就自然来到了他的身边。

历史上也出现过一些极端求名的例子，就是如果得不到好名声，宁可得到坏名声，也要成为名人，即所谓"不能流芳百世，也要遗臭万年"。这样的人其实是很少的，他们的心理要么是病态的，要么是用这个理由为自己的错误、罪行狡辩而已。

反过来，一个人对自己的名声不重视，头脑中根本没有追求一个好名声的观念，那将是一件很可怕的事。这种人没有荣辱感，不懂得什么叫可耻。他们做了耻辱的事不仅不感到可耻，很可能还认为这叫有本事。这种人只关心自己的行为给自己带来的利益，不管这种行为对社会、对他人会造成什么危害。他们不知道什么叫对社会负责，不知道什么是行为规范，不知道为什么要遵守和维护行为规范。他们蔑视名誉，认为名誉是虚无缥缈的东西，对于他们根本没有用。一个社会中如果有很多人都是这样来看待个人名誉，不注重求得一个好名声，那既是一件可怕的事，也是一件很可悲的事。

孔子说："道之以政，齐之以刑，民免而无耻。"② 人没有廉耻之心就不会自己约束自己，行政管理和法律一旦松弛，就会做违法犯罪的事。

从以上两个角度看，把求名、关心自己的名声作为人生追求的一个内

---

① ［美］爱因斯坦：《爱因斯坦文集》，转引自《世界著名思想家论人生》，中国国际广播出版社1992年版，第204页。
② 〔春秋〕孔子：《论语·为政》。

容，对社会是一件有益的事。清人刘熙载说："名不足以尽善，而足以策善。"此话很有道理。求名虽然不一定能使人尽善尽美，但可以起到鞭策人追求善的作用。明朝人陈献章认为，求名就好像是替为人之道建立了一道围墙，没有这道围墙，为人之道就会丢掉。[①] 他的话也是有道理的。为人之道就是为人的规范、准则。人重视名声，就会遵守为人之道，为人之道才能存在于人的心中。不重视名声，心中就不会有为人之道。范仲淹也非常重视求名对社会的作用。他反对道家让人远离求名的思想，认为求名的作用是可以使天下人奋进，这样国家才能有忠臣烈士可用。他说："圣人敦奖名教，以激劝天下，如取道家之言，不使近名，则岂复有忠臣烈士，为国家之用哉？"[②]

应该说提倡求名不会危害社会与国家，反之则有可能使国家、社会受到危害。名对于个人来说，也确实是人生一大价值。帕斯卡尔在《思想录》中说："人的最大的卑鄙就是追求光荣，然而这一点本身又正是他的优异性的最大的标志，因为无论他在世上享有多少东西，享有多少健康和最重大的安逸，但假如他不是受人尊敬，他就不会满足。"[③] 所以求名是一件很自然的事，是人的精神生活、精神追求的一部分。没有好名声，是人生的一大缺憾。

可是，为什么自古以来历代又有反对求名的思想呢？因为求名的人员构成很复杂，品位也不尽相同。颜之推认为，在求名的问题上，有三种人："上士忘名，中士立名，下士窃名。忘名者，体道合德，享鬼神之福祐，非所以求名也；立名者，修身慎行，惧荣观之不显，非所以让名也；窃名者，厚貌深奸，于浮华之虚称，非所以得名也。"[④]

[①] 陈献章原话为："名节，道之藩篱。藩篱不守，其中未有能独存者也。"（《白沙要语》）
[②] 〔宋〕范仲淹：《范文正公集·近名论》。
[③] 〔法〕帕斯卡尔：《思想录》，何北武译，商务印书馆1997年版，第132页。
[④] 〔北齐〕颜之推：《颜氏家训·名实》，转引自《颜氏家训集解》，上海古籍出版社1980年版，第280页。

青年的选择

上士属圣人，言行很自然地符合道德要求，不刻意求名，所以很超脱，能忘怀名誉，所以说"上士忘名"；中士属常人，有求名之心，他能严格要求自己，使言行合于道德要求，通过自己努力赢得好名声，所以说"中士立名"；下士是表面上厚道而内心奸诈的人，他们总是做一些表面文章，他们的名是骗来的，所以是"下士窃名"。这种情况表明，在求名的问题上存在着鱼龙混杂的现象。"下士窃名"使人们对求名产生不好的印象。顾炎武在《日知录》中还讲到另一情况。他说："古人求没世之名，今人求当世之名。吾自幼及老，见人所以求当世之名者，无非为利也。名之所在，则利归之，故求之唯恐不及也。苟不求利，亦何慕名？"他的意思是说，那些求当世之名的人求名是假，求利是真。这也是一部分人反对求名的原因。

《列子》中还讲到一条原因："行善不以为名，而名从之；名不与利期，而利归之；利不与争期，而争及之。"[①] "期"是相约之义。名虽然没有与利相约，可是有了名以后，利自然就来了；利没有与争夺相约，可是只要有利益就存在争夺，这就叫争名夺利。争名夺利使人与人相仇视，搅得天下不安宁。所以有人认为，与其这样，还不如不求名好。

上述种种反对求名的理由，都有点因噎废食的味道。其实那些靠骗取名誉而名利双收的人，多数是不能长久的。骗人只能骗得一时，很难骗得一世。西汉人韩婴在《韩诗外传》中说："禄过其功者削，名过其实者损，情行合而名副之，祸福不虚至矣。"把人的行为摆在一个较长的历史过程中看，韩婴的观点是正确的。人们不必为求名带来一些欺世盗名者而反对求名。从总体上说，在求名的问题上，对社会而言，利大于弊。

---

① 引自《列子·说符》。

三、求利绝非人生的最高追求

人首先要生存，生存不能没有实际的物质利益。俗语说，天上不会掉馅饼，利益不会凭空而来，人要去创造自己的利益。如果说"名贵予而不贵取"是一句至理名言的话，那么求利正好与之相反：贵取而不贵予。只有花自己挣来的钱，心里才踏实，才理直气壮。靠别人给的钱过日子，算不得自立，总有寄人篱下之感。所以利要靠自己去取。假如一个人一生都没有为求利奋斗过，那就很难说是一个有着完全的人生体验的人。

人生不能不求利。但如果据此就认为人是为求利而生、为求利而死，那也是不正确的。人常说，金钱是身外之物。所谓身外之物，是说这些东西是生不带来、死不带去的东西。这些东西即使在人活着的时候，也不能完全占有。这是因为人的享用是极其有限的。古人道："良田万顷，日食一升；大厦千间，夜眠八尺。"意思是说，虽然拥有那么多的财富，可是对于一个人的实际享用来说，是没有实际意义的。纵然有金山银山、良田美宅可以尽情享受，奈何人的生理所需是十分有限的。活着时享用不了，死的时候又无法带走，那么把对利的追求当成人生的最高目标就是十分值得怀疑的了。

道理如此浅显，可为什么还有那么多人为了逐利而赴汤蹈火呢？这大概与财富的几个特性有关，那就是交换性、传承性和隐蔽性。

第一，财富具有便捷的交换性特征。有了钱，可以买来日常所需和各种高品质的服务，享受人生。

第二，财富具有传承性特征。权力和名声在现代社会都不大可能直接传承给子孙，但财富却可以合法地进行传承，让自己的子孙继续享受自己拥有的财富，这是一些贪官贪污巨额财富的一个动力来源。2023 年

2月20日因受贿罪被判处无期徒刑的山东省人大常委会原党组成员、副主任张新起，就是一个企图"福荫子孙"的典型案例。这个在2006年至2021年收受贿赂1.55亿余元的贪官，不仅自己追求奢华的生活，甚至想为后代预留充裕的财富。孙子孙女才几岁，他就在青岛买了两套高档别墅，给他们一人一套，结果是竹篮打水一场空。

第三，财富具有隐蔽性特征。财富与权力和名声不同，不必公开去宣扬，可以让别人无法知晓。生活中确实有不少"隐形富人"，他们靠自己的勤劳和节俭积累了不少财富，为自己创造了好的生活。但也有人利用财富的隐蔽性遮盖自己的罪行。比如因涉案金额高达17亿余元而被执行死刑的赖小民，收受大量现金不敢存入银行，专门安排一套房子存放这些不法所得，最后全被收缴充公。

求利不是人生的最高目标，那么它在人生中是一个什么角色、有什么价值呢？它在人生中是一个工具的角色，只具有工具性的价值。利益只是人生存、发展、创造、享受的工具，只是一个物质基础。如果一个人把求利当成人生的最高目标，把利益当成人生的最高价值，那就十分危险了。前文讲到的张新起、赖小民就是活生生的例子。

求利的危险在于为求利而不惜牺牲人生的其他价值。马克思说过："利益就其本性来说是盲目的、无节制的、片面的，一句话，它具有无视法律的天生本能。"[①]把利益当成个人人生最高目标、最高价值时，人就很可能被利益的不法本性所控制，就会利令智昏、见利忘义，就会置法律道德于不顾，而去冒天下之大不韪。他在开始做这种事时可能会得到一些甜头，越做越想做，越做越敢做。只有当枷锁套在他的脖子上时，他才会醒悟过来。有报载，一个贪污了几千万公款的人在被判刑后的第一句话是："我要那么多的钱干什么呀？！"这个问题问得很好，只是太晚了。这真是如贾谊所

---

① 《马克思恩格斯全集》第一卷，人民出版社1995年版，第288—289页。

说的："贪夫徇财兮，烈士徇名。"① 所谓"贪夫徇财"，就是指贪得无厌的人最后会因贪财而送命。

利对于人生来说不可不求，但必须弄清楚为何而求、怎样去求，否则就会出问题。

四、过度追名逐利是祸患

不求利不行，求利也有后患，人生就是这样矛盾重重。人生的这种矛盾状况并非始于今天，而是历来就有。在历史上，人们对求名求利的态度可以分为三种。

第一种是鄙视求名求利的态度，第二种是主张求名求利的态度，第三种是惧怕求名求利的态度。

第一种态度在宣传上占统治地位，可以说有很长时间是代表官方的意识形态的，宋明理学是比较典型的代表。第二种态度在民间广大老百姓的心中占统治地位，但受到官方意识形态的谴责，虽有一些像李贽这样的代表人物，但多半境况不佳。第三种认为名利不能给人带来幸福，反而往往会给人带来灾难的态度，也在一部分人中有很深的影响。

唐朝的白居易持第三种态度，他给他的儿孙们写了一首诗，诗中说：

> 雨砌长寒芜，风庭落秋果。
> 窗间有闲叟，尽日看书坐。
> 书中见往事，历历知福祸。
> 多取终厚亡，疾驱必先堕。
> 劝君少干名，名为锢身锁。

---

① 〔汉〕贾谊：《鵩鸟赋》，《贾谊集》，上海人民出版社 1975 年版，第 211 页。

青年的选择

> 劝君少求利，利是焚身火。
> 我心知已久，吾道无不可。
> 所以雀罗门，不能寂寞我。[1]

这是在告诫儿孙莫去求名求利。为何白居易告诫儿孙不要去求名求利、求取社会地位？因为他认为名利、地位会给自己招来祸患，而且说这是历史经验教训，书中都写得明明白白的。白居易这样讲，大概与他的人生经历有关。类似他的这种思想，在封建士大夫阶层中还是不少的。

这种反对求名求利求地位的思想，实际上表明利与害、誉与毁、地位权利与祸患往往是联系在一起的。正如老子所说的："祸兮福之所倚，福兮祸之所伏。"

清末的魏源就明确提出，人生见利不仅要思义，还要思害。他说："见利思义与见利思害，讵二事哉？无故之利，害之所伏也；君子恶无故之利，况为不善以求之乎？不幸福，斯无祸；不患得，斯无失；不求荣，斯无辱；不干誉，斯无毁。暴实之木根必伤，掘藏之家必有殃。非其利者勿有也，非其功者勿居也，非其名者勿受也。倖人之有者害，居人之功者败，无实而享显名者殆。福利荣乐，天主之；祸害苦辱，人取之。……"[2] 简而言之，就是人不要总想着好事，不要占有自己不应得的好处，否则会身败名裂，遭到祸患。

尽管先哲早就提醒人们祸福相依，尽管先辈总在告诫后人不要因求名求利招来灾难，但人们不会因此而不去求名求利。因为名与利都是人生的价值，是人生所离不了的。在求名求利的时候，我们应当了解过分追求名利对人生可能造成的后果，应当对此有一种精神准备，以免其祸患。

---

[1] 〔唐〕白居易：《闲坐看书贻诸少年》，转引自《古今名人教子诗选讲》，云南人民出版社1985年版，第36页。
[2] 〔清〕魏源：《默觚下·治篇十六》，《魏源集》上册，中华书局1983年版，第76页。

人生是复杂的，几乎人生中的每一件事情都有一种矛盾的性质，都会使人左右为难。这是人生的本性，是生活的本性。人生总是在追求一种理想的状态，追求圆满。但人生若是没有矛盾性，生活就会像一潭死水，毫无生气。

五、正确追求名誉与利益

青年时期是人富有追求的时期，名誉和利益是大多数青年看重的。青年大都追求先进，希望成为先进分子，为民族、国家、单位的发展作出自己的贡献，自己也获得应有的回报。青年大都希望有一个好的前程，希望有一个收入高一些、稳定一些的工作，希望过上体面的生活。这些年在青年中愈演愈烈的"考研热""考公热"等，从积极角度看，就是青年追求美好生活使然。

青年要追求荣誉而不要追求虚荣。荣誉有巨大的鞭策力，能帮助和激励青年奋发有为。青年有很强的可塑性，你鼓励他，他就成长得好，你贬低他，他就可能萎靡不振；你给他荣誉，他就可能充满向上的力量；你让他受辱，他就可能成为社会的负担。但青年要追求的是社会给予的荣誉，而不是虚荣心的满足。青年时期追求虚荣的人，往往要付出惨重的代价。出生于 1995 年的张雨杰曾是安徽省滁州市不动产登记中心的一名普通工作人员，为了满足自己的私欲和虚荣心，2016 至 2019 年 3 年多的时间里，他利用职务之便先后 400 多次把手伸向公款，共贪污公款 7 千万元用于挥霍。被捕后，张雨杰说自己消费挥霍时的欲望战胜了恐惧，爱慕虚荣让他不计后果。张雨杰在安徽省滁州市上班，每月花 3.8 万元在上海租一套豪宅享受。为了在女友面前摆阔，张雨杰给女友买奢侈品，曾带女友住过每晚 10 万元的豪华套房，而且一住就是 4 晚。一个不到 30 岁的年轻人，终因贪欲和虚荣付出了沉重的代价。

青年要追求利益而不要成为利益的奴隶。人人都有追求利益的权利，但追求利益有很多红线和底线。踩了红线、突破了底线，就要承担严重的后果。习近平总书记指出："鱼和熊掌不可兼得，当官发财两条道，当官就不要发财，发财就不要当官。"[1] 这虽然是对公务员和领导干部讲的，但对所有青年都有教益。当我们手中握有一些权力时，要时刻警醒，要清清白白做人，干干净净做事。很多身败名裂的贪官都是利益的奴隶，他们往往一开始被"围猎者"吹捧逢迎，但其实早已成为不法商人的马仔，不法商人让他们干什么，他们就得干什么，这怎么可能不出事？

青年面对名利时要保持定力。"定力是'定海神针'，不分心、不走神，不为七情六欲所惑，不被私心杂念所扰，不因个人得失所烦，也不受外界各种杂音噪声所绊，这便是定力。"[2] 但定力不是天生的，定力是在不断实践的过程中磨炼出来的。有定力的人，心里有大格局、大方向、大目标，懂得坚守自己心中的原则。"改革先锋"称号获得者、"共和国勋章"获得者、全国劳动模范、全国优秀共产党员、全国唯一一位连任第一届至第十三届全国人大代表的申纪兰是一位坚守理想、信念坚定、很有定力的前辈楷模。申纪兰先后当了44年厅官，面对各种利益和应得的待遇都不为所动，坚持"六不"原则，即不转户口、不定级别、不拿工资、不要住房、不坐专车、不调动工作关系。申纪兰做过省级、市级领导干部，但她一辈子都坚持住在山西省平顺县西沟村，用自己的坚守树立起一座党性与人格的丰碑。

青年面对名利要学会取舍，懂得舍得。没有舍就没有得，舍得的真谛是奉献精神和谦让之心。有时候，一个人看起来好像有所得，但可能

---

[1] 《习近平著作选读》第一卷，人民出版社2023年版，第341—342页。
[2] 徐文秀：《从政守则》，中共中央党校出版社2023年版，第6页。

因为贪图一时的小便宜而失去今后的机会；而一个人看起来好像有所失，但可能因为顾全大局而得到更多的机会。机会对于青年而言，是十分宝贵的。

（撰稿：陈昇、刘俊彦）

第八讲

爱情与婚姻

> 尽世界人类而爱之，此普遍之爱，纯然伦理性质者也。而又有特别之爱，专行于男女之间者，谓之爱情，则以伦理之爱而兼生理之爱也。生理之爱，常因人而有专泛久暂之殊。自有夫妇之制，而爱情乃贞固。此以伦理之爱范围生理之爱，而始有纯洁之爱情也。
>
> ——蔡元培

人生对职责与道德人格的追求，虽然也有不少情感因素起作用，但主要靠的还是理性的力量。人生的更多的情感生活，表现在爱情、亲情、友情等方面。人生需要爱情、亲情与友情，这些都是人生价值中的重要内容。失去这些情感，人生就会缺乏欢乐、激情、活力与生气。

一、爱情对人生有独特价值

　　人生莫不追求性爱，这是因为人也是自然物，有肉体，有从肉体派生出的各种欲望。人到了一定的年龄之后，在性机能发育成熟的基础上，自然会产生一种满足性欲的需求，渴望与所爱之人结合为一的真挚感情，正如《诗经·周南·关雎》中所描绘的那样："窈窕淑女，君子好逑。""求之不得，寤寐思服。"可以说，这是天经地义的事，无可厚非，是一种自然现象。问题是我们如何对待它。像动物那样，让它自然而然？如果这样，那人岂不是又回到了动物状态，回到了人类社会之初？那样一来，人还能称之为人吗？人不仅是自然之物，而且更为根本的是社会之物。人受自然肉体的规律支配，但要把自然的人性纳入社会所公认的规范之中，用社会规范使社会生活变得文明、变得有秩序，使人的正当欲望得到满足而又能合乎社会生活的要求。这样，才合乎社会进步的要求。如果没有社会规范，人人都根据本能任意恣行，社会就会变得混乱。

苏联人类学家谢苗诺夫在他写的《婚姻和家庭的起源》一书中，引用了一则历史资料：18世纪时，英国一艘名为"本特"号的船叛逃到皮特克恩岛上，共有17个男人和10个女人。但由于没有制定关于两性关系的规则，在男人之间长期发生着由争夺女人引起的冲突。冲突一直到17个男人死得只剩下两个时才停止。[1] 这是一个在两性关系上完全依照自然规律行事的典型例子。人类如果像动物那样对待两性关系，后果将不堪设想。

出路何在？出路就在于用理智控制情感，用社会性的一面克服动物性，在自然规律与社会规律之间找到一个结合点，使二者相融。既使人的自然属性得到承认，又使自然属性被社会文化加以改造，使之成为文明社会的行为。这个结合点人类寻找了上百万年，最后找到了一夫一妻制的婚姻，以此来解决自然与社会、肉体与灵魂、情感与理智之间的矛盾。我国自古就存在以一夫一妻为主的婚姻形式，比如，在《唐律疏议》中提道："一夫一妇，不刊之制。有妻更娶，本不成妻"，[2] 还制定了"诸有妻更娶妻者，徒一年"[3] 的律法，指的是凡已有正妻而另娶正妻者，男子会被贬为奴，服苦役、判处徒刑一年。我国唐代，很多家庭就争取一夫一妻制。正所谓："妻者，齐也，秦晋为匹。"[4] 古代夫妇之间以道德为依准，维系"平等"关系，这种关系虽与今天所说的男女平等不相一致，但仍强调夫妇之间的道德规范，注重伦理与操守，是值得肯定的。

---

[1] 参见［苏］谢苗诺夫：《婚姻和家庭的起源》，蔡俊生译，中国社会科学出版社1983年版，第80页。
[2] 〔唐〕长孙无忌等撰，刘俊文点校：《唐律疏议》，中华书局1983年版，第256页。
[3] 〔唐〕长孙无忌等撰，刘俊文点校：《唐律疏议》，中华书局1983年版，第255页。
[4] 〔唐〕长孙无忌等撰，刘俊文点校：《唐律疏议》，中华书局1983年版，第256页。

爱情中包含着有关性的内容，但又不是仅以性为内容的，不能把爱情仅归结为满足性的要求。仅有性的要求是动物心理，是本能，是自然欲望，在相互关系上是把对方当作一种工具而不是有尊严、有情感意志的人来看待的，只有满足肉体欲望的要求而没有爱，其中必然也没有对对方的尊重。这种关系可以说只有肉体关系而没有精神往来，只有肉体刺激而没有灵魂应答。

米兰·昆德拉在《不能承受的生命之轻》中探讨过男女两性交往的问题："爱情并不是通过做爱的欲望（这可以是对无数女人的欲求）体现的，而是通过和她共眠的欲望（这只能是对一个女人的欲求）而体现出来的。"① 村上春树在描写少年"田村卡夫卡"和诸多年轻人时写道："他们的灵魂仍处于绵软状态而未固定于一个方向，他们身上类似价值观和生活方式那样的因素尚未牢固确立。然而他们的身体正以迅猛的速度趋向成熟，他们的精神在无边的荒野中摸索自由、困惑和犹豫。"② 年轻人在这种状态下，可能会产生只追求肉体刺激而没有灵魂应答的欲望。性爱是"人们相爱的最深沉、最亲密的表达方式"③，只有性没有爱的关系只不过是一种性欲得到满足的精神性病态关系罢了。

爱情以性要求为前提，在感情产生迟滞时，性是治疗佳品。这一观点在渡边淳一的作品《最后的爱意》中得到了深刻体现："事实上，两个人之间发生过多少次争吵已难计其数，然而每次和好的媒介都是性交。无论彼此间发生的是争吵相骂，甚至是互殴，一旦合体之后，所有的不愉快顿时化作乌有，谁也不再计较。接着就是相亲相爱，鬓发斯磨。世间没有比性更强的纽带了。"④ 在这个意义上讲，性爱有利于灵与肉的融

---

① ［捷克］米兰·昆德拉：《不能承受的生命之轻》，许钧译，上海译文出版社2010年版，第17页。
② ［日］村上春树：《海边的卡夫卡》"中文版序言"，林少华译，上海译文出版社2018年版，第3页。
③ 余凤高：《西方性观念的变迁》，湖南文艺出版社1996年版，第143页。
④ ［日］渡边淳一：《最后的爱恋》，虽弓译，文化艺术出版社2003年版，第192页。

合,通过这一纽带,可使双方的性需求获得满足,使彼此的感情获得提炼与升华。

爱除了对性有要求外,同时又要心心相印,相互深深理解对方的心灵,接纳对方的情感意志。双方相互肯定,在灵魂深处能产生共鸣,对生活有共同的理解、有一致的话题和大致相同的看法。彼此都在心中挂念着对方,对方占据着自己心中的重要位置。就像泰戈尔在《飞鸟集》中说的那样:"生命因为付出了爱情而更为富足。"①

生命也因为失去爱情而贫困。按照狄更斯的话说:"真正的爱人离开了他心爱的对象便不能生活,他过着既是两个人的,又是半个人的生活。"②之所以说是"两个人",是因为另一个人还活在他的心中;之所以说是"半个人",是因为自己的心已随那个人而去,自己在世上仿佛只留下了肉体。

爱情是相爱的两个人之间的灵魂与肉体的统一。在他们之间,其自然的、肉体的欲望、需求得到了实现;其社会文化的、灵魂的企盼、渴望也同时得到了实现。人情物理两相合。

恩格斯认为:"在整个古代,婚姻都是由父母为当事人缔结的,当事人则安心顺从。古代所仅有的那一点夫妇之爱,并不是主观的爱好,而是客观的义务;不是婚姻的基础,而是婚姻的附加物。"③在这种社会现实中,爱情受社会制约,两个人的结合没有爱情基础。

莎士比亚在《查理二世》中写道:"享受着爱和荣誉的人,才会感受到生存的乐趣。"有了爱情,人们就不仅仅是为了吃饭而生活,也不仅仅是为了道理而生活。人若仅为吃饭而生活,或者仅为某种道理而生活,都有一种令人感到沉重的味道。在为吃饭、为某种道理而生活的同时还有爱、有

---

① [印]泰戈尔:《飞鸟集》,转引自《世界文豪妙语精选》下,青海人民出版社1994年版,第466页。
② [英]狄更斯:《德鲁德疑案》,转引自《世界文豪妙语精选》下,青海人民出版社1994年版,第476页。
③ 《马克思恩格斯选集》第四卷,人民出版社2012年版,第87页。

情相伴随，可以使生活变得轻松、滋润，可以增添欢乐，可以使生活不那么枯燥。爱情还可以带来新的生命，使人憧憬未来。

古往今来，人们对爱情的强烈追求、对爱情的讴歌，都深刻地揭示了爱情是人生的重要内容。

二、婚姻是鞋还是一双筷子？

讨论爱情就不能不同时讨论婚姻，因为单有男女之爱而没有合法的社会形式，爱情就只能停留在心中，灵魂与肉体的统一就不能实现，或不能合法地实现。灵魂与肉体要堂堂正正地以合法的形式实现统一，只能借助于社会所承认的婚姻。李银河在《性的问题》一书中说道："性实践、性欲望和人类的亲密形式不再是'自然而然的'，而被视为由社会造就并且是由社会来加以规范的。"[1] 换句话说，婚姻就是实现两性结合的社会形式，只有以合法婚姻作为其存在形式的夫妻之爱，才是社会所承认的唯一合法的男女之爱。

可是情感这个东西，在其本性上有不稳定的特点，爱情作为情感的一种，虽然有婚姻的合法形式的维护，但还是会出现爱情消失、婚姻破裂的情形，可以说"人与人之间的爱情关系也遵循同控制商品和劳动力市场一样的基本原则"[2]。

现代的婚姻应当以爱情为基础。爱情消失，婚姻随之破裂。日本作家渡边淳一的情爱小说基本上都取材于现实生活中的经历和自己的见识，他在作品《失乐园》中是这样描写主人公久木和他妻子之间的生活的："久木与妻子之间已有十年不再有性生活了。当然，以前就不算频繁，所以，就

---

[1] 李银河：《性的问题》，内蒙古大学出版社 2009 年版，第 217 页。
[2] ［美］艾·弗洛姆：《爱的艺术》，李健鸣译，商务印书馆 1987 年版，第 5 页。

自然消亡了，对他而言，妻子与其说是女人不如说是生活伴侣更合适。"对于久木来说，他的妻子已经不是爱人，而是一个不能满足爱情激情的生活伴侣，久而久之，久木出轨也成为一件必然的事情。在男女情感问题上，有些人总有一种喜新厌旧的心理，对原有的爱情不珍惜，在婚后不精心培养两人之间的情感，对于家庭、婚姻生活中的一些矛盾不善于处理，伤害了彼此，甚至小题大做或借题发挥，然后借口情感破裂而另寻新欢。就像《失乐园》中的久木一样，久木和他的妻子"夫妻之间只有公式性的谈话，连一起出去吃饭，或外出旅游都没有过"[1]，久木也没有珍惜与妻子的感情，而是偷偷摸摸将自己的爱情投入到小说中另一位主人公凛子身上，在搞婚外情时并没有想过妻子的心情。

有一个"理论"，说爱情与婚姻的关系就如同脚与鞋的关系，爱情是脚，婚姻是鞋，鞋是为脚服务的。只要脚感到鞋不合适，就应该把鞋换掉，不能让脚受委屈。诗人白居易认为有情有义是基本节操，并写出了"新人迎来旧人弃，掌上莲花眼中刺"[2]这样的诗句来奚落诗中大将军的不义之举。可以说，白居易对于爱情与婚姻就如同脚与鞋这样的关系是不赞同的，他认为这是无情无义的行为。

爱情与婚姻就如同脚与鞋的"理论"听起来又好像很有道理。爱情既是婚姻的基础，又是婚姻的重要内容，而婚姻是建立在爱情这个基础之上的社会形式。基础破裂了，上层建筑岂有不倒塌的？内容发生了变化，徒留着一个死亡的婚姻形式有何价值呢？其实，问题是男女双方是否为维护爱情做了努力。人的情感本来就有易变的特点，而世上的可爱之人有很多，如果总能遇上可爱之人，那又该如何办呢？是不是要一直去"换鞋"呢？

---

[1] ［日］渡边淳一：《失乐园》，竺家荣译，作家出版社2010年版，第49页。
[2] 〔唐〕白居易著，谢思炜校注：《白居易诗集校注》第一册，中华书局2017年版，第396页。

有几个年轻人在家里讨论这个脚与鞋的"理论",叫他们的一个长者听到了。长者对这个"理论"很不以为然。她认为,婚姻不是随便找个借口就可以扔掉的鞋,而是一双筷子。

两根筷子在一起当然会相互"打架",但是只要相互协作,把力集中在一点上,就能夹起饭菜。当然,如果各自要以自己为中心,不相互迁就、相互配合,自然地力量就要分散,什么也夹不着。

虽然这个长者很难从术语上说清楚婚姻、爱情的道理,但她从自己的人生阅历中总结出了一个生动而富有哲理的关于婚姻的比喻。这个比喻比起婚姻是鞋的比喻,要更加合乎实际。它不是把婚姻视为一个纯粹被动的形式,而是将其看作有自身内容的事物。婚姻关系处理得好,有助于爱情的巩固与发展。可见婚姻并不是爱情的坟墓。

如果说爱情像饭菜,注重味道,那么婚姻就像一双筷子,需要由男女双方共同经营。婚姻由两个人组成,而人非圣贤,难免有些毛病,生活在一起总会有些磕磕碰碰的事情发生。如果一般婚姻是以爱情为基础而建立起来的,那双方就要共同努力,相互适应,使相悦的情感更加牢固。可是如果有一方持一种游戏人生的态度,存心要"换一双鞋",那么这段婚姻迟早是要散伙的。

歌唱演员朱明瑛曾说到自己对婚姻的一些体验。她说:"那时太年轻了,又是初恋,没有比较,将对方偶像化了,理想化了,于是就不能接受对方在现实中的缺点。遇到问题又不善于沟通,不懂得如何正确表达自己的愿望和要求,结果彼此伤害。"她认为:"婚姻最重要的是经营,你经营得好,你就能获得幸福。"朱明瑛的经验与上文中长者的比喻是一个道理。

那么婚姻经营的是什么?婚姻经营的既是日常生活,又是爱情。"帝子与皇娥并坐,抚桐峰梓瑟。"在以爱情为基础建立起来的合法的婚姻家庭中,没有单独存在的爱情,爱情就存在于共同的生活之中。把婚姻当成一个容纳爱情的空鞋子的看法,是把爱情与婚后的生活看成相分离的两码事。这个比喻本身的真理性是值得讨论的。

三、婚姻能凑合吗?

明代后期白话小说集《鼓掌绝尘》中有一篇文章叫《雪集》,讲述了姑苏书生文荆卿与杭州李刺史女李若兰的爱情故事。李若兰在丽春楼上第一次见到文荆卿,觉得文荆卿十分风流儒雅,就主动吟诗:"睡起无聊闷不开,春情撩乱倩谁排?桃花欲向东君放,借问刘郎何处来?"文荆卿感受到李若兰的爱意,就和诗道:"误入桃源津已迷,徘徊花外听莺声。胡麻果作刘郎糁,好敕仙娥指路歧。"[①] 待二人定情后,继续以诗传情、私订终身、历经磨难、终得团圆。他们俩一个是风流才子,一个是窈窕佳人,可以说彼此都是双方心中的完美爱人。据说,在时下的年轻人中,"寻找一个完美的人"已经成为一种"时尚"。但在现实生活中到底有多少人找到了完美的人,似乎是非常值得讨论的。

婚姻是人生的大事,关系到两个人的终生幸福问题。所以人们总是在追求理想的婚姻。应该说,这是无可厚非的。因为追求理想状态是人的本性,人生就是要追求圆满,婚姻对人生关系重大,追求一个理想的婚姻更是应该的。以白居易为例,王辉斌在《唐代诗人婚姻研究》一书中说,白居易一生娶了两个女人,即"杨虞卿的从父妹为其元配,杨汝士妹为其继室"[②]。杨氏家族对白居易而言是非常理想的联姻对象,加上他又将至不惑之年,实在没有理由继续迁延婚事,因而他对此婚事自然是应允的。虽然白居易与杨氏结合起初并无感情基础,但婚后生活中,他对妻子表现出分外

---

① 〔明〕金木散人编,李落、苗壮校点:《鼓掌绝尘》,春风文艺出版社 1985 年版,第 262 页。
② 王辉斌:《唐代诗人婚姻研究》,群言出版社 2004 年版,第 128 页。

的关心与体贴，他的妻子对于白居易来说是一个非常理想的对象，对他的人生有非常大的帮助，与其说白居易将婚姻视为仕宦交易的资本，倒不如说这是他屈从家世利益才作出的选择。所以，对于白居易来说，这也算理想的婚姻。

那么，对于大多数人而言，什么样的婚姻才算是理想的婚姻，标准十分难把握。对于没有经历过婚姻的青年人来说，只好按照想象给自己制定一个标准，去找对象。

一些青年人把自己看得比较高，自我评价比较好。他们总是按照比较高的标准去择偶，可是在别人眼中他们并没有那么好，他们的形象可能比其实际的形象还要低一些，一高一低，中间的差距就很大。这就使得一些人的婚姻问题难以解决，年纪渐长，婚姻还没有着落。有的人到了30多岁，只好降低条件。起初一直在追求理想的婚姻，到最后反而越来越难以实现理想。

不追求理想的婚姻，凑凑合合了事，那是谁也接受不了的。可是要追求理想的婚姻，弄不好又误了自己。这真是让人左右为难，使人不知该不该追求理想的婚姻，也不知道到底是理想出了问题，还是现实的人出了问题。

是谁出了问题呢？只能是人出了问题，是人对生活的理解出了问题、对理想的理解出了问题。问题在于把理想当成绝对完美的东西了，以为有一个绝对称心如意的人在等待着自己。其实天底下根本就没有那么一回事。

婚姻是终身大事，所以不能凑合。不能凑合，是说在建立婚姻的基本问题上是不能凑合的。比如说是否志同道合，是否产生了爱情，是否相互认可，等等。而在一些无关痛痒、小小不言的问题上，不凑合是绝对不可能的。不论是在现实中，还是在历史上，以至在未来，都不存在绝对理想的意中人，也不存在绝对理想的婚姻。

有人认为马克思与燕妮的婚姻是一段绝对理想的婚姻。诚然，马克思与燕妮的婚姻是值得人们称颂的。他们可以说是青梅竹马、两小无猜，志同道合，终生相亲相爱。但如果要从绝对理想的观点来看，这桩婚姻也有不理想的地方。在一般认知里，男的要比女的大几岁才好，可是在这段婚姻中，燕妮比马克思要大几岁。仅此一点，就有不理想之处。燕妮不仅美丽端庄，而且身材修长，亭亭玉立。马克思虽然相貌堂堂，不失男人的威武之气，但是个头不是很高，这也令人遗憾。可是，相对于两个人深厚而真挚的情感与崇高的共同志向而言，这个大几岁，那个个头矮一些，又能算得了什么呢？爱情在于情，在于两个灵魂的契合。舍此主旨而求细枝末节的话，那两人之间是否有情感、是否志同道合，就很值得研究了。

婚姻是不能凑合的，然自古以来，再美满的婚姻中都有或多或少凑合的因素。不凑合是为了美满；美满并不排斥在某些问题上的凑合，因为舍此凑合就建立不了爱情与婚姻，建立不了爱情与婚姻，美满又从何谈起呢？

马克思认为："任何解放都是使人的世界即各种关系回归于人自身。"[1]抛弃追求绝对理想的思维方式，把自己从不切实际的幻想中解放出来，才能求得爱情与婚姻的幸福。有时看似凑合着过，其实背后还是有两个人的配合与努力。也许我们可以再多努力一点，把"凑合着过日子"变成"好好地过日子""幸福地过日子"。如若不能达到这种效果，只有一方在苦苦地努力支撑着，那可以考虑做另外的选择。

---

[1] 《马克思恩格斯文集》第一卷，人民出版社2009年版，第46页。

四、相爱容易相处难

近些年来，我国的离婚率一直居高不下，其中青年人是离婚的主要人群。这是一个客观事实。我们不对这一现象作价值评价，只是研究导致离婚的原因。这个原因可能就是爱情婚姻中的一种常见的、多发的现象——相爱容易相处难。①

人常说相爱容易相处难，何以如此呢？

相爱之所以容易，首先是因为那时双方都处于渴望爱的状态，当然也处于渴望性的状态。处于渴望状态的人，就十分容易获得满足。罗曼·罗兰在《约翰·克利斯朵夫》一书中说："初期的爱情只需要极少的养料，只消能彼此见到，走过的时候轻碰一下，心中就会涌出一股幻想的力量，创造出她的爱情；一点儿极无聊的小事就能使她销魂荡魄。"②除此之外，渡边淳一将性当作能救赎男女关系的必需品，认为"不管多么伤心难过，就算失去活下去的气力，男女之间突然因一点儿小事产生的争执，所有这些都解决不了的时候，只有那种绝对性爱如暴风雨一样，可以将一切冲洗干净。恐怕也只有性爱，才能使人忘记争端，让男女获得新生的力量。"③可见，对一部分人来说，性爱可以让人忘记一切，性能够使人获得满足。

对于有过恋爱经历的人，或虽无正式进入恋爱但已经有了这种强烈愿望的人，特别是对于那些单相思的人，能被意中人看一眼，都会觉得幸福无比。正如莱恩在《分裂的自我》中所说的那样："在处理好与自我、与他人的关系后，他会带着'存在性安全感'去经历生活的一切事

---

① 在生活中，有一种闪电式恋爱、闪电式结婚、然后闪电式离婚的现象。此种现象不在我们的研究对象之内，因为它的基础本来就是不牢固的。
② ［法］罗曼·罗兰：《约翰·克利斯朵夫》，转引自《世界文豪妙语精选》下，青海人民出版社 1994 年版，第 467 页。
③ ［日］渡边淳一：《爱的流放地》，竺家荣译，云南人民出版社 2012 年版，第 293 页。

件，不管是物质的、精神的、还是生物的、伦理的，都能感受并把握住自我身份的完整性和同一性，还有事物和他人的可靠性、实在性和永恒性。"这时爱的心情的满足是多么容易啊！如果已经历了爱与婚姻，不存在爱与性的渴望，相爱大概就不那么容易了。

相爱的时候，双方都是在寻求共同点，追求统一。黑格尔在《法哲学原理》中谈论爱情时说："所谓爱，一般说来，就是意识到我和别一个人的统一，使我不专为自己而孤立起来；相反地，我只有抛弃我独立的存在，并且知道自己是同别一个人以及别一个人同自己之间的统一，才获得我的自我意识。"①

黑格尔的语言晦涩难懂，但意思还是清楚的。简单地说，就是两个人在相爱的过程中，是要意识到自己与另一个人的统一。由于这种愿望很强烈，所以恋爱的人就如罗曼·罗兰所说的那样："动了爱情的人都不知不觉地把爱人的灵魂作为自己的模型，一心一意地想不要得罪爱人，想教自己跟对方完全合而为一。所以他凭着一种神秘的、突如其来的直觉，能够窥到爱人的心的微妙的活动。"②

这种自然的、近乎本能的心情，无形中就拉近了两个人的距离，排除了有害于寻求统一的行为，因而，相爱就显得是较容易的事了。

在上述两种因素存在的情况下，只要对方身上有一处使人着迷，"情人眼里出西施"的心理效应便会出现。一旦到了此刻，爱就要进入痴迷疯狂的阶段。一日不见，如隔三秋。理智知趣地躲了起来，人们很难看到对方的缺点。

恋爱是一种非常特殊的社会活动，它没有琐碎的家务事，因而潇洒、浪漫、自由、纵情欢乐、优哉游哉，只是遵循快乐原则。这时不大容易把

---

① ［德］黑格尔：《法哲学原理》，范扬、张企泰译，商务印书馆2011年版，第179页。
② ［法］罗曼·罗兰：《约翰·克利斯朵夫》，转引自《世界文豪妙语精选》下，青海人民出版社1994年版，第470页。

人的本性中的一些缺点暴露出来。可是结婚以后，情形就会发生很大的变化，需要有一个适应的过程。

结婚以后，上述恋爱中的促使人相爱的一些因素会淡去，两个人要着手解决在一起生活后的各种问题，这与两个人相爱而未结婚时的差别太大了。相爱只是人世间万事万物中的一事一物，单纯而简单；组建家庭之后，人数虽然很少，但也是一个小社会，各种事情都要应付。婚姻生活之复杂是相爱阶段所不能相比的。这是"相处难"的根本原因。

如上所述，在恋爱时，两个人寻求统一，在渴望爱的阶段，人比较容易满足。而在起码的满足达到之后，人就会有新的欲望，满足新的欲望的难度会加大。前面曾引用过罗曼·罗兰关于初期爱情只需要极少养料的话，那么爱情到后期将是一种什么情况呢？罗曼·罗兰说："将来她因为逐渐得到了满足而逐渐变得苛求的时候，终于把欲望的对象完全占有了之后，可没有这种境界了。"[①] 也就是说恋爱阶段过后，进入正式家庭生活时，情况就不一样了。

相爱时两个人都是很自由的，客观上谁也不能约束谁，主观上谁也不敢放肆地要求对方都按照自己的意愿去做。两个人之间尚不存在复杂的责任关系，没有什么"非要做"的问题。

结婚后就不太自由了，否则怎么有"围城"之说呢？一个自由惯了的人，一下子要受很多约束，要容忍对方许多不合于自己的习惯，要能站在对方的立场上设身处地地为其着想，要主动地承担责任，要有耐心。既要保持自己的自尊心，又要维护对方的尊严；既不能泯灭自己的独立自由，又要在一定程度上限制个人的独立自由；既不能欺骗对方、隐瞒对方，又不能冒冒失失地全盘托出；既要千方百计说服对方、让对方听从自己的意

---

① ［法］罗曼·罗兰：《约翰·克利斯朵夫》，转引自《世界文豪妙语精选》下，青海人民出版社1994年版，第467页。

见，又不能不听取对方的意见，不能不作出妥协；既要相互适应、相互迁就，又要相互帮助，共同进步；既要使情感得到巩固与发展，又不能没有理性。这么多的"既要……，又要……"哪一件都不是轻而易举的事情。弗洛姆认为，"成熟的爱情，那就是在保留自己完整性和独立性的条件下，也就是保持自己个性的条件下与他人合二为一"，"关心、责任心、尊重和了解"是基本要素。①

莫罗阿在他写的《人生五大问题》中《论婚姻》一章的结束语中说，婚姻"成功的条件不独要有肉体的吸引力，且也得要有意志、耐心、相互的接受及容忍。由此才能形成美妙的坚固的情感，爱情、友谊、性感、尊敬等等的融和，唯有这方为真正的婚姻"②。莫罗阿所说的意志、耐心、相互接受及容忍和我们上面所说的许多内容，抽象地来看，所指的主要是理性、理智。就是说，相爱过程中虽然也有理性、理智，但总的说来情感居多。当时的理性、理智也往往表现出一种服从情感的倾向。也正是因为有感情，婚后才能相敬相爱，同甘共苦。"生为同室亲，死为同穴尘""庶保贫与素，偕老同欣欣"。白居易在《赠内》这首诗中深切地表现出他在妻子身上寄托的希望，期许妻子能够与自己志同道合、清白处世，而不宜只着眼在物质追求上。其中就包含着建立在爱情之上的理性、理智。

相爱短暂，但婚后相处却是一辈子。婚后虽然还是以情感为基础、以爱情为基础，但理性的东西大大增加了。在许多问题上，理性、理智当了主角。情感越来越多地要服从于理性。在相爱的阶段，属于本能的、自然欲望的东西占很大的成分；在婚后，社会性的因素、后天形成的因素越来越多，最后成为主角。

本能的、先天的因素，是不学而会、不教而能的因素；社会性的、后

---

① [美] 艾·弗洛姆：《爱的艺术》，李健鸣译，商务印书馆 1987 年版，第 16、20 页。
② [法] 莫罗阿：《人生五大问题》，傅雷译，生活·读书·新知三联书店 1986 年版，第 36 页。

天的因素，必须靠有意识地学习、培养才能具有。如果两个人有情感基础，且从小在这些方面受到的教育、培养比较多，放纵的因素比较少，这样两个人的涵养就比较高，那么相处就不会太困难。如果两个人在后天教育的因素方面都比较欠缺，情感再好，也很难相处长久。正所谓"恩爱无常，合会有离"[1]。如果夫妻二人在婚后的相处太困难，缺乏理性沟通，那么就算感情再好，也难免走向离异这一步。因此，在爱情与婚姻的问题上，情感与理性缺一不可。爱情和婚姻既是灵魂与肉体的统一，又是情感与理性的统一，还是自然与社会的统一。不论用哪一个方面去否定、代替另一个方面，都是不可取、不可能的。

黑格尔在《法哲学原理》中说："爱制造矛盾并解决矛盾。"[2]爱制造了什么矛盾，又是如何解决矛盾的？按照黑格尔的看法，爱也是一种自我意识，但这种自我意识的获得并不容易。要能知道与另一个人之间的统一，就是要在另一个人身上找到自己，把自己与另一个人统一在一起。这时才会产生爱这种奇特的东西，使矛盾得到解决。

泰戈尔在《人生的亲证》中有一段与黑格尔这段论述类似的话。他说："在爱中存在的一切矛盾相互融合而消失。只有在爱中才有联合和二重性，在分离中不会存在，爱必须在同一时间里是一又是二。"[3]

爱中的矛盾是靠相互融合来解决的，黑格尔把它叫作"伦理性的统一"。所谓伦理性的统一，就是要靠理性的力量，靠双方伦理道德修养的力量获得的统一。只有爱而没有道德来辅助，美满的婚姻家庭是建立不起来的。

俗话说："喜欢是乍见之欢，爱是久处不厌。"恋爱是婚姻的前奏曲，两个人从相识、相恋，再走到结婚，只是拉开了婚姻的序幕，家庭生活还

---

[1] 陈永革释译：《长阿含经》，东方出版社 2020 年版，第 56 页。
[2] ［德］黑格尔：《法哲学原理》，范扬、张企泰译，商务印书馆 2011 年版，第 179 页。
[3] ［印］泰戈尔：《人生的亲证》，宫静译，商务印书馆 2011 年版，第 58 页。

有漫长的路要走。一对青年恋人能否走到最后，关键还在于经营，当激情退却，依旧怀揣感恩的心对待在你人生中最重要、在你最需要关心的时候来到你身边的这个人，相互理解、相互包容、相互促进，这才是维持爱情长久的"保鲜剂"。

（撰稿：陈昇、王雅瑞）

第九讲
亲情与友情

父母的爱是天地间最伟大的爱。一个孩子，自从呱呱坠地，父母就开始爱他，鞠之育之，不辞劬劳。稍长，令之就学，督之课之，惟恐不逮。及其成人，男有室，女有归，虽云大事已毕，父母之爱固未尝稍杀……维护人类生命之最大的、最原始的、最美妙的、最神秘的力量莫过于父母的爱。

——梁实秋

只有我们稍有财产或是一无所有的穷人才有份尽量享受友情的幸福。我们对待我们所爱的人们既不能用恩惠提拔，也不能用宠爱奖励，也不能用赠品讨他们的欢喜。我们除却我们自己以外是一无所有。我们必须呈献整个的自我，如果这自我还有些价值，我们就把这宝物永远赠送给我们的朋友。

——歌德

一、亲情之爱人生不可缺少

父母与子女之间的情感被称为亲子之情。它包括两个方面：一方面是父母对子女的爱，另一方面是子女对父母的爱。再扩大一点，也包括祖孙之间的爱。人生的其他一切关系都是后天形成的，其他一切价值都是可以通过人的努力获得的，唯独亲子关系，唯独亲子之间的爱，是注定的。故父子、兄弟等之间的关系被称为天伦，家庭中亲人团聚的快乐被称为天伦之乐。

天伦之乐是什么样子？有亲情的庇护与没有亲情的庇护有何差别？有一首歌这样唱道："有妈的孩子像块宝……没妈的孩子像根草。"寥寥十几个字，把亲情对人生的价值描述得明明白白、清清楚楚。

父母之爱对于一个孩子的生存、成长，以及他的灵魂、人格乃至整个人生的完善，是绝对必要的。

首先是解决吃、穿、用和照看的问题，这些问题不解决，孩子就不能存活。但这些问题有时还是可以通过其他手段、途径得到解决的。比如依靠社会的力量，或是依靠亲戚的帮助。而父母之爱，却是无法替代的。它是一种天然的情感，没有一丝一毫的虚假，毫不掩饰，毫不吝啬，不讲条件，不顾自己，纯洁而透明，自然而真挚。父母之爱给孩子灵魂所灌注的，就是这样一种真善美合一的崇高精神。

孩子们需要父母之爱。如若不信，就请到孤儿院去看看生活在那里的孩子吧。这些孩子在物质生活方面有基本的保证，日常起居也有工作人员照料，到了读书的年龄他们也有学上。他们唯一得不到的是父母之爱与家庭的温暖。

莫罗阿在《人生五大问题》中谈到母爱时说："家庭的力量，在于把自然的本能当作一种社会结合底凭借。连系母婴的情操是一种完全、纯洁、美满的情操。没有丝毫冲突。对于婴孩，母亲无异神明。她是全能的。……对于母亲那方面，孩子竟是上帝。"[①] 对于孤儿院的孩子来说，他们可能有饭吃、有衣穿，但他们没有可以撒娇的怀抱。他们的心灵上有一个致命的创伤——我没有父母，我和别人不一样。什么力量能治愈这样的创伤呢？

还有一些生活在非亲生父母跟前的孩子。他们在形式上有家、有父母。但由于不是亲生父母，或一方非亲生，往往得不到应有的亲情。他们中的一些人心情总是处于受压抑的状态，在家里不敢打打闹闹，不敢哭、不敢笑，甚至不敢大声说话。他们过早地失去了天真，过早地产生了忧愁与不安，独立人格意识得不到发展。在这种环境下，可能会使他们产生畸形心态。

人生是一个老养少、少养老的过程。起初，父母、祖父母对子孙的爱，都是一种自然的情感，是一种自然的情感需要。其中也包含了自豪，包含了生命传承的乐趣，并没有什么为了老年之后靠子女养老送终的目的。可是当一个人老了，各种器官都老化了，行动越来越不方便，甚至生活不能自理时，是非常需要儿女照料的。一要有可口的饭菜，有病能及时得到治疗，日常生活方便。二要有人陪伴说话，不孤独。三要能满足他情感上的需要，即能经常见到儿孙，享受到天伦之乐。

---

① ［法］莫罗阿：《人生五大问题》，傅雷译，生活·读书·新知三联书店 1986 年版，第 39 页。

一个孩子没有父母之爱，其身心的发育或多或少会受到一定的影响。人到老年之后没有儿女对他的关心照顾，也是一件悲哀的事。他们不仅需要生活上的照料，心理上也需抚慰，以减轻心中的凄凉、失落感。老人对于亲情的需求，同孩子对于亲情的需求，可以说具有同等重要的价值。

二、别让亲情变了味

亲子之间基于自然的血缘关系的情感，在其本来的意义上是无私的。一代一代人都看到了养儿养女花费了很大的心血，然而能真正得到儿女回报的并没有那么多，或者不如想象的那么好。在我国长江两岸有这么一句民谚："爷娘疼仔长江水，仔疼爷娘扁担长。"扁担只有几尺长，怎能和长江相比？子女对父母的情远远比不上父母对子女的爱。这不是中国独有的现象，在世界上是普遍存在的。罗曼·罗兰在《母与子》中说："孩子是天生忘恩负义的。……你别以为孩子还记得昨天对他有好处的东西！对于孩子来说，好东西就是今天的好东西。"[①] 这真是如《好了歌》中所唱的：痴心父母古来多，孝顺子孙谁见了？

这种现象人人都知道，但做父母的并没有丝毫减少对子女的爱。父母养育子女、父母爱子女，可以说是不图什么回报的，没有什么目的。怀抱着自己的孩子，心里就有无限的快乐与满足。茅盾在《爱伦凯的母性论》中说："凡母亲爱子的感情，总是和一个强烈的快感相连的。做母亲者当偎抱子女柔软的身体时，简直可使自己忘却种种愁苦，而只觉得快感。"[②] 对父母来说，儿女又是他们的骄傲，是他们的功劳，是他们的情感的需要，是他们追求的一个价值。

[①] ［法］罗曼·罗兰：《母与子》，转引自《世界文豪论人生》，中国国际广播出版社1992年版，第480页。
[②] 茅盾：《爱伦凯的母性论》，转引自《品味人生》，湖南文艺出版社1992年版，第402页。

亲子之间，也不是只有爱这一面。世界上的事情都有两重性，亲子之间的情感也不总是和谐的。随着孩子的长大，亲子之间渐渐地会出现一些矛盾。孟子在两千多年前就谈到这个问题，他说："人少，则慕父母；知好色，则慕少艾；有妻子，则慕妻子；仕则慕君，不得于君则热中。"[①] 译成现代语言就是：人在幼小的时候依恋父母；懂得喜欢女子时，便想念年轻而漂亮的女人；有了妻子，便迷恋妻子；做了官，便讨好君主，得不到君主的赏识内心就会急得火烧火燎的。

孟子讲的这个现象有两个问题是值得注意的。

其一，亲子关系是会随着孩子的年龄增大而发生变化的。开始时，子女自然地依恋父母，但是随着年龄的增大，会逐渐地朝着远离父母的方向发展。

其二，亲子关系本来是自然关系，当其中逐渐加进来一些社会因素，并且社会因素逐渐扩大之后，父母与子女之间的关系便会复杂化，可能会出现一些冲突，爱可能会变成怨。

汉乐府《孔雀东南飞》中描写了焦仲卿之母把自己儿子与儿媳一对恩爱夫妻拆散了的故事。儿媳刘兰芝回娘家后被兄长强迫再嫁，刘兰芝不从投水而死，焦仲卿也跟着自缢身亡。

陆游与其妻唐琬感情甚好，但他被母亲逼迫，休了唐琬。陆游再婚，唐琬也再嫁。一次春游，二人在一个叫沈园的地方相遇，唐琬以酒肴款待陆游。陆游非常伤感，酒后在沈园的墙壁上写下了那首名为《钗头凤》的不朽之作。词云："红酥手，黄縢酒，满城春色宫墙柳。东风恶，欢情薄。一怀愁绪，几年离索，错！错！错！春如旧，人空瘦，泪痕红浥鲛绡透。桃花落，闲池阁。山盟虽在，锦书难托。莫！莫！莫！"

唐琬见后，也和了一首词，其中有"世情薄，人情恶"之句。此后不久，唐琬抑郁而死。陆游的词中弥漫着对自己的悔恨，恨自己没能在母亲

---

① 〔战国〕孟子：《孟子·万章上》。

面前大胆直言，违抗母命，留住爱妻。他对母亲当然有一种怨恨，词中讲的"东风恶，欢情薄"，与唐琬词中的"世情薄，人情恶"，都包含了对封建社会与封建父母的怨恨。亲子之情随着生活的演化，爱也会演化出怨。

在那些经济条件非常不好的人家，成年子女与父母的关系就更为麻烦一些，一个"穷"字便生出许多纠纷。当然，在富裕的人家，也有富裕生出来的问题，争权夺利，闹得不可开交。子女们与父母间的亲密依恋之情，被人世的种种因素冲得七零八落。

父母与子女两代人之间的代沟，也是造成父母与子女之间有怨恨的重要社会原因。这与一家一户的特殊矛盾有区别，是一种普遍的社会现象。由于两代人成长的时代不相同，有些观念相差较大，在对一些事情的看法、态度、办事的准则、行为方式上，都会有相互看不上的地方。社会发展越快，这种矛盾越突出。社会急剧转型时期，会造成两代人之间尖锐的对立。在这个时候，人的社会本质的一面完全占据了主导地位，把那种根源于人的自然属性的亲情赶得几乎无影无踪。

莫罗阿在讲亲子之间的关系时，提出一个概念，认为人在成长过程中，有一个"无情义年龄"阶段。既然无情无义，亲子之间当然会存在怨恨，会相互伤害。莫罗阿认为这个阶段就是在子女长到十多岁之后出现的，这是一个普遍的现象，几乎所有的人都会经历这样一个阶段。他说："有谁不在青年的某一时期说过：'我感到窒息，我不能在家庭里生活下去了；他们不懂得我我亦不懂得他们。'"[①]

莫罗阿认为父母与子女的这种冲突也是由父母对子女有爱，但爱之不当产生的。他说："凡是在父母与子女之间造成悲惨的误解的，常因为成年人要在青年人身上获得只有成年人才有的反响与情操。做父母的看到青年人第一次接触了实际生活而发生困难时，回想到他们自己当时所犯的错误，想要保

---

① ［法］莫罗阿：《人生五大问题》，傅雷译，生活·读书·新知三联书店1986年版，第38页。

护他们的所爱者,天真地试把他们的经验传授给儿女。这往往是危险的举动,因为经验差不多是不能传授的。任何人都得去经历人生的一切阶段;思想与年龄必得同时演化。"① 父母想按照自己的经验塑造子女,而子女并不领情,他们有自己的一套办法。若要以父母的身份强迫他们,爱就会变为怨。

亲子之间由爱而生怨的情况,在一些伟人的成长过程中也有所表现。梅林在《马克思传》中曾经写到老马克思对儿子寄予莫大的希望,可是对儿子又非常担忧,对儿子第一年的大学生活很不满意。他在信中多次谴责儿子,质问儿子是怎样履行他所承担的职责的,埋怨儿子"毫无秩序;杂乱无章地涉猎各门学问;在油灯的昏暗灯光下胡思乱想;……"②

埃德加·斯诺在《西行漫记》一书中记述了毛泽东所回忆到的他与父亲的关系。毛泽东说:"回想起来,我认为我父亲的严厉态度到头来是自招失败。我学会了恨他,我们对他建立了真正的统一战线。同时,他的严厉态度大概对我也有好处。这使我干活非常勤快,使我仔细记账,免得他有把柄来批评我。"③ 这真是如莫罗阿所说的:"在青年人是反抗,在老年人是失望。于是两代人之间便发生了愤怒与埋怨的空气。"④ 毛泽东在谈论青年人与老年人的关系时,总是会回想起自己小时候的事⑤,可见当年父子的紧张关系给他的印象非常之深。

有的父母不懂得教育方法,没有把子女塑造成有用之才,还使双方相互怨恨、产生矛盾。几乎人人都要做父母,但只会爱而不懂为父为母之道,乃是人类一大悲剧。如果社会法律能规定已婚青年人在为人父母之前必须先学为父为母之道,经考核合格后方能有养育孩子的权利,是否会对社会有所裨

---

① [法]莫罗阿:《人生五大问题》,傅雷译,生活·读书·新知三联书店1986年版,第56—57页。
② [德]弗·梅林:《马克思传》,樊集译,生活·读书·新知三联书店1965年版,第21页。
③ [美]埃德加·斯诺:《西行漫记》,董乐山译,东方出版社2010年版,第122页。
④ [法]莫罗阿:《人生五大问题》,傅雷译,生活·读书·新知三联书店1986年版,第58页。
⑤ 参见毛泽东写的《吴玉章同志六十寿辰祝词》与毛泽东1953年6月30日写的《青年团的工作要照顾青年的特点》。

益呢？

新时代的年轻父母面临的挑战一点也不比他们的前辈少。有些父母以爱的名义给孩子很大压力，要求他们强化学习，参加各种培训班，学习棋琴书画的技艺，目的是要让自己的孩子在竞争中占得优势。在这个过程中，亲子间的矛盾变得尖锐了，亲情变味了，有时甚至会演化成悲剧。

三、朋友是疏通郁闷的灵丹妙药

没有爱情，人的自然属性与社会属性、肉体与灵魂就会处于相分离的状态，不能得到统一。爱情与亲情对人有莫大价值。可是仅有爱情与亲情也还称不上完满人生。还缺什么呢？还缺友情。培根在《论友谊》中说："缺乏真正的朋友是最纯粹最可怜的孤独；没有友谊则斯世不过是一片荒野；……"[1]

爱情、亲情与友情，对于一个人来说是缺一不可的。

人与动物的重大区别之一是人有精神生活、有精神世界，而动物没有。人有头脑，且它极其复杂，一方面它能思考很多问题，有多种功能；另一方面它会受到多方面因素的影响。人有许多问题需要和其他人进行交流，而交流的主要对象首先是自己的配偶，其次是其他亲人。因为配偶是最亲近、最值得信赖的人，人与自己的配偶是生命共同体，利害相连；其他亲人也都可信，相互知根知底。自己即便说错了话，也无大碍。家庭就是个避风港，是人世间最安全的地方。

世界上的事情都不能一概而论，不能绝对化。夫妻、亲子相互信任、无话不谈，也只能是相对而言，因为有些事、有些话，在夫妻之间、亲子之间谈论起来也有不方便的时候。

---

[1] ［英］培根：《培根论说文集》，水天同译，商务印书馆1983年版，第95页。

例如，夫妻之间的一些相互矛盾的看法，很难完全地、毫无保留地在双方之间都谈开。双方在心里或多或少、或大或小总是保留了一些不便于言明的内容。因为一旦言明，就会在夫妻的情感中增加一些疙疙瘩瘩的、不协调的因素。如果双方或一方较了真，把这些内容放在脑子里反复琢磨，那么这桩婚姻也许就会面临分崩的危险。

这种不便言明的东西为什么会有这样大的作用呢？因为这些东西往往是涉及个人的自尊心、与个人人格相关的问题，可能涉及相互信任的问题，以及双方是否相互满意的问题。这些东西若是谈开了，双方很可能会相互伤害，问题就不好解决。

在亲子之间谈这些问题的负面影响虽然不像夫妻之间那样严重，但也会在情感上造成伤害，一般不到实在容忍不下去的时候，这些问题很多人会忍在心里不说。正如莫罗阿所说："家庭啊，爱情啊，都不容我们的思想与情操全部表现出来，凡是我们心中最关切的事情，在家庭和爱情中都不能说。……这样，儿童、父母、丈夫、妻子、爱人、情妇，都在他们的心灵深处隐藏着多少不说出来的事情；尤其蕴藏着对于家庭，对于婚姻，对于父母，对于儿女的怨艾。"[1]

精神在本性上是要求自由的，不能长时间地受压抑，不能忍受太大、太重的压抑。否则，它会危害整个人的心理健康、神经系统和肉体，使人患病，甚至缩减寿命。人的内心长期郁闷，一方面需要宣泄，需要把心中的郁闷对人倾诉；一方面也需要与人讨论一些事理，认识到有些怨气是不必要的怨气，有些认识是不正确的。

那么这些话向谁倾诉呢？找谁去解开那些不好随便向人言明的疙瘩呢？当然是找那些自己所信赖的人、敬佩的人，在情趣上与自己投缘的人。因为你跟这些人能相互理解、相互包容、相互尊重、相互支持、相互宽慰，

---

[1] ［法］莫罗阿：《人生五大问题》，傅雷译，生活·读书·新知三联书店 1986 年版，第 65 页。

能替对方严格保守秘密。这就是所谓的知己。

中国有"人生得一知己足矣"的说法。清朝的徐时栋在《烟屿楼笔记》中说:"人生得一知己足矣,斯世当以同怀视之。"[1] "斯世当以同怀视之",意为这一生一世都要把这个知己当作自己一样对待,对他要完全信赖,毫不隐瞒。人生若真能有这样一个知己,那么内心有了苦恼、郁闷,或者遭受了什么冤屈,或者有一些不便于向世人公开的观点,对世道有一些自己的看法、评价,或是自己的志向、谋划或困难,都能全盘在他面前端出来,那是多么痛快!这种朋友对于个人人生来说,恰如能够疏通内心郁闷的灵丹妙药。这便是朋友的特殊价值。

友情的这种独特的价值,表明人生对友情的需要与对爱情、亲情的需要是有很大的区别的。在爱情与亲情中,人的自然属性的表现是很突出的,占有重要的地位;社会属性当然也是少不了的,但社会属性似乎是为自然属性的充分实现服务的。婚姻制度、道德规范,都是为了使异性之间的关系有个合理的秩序,使性爱得到维护、巩固,使人的自然属性、自然要求得到理性的观照,这有利于人类的长远存在。

在友情中,几乎没有自然属性的东西。友情之需要,根源于人的社会属性,根源于精神的本性。人是社会动物,与社会交往是必需的。精神的东西不仅受不得压抑,而且是有选择性的,只能对能够理解它的对象去诉说。最理想的父母与子女的关系是亲子关系加上朋友关系;最理想的伴侣关系是爱情关系加上友情关系。这是需要有意识地去追求的,对于多数人来说,是达不到此种境界的。所以在爱情与亲情之外,需要有友情。至于那些终生都没有一个知心朋友的人,确实会有些孤独。

---

[1] 〔清〕徐时栋:《烟屿楼笔记》,转引自《中华美德大典》,山西教育出版社 1996 年版,第 397 页。

四、君子以道为朋，小人以利为朋

卢梭是位伟大的思想家，他讲过许多富有哲理的话。但他关于友情的一些谈论是不能称颂的。比如，他在《爱弥儿》中说："友谊是一种交换，是一种契约。"① 又说："爱，不一定是要人家报答的，而友谊则不然。"② 就是说友谊是要对方报答的，是一来一往的事情。

卢梭的这个看法是很值得商榷的，他所说的这种友谊，只是一种利益伙伴式的"友谊"，不是真正的友谊，真正的友谊是不图报答的。如同莎士比亚在《乐曲杂咏》中所写的那样："朋友间必须是患难相济，那才能说得上真正友谊；你有伤心事，他也哭泣，你睡不着，他也难安息；不管你遇上任何困难，他都心甘情愿和你分担。明白这些你就肯定能分清，真正的朋友和笑脸的敌人。"③

莎士比亚说的这种朋友就是一种生命共同体，同呼吸共命运；而不是利益共同体，不是酒肉朋友。这种朋友之间当然也有相互帮助，但不以获得回报为前提。这种朋友之间的帮助就是尽义务，就是为帮助而帮助。这就是道德中所讲的义务——不以获得权利为前提条件。这种义务与法律中讲的义务是不相同的。

康德在《伦理学原理》一书中也明确地说："友谊不能是以互利为目标的契约，仅应是纯道义的。在必要时对于对方帮助的依赖并非友谊的目标和决定因素（一个人会因此部分地失去对方的尊敬），它仅仅是心灵感受到的善良思

---

① ［法］卢梭：《爱弥儿》，转引自《世界著名思想家论人生》，中国国际广播出版社 1992 年版，第 92 页。
② ［法］卢梭：《爱弥儿》，转引自《世界著名思想家论人生》，中国国际广播出版社 1992 年版，第 97 页。
③ ［英］莎士比亚：《乐曲杂咏》，转引自《世界文豪妙语精选》下，青海人民出版社 1994 年版，第 364 页。

想的外在标志（不要对它进行考验，这总是危险的）。"①

康德认为，如果一方把互利作为目标，把友谊作为一种相互交换利益的契约，不仅是对另一方的不尊敬，而且受恩惠的一方也会产生与对方的地位互不平等的感觉。而友谊建立的基础之一就是相互平等。这个条件一旦失去，友谊就面临着破裂的危险。

有许多思想家都有这种看法。莫罗阿在《人生五大问题》中十分明确地反对把友谊看成一种利益的交易。他说，友谊是"交易么？不，友谊永远不能成为一种交易；相反，它需要最彻底的无利害观念"②。他认为交易在社会中比比皆是，但这不是真正的友谊。他说："在一切社会中，两个能够互相效劳的人有这种交易亦是很自然的。大家互相尊敬，但互相顾忌的时候更多。大家周旋得很好。大家都记着账：'他的勋章，我将颁给他，但他的报答会让我安静。'"③

莫罗阿的比喻很形象。在双方各自记着账的情况下，是不会有真正的友谊的。一旦一方还不起账，对方将会如何看待呢？以后还会伸出援助之手吗？如果因还不起账而以后再没有相互来往了，那能算是友情吗？

《庄子·山木》中讲了一个君子之交淡如水的道理。文中说："君子之交淡若水，小人之交甘若醴。君子淡以亲，小人甘以绝。"④"醴"是甜酒，象征利益。"绝"是断绝关系。文章认为，如果人与人是因为各自的利益而结合在一起的话，那么遇到困境、灾难、危险、祸患的时候，这些人就会相互抛弃，断绝来往。而道德高尚的人相互交往，对于各自的利益看得很淡，甚至不考虑个人利益，主要是一种心交。小人相交是为了得利，所以就像喝到了甘甜的美酒一样。小人的交往关注利益，无利则很容易离散。可是君子之交常常

---

① ［德］康德：《伦理学原理》，转引自《人生哲学宝库》，中国广播电视出版社1992年版，第883页。
② ［法］莫罗阿：《人生五大问题》，傅雷译，生活·读书·新知三联书店1986年版，第70页。
③ ［法］莫罗阿：《人生五大问题》，傅雷译，生活·读书·新知三联书店1986年版，第70—71页。
④ 〔战国〕庄子：《庄子·山木》。

能相互交心、相互关爱，能够长久。《庄子·山木》中讲的这种情况，不论是在历史上还是在现实生活中都很普遍。

汉朝班固在《白虎通义·谏诤》中说："朋友之道有四焉，通财不在其中。"所谓"通财"，就是互通财物，交换利益。班固认为相互交换利益不属于交朋友的内容。交友之道尚未说出来，就先声明"通财不在其中"，可见班固对这一问题是多么重视。交友的规则有哪四个方面？班固说："近则正之，远则称之，乐则思之，患则死之。""正之"是纠正对方的过错，"称之"是称赞对方的美德，"思之"是不要忘记朋友，"死之"是为朋友而死。即朋友在眼前时，要纠正他的毛病；朋友在很远的地方时，要对人们称赞朋友的优点；有了什么喜讯，不要忘记告诉朋友；如果朋友患难，就要拼命去救他。就是说，朋友之间主要是一种精神上的互勉互助，若是有了困难，则要无私相助。没有精神上的互勉与交流，难以结为终生的友谊。

宋朝欧阳修写了一篇题为《朋党论》的文章，对于友谊不能建立在各自的利益基础上的问题讲得更为清楚，并且提出了一个观点，即认为只有君子之间才可能建立真正的朋友关系，小人与小人之间是不可能有真诚的朋友关系的。欧阳修在文中说了这样一段话："大凡君子与君子，以同道为朋；小人与小人，以同利为朋。……然臣谓小人无朋，惟君子则有之。其故何哉？小人所好者，利禄也；所贪者，货财也。当其同利之时，暂相党引以为朋者，伪也。及其见利而争先，或利尽而交疏，则反相贼害，虽其兄弟亲戚，不能相保。……君子则不然。所守者道义，所行者忠信，所惜者名节。以之修身，则同道而相益；以之事国，则同心而共济。终始如一，此君子之朋也。"[①] 欧阳修的这段话除了打击面有点过大之外，似乎没有什么不妥的地方。对于朋友之情不能建立在利益关系的基础上，而必须建立在志同道合的基础上的道理，说得再清楚不过了。

---

① 〔宋〕欧阳修：《朋党论》，转引自《古文观止》下，中华书局2017年版，第667页。

友谊不能建立在利益的基础之上，并非说朋友之间不能互相帮助。朋友之间生死与共，相互接济、相互援助为何不可？朋友之间少不了利益上的来往，只是不要以利益为目的。在人类历史上，最伟大、最值得称颂的友谊之一，就是全世界无产阶级的导师马克思与恩格斯之间的友谊。列宁对此有过一个评价，他说："古老的传说中有各种非常动人的友谊的故事。欧洲无产阶级可以说，它的科学是由两位学者和战士创造的，他们的关系超过了古人关于人类友谊的一切最动人的传说。"[1] 他们志同道合，几十年如一日相互交流思想，创立了无产阶级的革命理论。在马克思逝世后，恩格斯还停下自己手中的研究，为整理与出版马克思写的《资本论》花费了数年的精力。共同的事业把他们联系在一起。

在这一人类历史上最伟大、最值得人们敬仰的友谊中，包含了恩格斯在经济上给予马克思的巨大支持、援助。马克思在经济上长期拮据，经济收入不多，且夫妇两人都不善于理财。恩格斯为了让马克思能安心研究，不仅放弃了自己的许多研究课题，而且去从事自己十分讨厌的商业活动。他在父亲的公司里当一名职员，许多年后才成了公司的合伙人。他还以此为经济基础支援马克思。梅林在《马克思传》中写道："从他（指恩格斯）移居曼彻斯特的第一天起，他就开始帮助马克思，而以后也从来没有厌倦过。一英镑、五英镑、十英镑的汇票，后来甚至上百英镑的汇票源源不绝地寄往伦敦。"[2] 梅林在书中又说，"马克思在生活中的胜利不仅应归功于他自己的巨大能力。所有的人都认为，如果没有恩格斯这样一位朋友，他也终究会被环境所压倒"[3]。恩格斯对马克思经济上的巨大援助，证明友谊并不排斥朋友间的经济上的支持，但这种支持绝对不是他们二人友谊的基础。

---

[1] ［苏］列宁：《论马克思和恩格斯》，人民出版社 1972 年版，第 42 页。
[2] ［德］弗·梅林：《马克思传》，生活·读书·新知三联书店 1965 年版，第 297 页。
[3] ［德］弗·梅林：《马克思传》，生活·读书·新知三联书店 1965 年版，第 292—293 页。

五、要打开别人的心，先要敞开自己的心

上述关于友情关系是超越金钱利益交易关系的道理，在古今中外是被反复论证过的。包括本章开篇所征引的歌德的那段话，谈的也是这个问题。但是他的说法有点特别，认为享受友情只是财产不多或一无所有者的特有权利，而在有钱的人或者是有权的人那里，是不会有真正的友谊的。

歌德的这一看法也许有点绝对化，但也不是没有一点道理的。

有些有钱的人认为，天下只有利害关系才是唯一真实的关系，他们总是相信钱的作用，相信金钱是万能的，可以换来一切，而不大相信天下有真正的志同道合这么一回事。

没有钱的人也迫切希望有钱，因为没有钱不能生活。但是与有钱人相比较，没有钱的人更加相信并非有了金钱就有了一切。比如人与人之间的友谊，就不是靠金钱换来的，而是要以心换心。以心换心就是真诚，互相都讲真心话，互相都能敞开内心世界的大门，相互交流、相互接纳。如歌德所说的："忠诚使我们踏入怎样幸福的境地！"

以心换心体现着一种双方平等的地位、平等的态度，是相互信任、相互尊敬。朋友之间没有高低贵贱之分，不存在谁服从谁、谁支配谁的关系，大家民主相待，依理而行。

谭嗣同在谈论中国封建社会的人伦关系时说："五伦中于人生最无弊而有益，无纤毫之苦，有淡水之乐，其惟朋友乎。故择交何如耳，所以者何？一曰'平等'；二曰'自由'；三曰'节宣惟意'。总括其义，曰不失自主之权而已矣。兄弟于朋友之道差近，可为其次。余皆为三纲所蒙蔽，如地狱矣。"[①]

谭嗣同的意思很清楚，即五伦中只有朋友一伦，对人只有益处而没有

---

① 蔡尚思、方行编：《谭嗣同全集》下册，中华书局 1981 年版，第 349—350 页。

害处。因为在这五伦中,只有朋友这一种关系是建立在平等、自由、自主的基础之上的,只有在朋友之间,才能"节宣惟意",即能根据自己的意愿想说什么就说什么,说多说少、说深说浅完全由自己做主。谭嗣同非常看重在人与人之间建立朋友关系,他认为君臣、夫妻、父子之间都应当有一种朋友关系。他说:"民主者,天国之义也,君臣朋友也;父子异宫异财,父子朋友也;夫妇择偶判妻,皆由两情自愿,而成婚于教堂,夫妇朋友也……"[1]他认为只有在人与人之间建立朋友的关系,才有真正平等、自主的权利。谭嗣同的人与人之间广泛具有朋友关系、建立友情的思想并非不切实际。

朋友之间的平等是多方面的。比如说,在朋友之间不可好为人师,不可傲视别人。管仲讲:"满盛之国,不可以仕任;满盛之家,不可以嫁子;骄倨傲暴之人,不可与交。"[2]"倨"也是骄傲之义,"暴"是显露。"骄倨傲暴之人",就是那种看不起别人、好自吹自擂、好显露自己、总想把别人比下去、自以为老子天下第一的人。管仲认为这种人不可与之结交朋友,因为在他内心深处就有一种不能平等待人的心理。关尹也说过:"利害心愈明,则亲不睦;贤愚心愈明,则友不交。"[3]父母与子女之间如果利害钱财的账算得太清楚了,其相互关系就会出现不协调;朋友之间如果有人总想把自己的成绩向别人炫耀,或明或暗地与别人比较才智高低与功名大小的话,那么就不会有人与他交朋友。既然是朋友,就应当以诚相待。别人可以对你有发自内心的赞扬,自己不可总自夸于人。

伏尔泰在《哲学辞典》中解释"友谊"这个条目时写道,"友谊是灵魂的结合"[4]。他认为只有品行正直的人才可能与他人有灵魂的结合,这些人才

---

[1] 蔡尚思、方行编:《谭嗣同全集》下册,中华书局1981年版,第351页。
[2] 〔春秋〕管仲:《管子·白心》。
[3] 〔周〕关尹:《关尹子·三板》。
[4] [法]伏尔泰:《哲学辞典》,转引自《人生哲学宝库》,中国广播电视出版社1992年版,第883页。

可能做朋友。很多人貌似是朋友,但实际上不是朋友。他说:"邪恶之人只有同谋,酒色之徒只有狂饮暴食的酒肉朋友,以自我为中心的人只有同伴,政客只有党徒,来者不拒的懒人只有附属品,王子只有廷臣,只有正直的人才有朋友。"① 伏尔泰以是不是灵魂的结合为标准,把这些貌似是朋友,实际上并非真正的朋友的关系一一作了区分。

友谊是灵魂的结合,真诚是建立友谊的一个基础。如何才算得上真诚?徐志摩有个说法:"朋友是一种奢华:且不说酒肉势利,那是说不上朋友,真朋友是相知,但相知谈何容易,你要打开人家的心,你先得打开你自己的,你要在你的心里容纳人家的心,你先得把你的心推放到人家的心里去。"②

有一些人,一辈子都没有一个真正的朋友,其中一个原因可能就是待人不真诚。他对别人总是不大相信,把人与人之间的关系总当成一种相互利用的关系。这种人的内心是孤独的,总感到别人都不可信,不与人交换思想,自己把自己封闭起来了。

新时代青年社会交往的广度和便捷度都极大增强了,通过移动互联网可以方便地与世界各地的朋友交流。2020年《中国青年报》联合中国社会科学院、社交平台"探探"开展的一项调研却表明,40.2%的青年表示自己存在不同程度的"社交恐惧症",52.7%的青年认为自己缺乏社交技巧。以"社恐"为代表的社交焦虑已经成为吸引社会关注的青年议题,也影响着青年的健康成长。③ 实际上,"没有人是一座孤岛"。我们可以将"社恐"看作青年回避无效社交的策略,也可以理解为,在媒介化时代,"社恐"的出现直接指向青年内心深处最真实的自我。无论哪个时代的青年,对友谊的渴

---

① [法]伏尔泰:《哲学辞典》,转引自《人生哲学宝库》,中国广播电视出版社1992年版,第883页。
② 徐志摩:《徐志摩生活美学》,北京理工大学出版社2017年版,第54页。
③ 参见《超四成青年自称"社恐" 社交软件成拓圈首选》,《中国青年报》2020年12月21日。

青年的选择

望都是内心深处最重要的需求之一，都希望找到自己的知心朋友。

"海内存知己"，则"天涯若比邻"。如果海内无知己，则比邻也就如同天涯了！

（撰稿：陈昇、刘俊彦）

第十讲

自由与幸福

> 不是人人希望幸福，没有一人不想幸福吗？人们抱有这个希望之前，先从哪里知道的呢？人们爱上幸福之前，先在哪里见过幸福？
>
> ——奥古斯丁

人生所追求的每一种价值，都有其他价值所不可替代的作用，也就是说，每一种具体的价值都是不一样的。虽然这些追求的具体内容各不相同，但无论哪种追求，都是主体的意志自由，都是为了争取幸福。自由与幸福，可以说是贯穿于每一种具体价值中的共同的价值。

一、生命与爱情为何都不及自由可贵

自由是每个人基本的权利，是人们追求的理想状态。黑格尔也曾阐发过自由是现代性的最本质价值这一观点。匈牙利诗人、民主革命的斗士裴多菲有一首名为《自由诗》的不朽之作，这就是：

> 生命诚可贵，爱情价更高。
> 若为自由故，二者皆可抛。

这首诗妇孺皆知，诗中将自由当作一切价值的价值，它所表达的是人们心中对自由的渴望与追求，这对于热爱自由、为争取自由而奋斗的人们，起到巨大的鼓舞作用。

这是为什么呢？难道人们蔑视生命、蔑视爱情，唯独钟情于自由？显然不是的，诗人首先歌颂了生命的可贵与对爱情的渴望，这个世界上几乎没有人厌恶生命，而且对人们来说，爱情也是特别难得和珍贵的东西，所以人们对于爱情也很珍爱。那么为什么又说为了自由可以把生命与爱情都抛开呢？这是因为如果没有自由，徒有生命，这种人生很难有所成就；如果没有自由，只有爱情，这种爱情也是不能够长久的。自由既是生命获得价值的前提，也是爱情能够长久的前提。换句话说，自由与生命和爱情相比，不仅在形式上有所不同，在内容上更是不同的。没有自由，也不能真正地享有爱情。因为自由就是"一心一意地致力于自己的使命"，人是具有自主性的生命，每个人应该自由地选择自己的伴侣。

爱情需要以自由为前提，有了自由，才有一心一意爱自己和爱他人的力量，才能建立健康、长久、快乐的爱情关系。

封建社会的婚姻靠父母之命、媒妁之言，这种婚姻由于夫妻二人之间没有爱情，所以大部分是名存实亡的。夫妻之间没有情感、没有爱情是次要的，更为重要的是封建社会中男女社会地位的不平等。社会要求女性处理家庭的琐事、维护家庭成员间的和睦，却没有给予女性应有的自由与感情。王凤仪在其著作中所描述的"女子是世界的源头，欲世界好、国家好、社会好、家庭好，必从姑娘身上好"[①]的愿景，在封建社会是看不见的，因为在封建社会中，自由是单方面属于男人的，妇女没有自由，所以在男女之间鲜有爱情。这很容易造成一种社会现象，即"丈夫在家中也掌握了权柄，而妻子则被贬低，被奴役，变成丈夫淫欲的奴隶，变成单纯的生孩子的工具了"[②]。生命只有在自由的时候，才是有价值的生命；男女之间，只有双方都享有自由的权利的时候，才会有真正的爱情。自由赋予生

[①] 王凤仪：《家庭伦理讲演录》，世界知识出版社2009年版，第73页。
[②] 《马克思恩格斯文集》第四卷，人民出版社2009年版，第68页。

命追求自己价值的权利，赋予两性选择爱的权利。

那么自由是什么呢？它如何有这般能力？自由是主体能按照自己的意志去做自己所乐意做的事情。就像爱情，不应该男强女弱，男女双方均拥有自由，所有家庭琐事应由男女双方共同承担。两个人的婚姻更应该以自由为前提，以拥有爱情为基础。人们争取自由、追求自由，所争取、追求的，就是能够实现自己的意志、愿望。正如伏尔泰在《哲学辞典》中解释"自由"这一条目时所说的："自由仅仅是，也只能是个人按照自己的意志行事的权利。"①

资产阶级在反对封建贵族的时候，把自由这种权利看作是上天赋予人的一项基本的权利，所以把它叫作天赋人权。卢梭说："人是生而自由的。放弃自己的自由，就是放弃自己做人的资格，放弃人的权利。"罗伯斯庇尔在论述共和制度时说，"我们追求的目的是什么呢？是和平地享有自由和平等"②。杰斐逊在他起草的《独立宣言》中也写道："人人生而平等，他们都从他们的'造物主'那边被赋予了某些不可转让的权利，其中包括生命权、自由权和追求幸福的权利。"③

1948 年联合国大会通过的《世界人权宣言》第一条的第一句话就是"人皆生而自由"④。第三条又写道："人人有权享有生命、自由与人身安全。"⑤ 由此可见，人们越来越意识到了自由的重要性，也越来越追求自由，自由开始上升到国家高度并成为人的一种权利。

资产阶级鼓吹的自由、平等、博爱有很大的欺骗性，马克思和恩格斯对于资产阶级宣扬的自由的虚伪性有过很多揭露。但马克思对于自由是人

---

① ［法］伏尔泰：《哲学辞典》，转引自《人生哲学宝库》，中国广播电视出版社 1992 年版，第 226 页。
② ［法］罗伯斯庇尔：《罗伯斯庇尔文集》，转引自《理想论——中外名人名篇荟萃》，上海人民出版社 1987 年版，第 132 页。
③ ［美］杰斐逊：《美国独立宣言》，转引自《人权宣言》，求实出版社 1989 年版，第 9 页。
④ 《世界人权宣言》，转引自《人权宣言》，求实出版社 1989 年版，第 19 页。
⑤ 《世界人权宣言》，转引自《人权宣言》，求实出版社 1989 年版，第 19 页。

的意志、人的精神生活的特征，是予以充分肯定的。他认为，"自由确实是人的本质"①，"是全部精神存在的类本质"②。可以说，自由自觉的活动是人的类本质。

人比动物高明的地方，就是有精神生活，有理性，有自己的意志。就单个人而言，他的一切行动都先要通过头脑的思考生成动机，然后才能使他行动起来。换句话说，意志得以实现的条件是不要将想法束之高阁，而是要付诸实践。

人对意志自由的要求，在很小的时候就能表现出来。那时也许他还不会说话，但他非常喜欢大人抱他到户外去，到热闹的地方去。你要把他抱回家去，他就不高兴，会歪着身子反抗，会哭会闹。稍大一些，他会说话，会用语言表达自己的要求，会自己到院子里玩。这时独立意志已经很强烈，如果大人不能满足他的要求，他就会和大人闹别扭。再大一些，到了十二三岁，大人就很难把自己的意志强加给他了。这种对自由的要求，在青春期表现得尤为强烈。大人越是要求孩子怎么做，孩子越觉得自己受到束缚，越觉得自己没有自由，很容易与大人唱反调，大多数孩子的叛逆期也集中在青春期。更大一些，等到二十岁出头的年纪，孩子们由于已经工作或者上大学，家长们对他们的管教不再像以前那样严格，他们就会拥有更多的自由。由于他们的想法与父母有很大区别，对生活的看法也会不同，这时就面临一个问题：孩子不愿意同父母一起居住，想要自己独立的生活空间，这表现出来的也是对自由的一种渴望。等人过了中年以后，又会追求其他意志上的自由。总之，追求意志自由是人的天性。

人渴望自由与渴望自主是相联系的。自由是指行为主体被允许自己选择自己的主张与行动，而自主则是指自己掌控自己的生活和举止，以及承

---

① 《马克思恩格斯全集》第一卷，人民出版社 1995 年版，第 167 页。
② 《马克思恩格斯全集》第一卷，人民出版社 1995 年版，第 171 页。

担相应的责任。二者均体现了对个体主权的尊重,人既有独立选择自己的意志的权利,也有自由支配自己行动的权利。在此基础上能够独立实现自己意志的权利的生命,才是真正属于自己的生命。因为只有在这种情况下,这个人才是独立的、自主的,也唯有如此,他才能感受到生命的价值和生活的意义,才能真切地体会到自己是一个独立的人、一个自主的人,一个可以自己支配自己生活、不受他人约束的人。不独立、不自主,没有这种权利的生命,自己的意志不能实现,正当权利受到束缚,大多数情况下这个人是不快乐的,因为他感受不到被尊重,感受不到自身价值的实现,甚至在他的心里,他只是一个受他人或者外界支配的工具。在这种情形下,自由的价值、独立自主的价值在主体心里已经远远高于生命的价值。莱布尼茨说:"理智若无自由是毫无用处的,而自由若无理智则是毫无意义的。"[1]意志与自由是密切联系的,是一个事物的两个方面。

　　当然,对于有理性的人来说,追求自由绝不是自我放纵。也就是说,自由不是任意作为,真正的自由从来不是绝对自由,不是随心所欲,而是一个有限度、有必要的规范的自由。有理性的人会自己给自己定规矩,会通过自己的意志来控制自己的行为,使自己在不放纵、不触及道德、法律等边界的情况下获得自由,这样的自由才会使人更加放松和愉悦。这里所讲的边界,还可以理解成个人的自由不能妨碍他人的、社会的自由,这就是个人自由的边界。有约束的自由才是自由,孔子在自我精神达到"从心所欲"的同时,又以"传道授业解惑"帮助更多的人实现精神上的内在超越,从而有了"从心所欲不逾矩"的自由自在。这里既讲到无拘无束地追求自由,也强调理性之下"有所为,有所不为",即自由是有界限的。其意在提醒人们追求自己的兴趣时要有所节制,不能超越适当的界限或者道

---

[1] [德]莱布尼茨:《人类理智新论》,转引自《人生哲学宝库》,中国广播电视出版社1992年版,第225页。

德标准。反之，不讲自由的界限，则会天下大乱。卢梭说："法律的效力和护法者的权威消失的地方，任何人都得不到安全和自由。"① 个人的自由是需要法律和制度保障的，离开了法律和法律执行者的约束，无论是强者还是弱者，都将得不到保护，自由和平等的基本权利也将变得脆弱和无法维护。

自由不是无拘无束，不是肆无忌惮，更不是为所欲为。所谓的"为所欲为"恰恰是陷入了为"欲"之所为，在贪婪的驱使下，被自己的欲望裹挟而做事。这样的"自由"注定不是个体主宰的真正自由，而是人沦为欲望的奴隶的表现。当一个人沦为他人或自己欲望的奴隶时，注定也会相应地失去自由。因此，把自由理解为不受任何约束、为所欲为，是对自由的亵渎。

二、不自立则无自由

上面所论述的自由以及人们对自由的渴望，还不能被视为人生追求自由的全部价值与人渴望自由的全部意义。因为以上讨论主要侧重于作为人的权利方面的自由。如果把自由视为一种行使独立意志的权利，人怎样得到这种权利呢？如果是天赋人权，人生而具有自由，那么为什么有的人有自由，有的人却没有自由？人在自然面前、在人的一些本能面前，如何能获得自由？追求自由绝对不是等待自由的降临，不是等待上天的恩赐，它需要人为之奋斗。如若不然，怎么谈得上"若为自由故，二者皆可抛"呢？

黑格尔在《小逻辑》中对自由有一个简单的说法。他说："自由的真义在于没有绝对的外物与我对立。"② 真正的自由意味着个体没有外部环境或物

---

① ［法］卢梭：《论人类不平等的起源和基础》，商务印书馆 1986 年版，第 56—57 页。
② ［德］黑格尔：《小逻辑》，转引自《人生哲学宝库》，中国广播电视出版社 1992 年版，第 230 页。

体的限制，由个体自主决定和实现，具有自我表达和自我决定的能力，这是自由需要与外部环境协调平衡的理想状态。

对此，17世纪英国著名的政治哲学家和社会思想家霍布斯在他的代表作品《利维坦》中对"自由"一词进行了比较深入的探讨，他认为："自由一词就其本意说来，指的是没有障碍的状况。"[①] 这一观点着重强调了个体行动和决策的自主性和起点性。他将自由分为两种：自然自由和政治自由。自然自由指的是个体生来就具有的自由权利，即自己能够为所欲为、不受任何限制。而政治自由则是建立在社会契约基础之上的，即为了保障个体的安全和自由，需要建立政府并遵守政府制定的法律规定。自由不仅仅是从政府或者社会获得的权利，更是基于个体自身的天赋和能力而获得的。

人生活在世界上会遇到很多障碍，或者说有许多外物与之对立，如自然环境、社会环境的变化，自身的不足等，当个体的意志遭受一定的限制或摧残时，就会感到自己的意志不能得到实现或不能顺利实现，这时人会感到不自由。

因此，要获得自由，就得排除这些障碍和干扰。追求自由的过程，就是靠自己的努力扫除这些障碍与干扰的过程，这一过程在每个人的不同成长阶段中都起着至关重要的作用。一名驰骋在绿茵场上的足球运动员，他的自由在哪里呢？在于他能冲破对方的阻截，把球踢进对方的球门里。这种努力追求的过程，实际上是展现自己的能力或者说是把自己的创造力充分发挥出来，使自己的意志得以实现的过程。足球运动员追求的这种自由并不是天赋的，而是人为的。

从这个意义上来讲，自由并非意味着没有任何障碍，而是指人们可以秉持自己的价值观和信仰，并以此为依据排除外来的干扰，在现实生活中

---

① 霍布斯：《利雅坦》，转引自《人生哲学宝库》，中国广播电视出版社1992年版，第221页。

做出合理的选择，让自己生活在一种舒适的状态中。比如说，人们可以通过音乐、文学、绘画等艺术形式表达、抒发自己的感受；再比如，人们可以通过自律规范自己的言行；等等。因此，人们应该具备意志力量和适应能力，通过发展自身能力不断提升自我，通过对未知事物的尝试与挑战，达到一种更加自由的生活状态。通过自我解放，人们可以在一定程度上摆脱外部或者内部的障碍感，获得更加自主和积极向上的生活状态。

泰戈尔在《论再生》中把人与动物作了比较。他说："对于所有其他生物来说，自然就是终极。生活，繁衍后代，死亡，是它们的目的。并且它们是满足于此的。……这些就是它们全部的生命。""在人身上，动物生命又有进一步的发展。他来到了世界的初始，这世界必须由他自己的意志和力量来创造。……人是从自然目的的世界降生到自由世界来的。"[1]泰戈尔说得很有道理，动物处于必然世界，它就是自然的一部分。自然世界在人没有认识它，不能利用它时，人的行为处处受制。人认识了自然，才能改造自然、利用自然、保护自然，这时人才有自由。自由的概念只适用于人，因为意识是一种特殊的物质——人脑的机能和属性，也只有人才有意识，只有人才能拥有"自由的具体的心灵生活"。对于动物来说，不存在自不自由的问题。说动物很自由，只是以人的眼光看到动物不受社会规范的约束而已。

人类不像其他生物那样只在自然世界中存在和生存，而是被赋予了自由意志去创造、改变和超越外部环境，进而寻求更加广阔的人生价值和意义。正因如此，人成为具有自己意愿和创造性行为的个体，可以在自由中创造自己灿烂的人生，发挥自己的人生价值。

人渴望自由，渴望自由的背后是对自主的渴望。自主与自由不可分。

---

[1] ［印］泰戈尔：《论再生》，转引自《人生哲学宝库》，中国广播电视出版社 1992 年版，第 **187** 页。

而自由、自主能不能追求得到，还要看人能不能自立。自立就是自己依靠自己，当面对生活和社会环境的挑战时，能够独立自主地处理各种问题。如果个体缺乏自立能力，那么即使追求自由和自主也会面临很多困难和挑战。例如，一个没有独立经济能力和自我管理能力的人，即使在约束较少的社会环境中获得了较多自由权利和自主空间，也难以在真正意义上实现和享受自由和自主。因为他缺乏自立能力，也就缺乏自主和选择的能力，未来得不到充分的保障，可能会面临更大的生活压力和风险。

如果个体具备了自立能力，那么其追求自由和自主就会更加自信和自然。自立能力也是追求自由和自主的重要条件，只有在保持自立的前提下，其他能力才有更大的发挥空间。所以，要想追求自由和自主，我们需要建立并不断提升自己的自立能力和管理能力。这包括自我管理、自我改进、自我发展和自我实现等能力，需要从身体、智力、情感和精神等多个方面进行全面发展。只有具备了足够的自立能力，我们才能真正实现和享受自由和自主，探索自己的人生价值和意义。

蔡元培说："欲依赖他人，即不自由；依赖性，即由不勤所养成。……故勤即自由，自由赖勤而后完全也。"[1] 依赖他人意味着个体的自主性和自我实现能力受到限制。当个体依赖他人时，他们可能会受到其他人意见和决策的影响，这将进一步加剧个人的不自由感。而依赖性则是指个体对外界提供的援助和帮助产生了过度依赖，使其失去了自主和独立解决问题的能力，甚至失去了独立自主解决问题的意愿。反之，通过勤奋努力，个体可以获得自由。人们通过努力工作、学习和生活，逐渐摆脱自身的局限和对他人的依赖，培养并提升个体的能力和素质，获得更加积极和主动的生活状态。通过不懈努力，人们可以自主地选择生活方式，掌握更多的自主权

---

[1] 蔡元培：《蔡元培教育论集》，转引自《人生哲学宝库》，中国广播电视出版社1992年版，第212页。

和自我管理能力。这种自由并不是说没有任何束缚，而是指个体具有自己对自己的命运进行决策的权利与能力。

自由并非轻而易举就能获得，人只有通过劳动才能获得自由，才能自立于世界。马克思把劳动称为自我实现和真正的自由，也是这个道理。他说："劳动……就是自我实现，主体的物化，所以就是真正的自由，劳动就是自由的活动。"[1] 劳动可以被理解为人类自我实现的过程，同时也是人类意志和精神的物化。通过劳动，人们将自己的想象和意愿转化为现实，实现了对客观世界的改造和对自己的物质化。因此，只有在劳动的过程中，人们才能摆脱对他人的过度依赖，真正体验到自己对世界的自由改造和自我实现的过程。

在实现自由的道路上，勤奋是获得自由的关键所在。依靠勤奋，我们才能获得更多自主和独立的权利，获得更多的机会和选择，走向一个更加自由、自主的未来。

三、创造给人带来幸福

自古至今，人们对人生价值的追求是多种多样的，比如我们现在看到的许多青铜器、金银器等文物，古人通过上面的图像纹样和器物造型的寓意，表达对年年有余、厚禄千年、健康长寿、为官封侯的追求。[2] 总的来说，无论是对金钱、权利、友情、美食的追求，还是对外貌的追求等，归根结底无非是追求幸福而已。追求成功的时候会带给人一种满足感，这就是幸福的感觉。所以说，幸福是人生追求的终极目的。

终极目的就是最终的目的。这个"最终"，不是时间的概念，不是时

---

[1] ［德］马克思：《政治经济学批判大纲》第三册，人民出版社 1963 年版，第 249 页。
[2] 中国国家博物馆编：《中华文明——〈古代中国陈列〉文物精萃》，中国社会科学出版社 2010 年版，第 355 页。

间上的"最后",也不像宗教中所讲的死后如何如何。死后如何如何,没有人经历过,没有人体验过。这里讲的终极、最后,是逻辑上的最终,是目的终止的地方。就是说,获得幸福是人的追求的目的所终止的地方;追求幸福是贯穿于各个具体目的之中的那个根本性的目的。人若不是为了追求幸福,为什么要辛辛苦苦地忙碌呢?为什么要吃那么多的苦呢?吃苦就是为了获得幸福,幸福是用吃苦换来的。就像郭沫若在《女神》中所表达的那样:"啊啊!不断的毁坏,不断的创造,不断的努力呦!""我要学着你劳动,永久不停!"[1] 对待幸福同样也需要不断地努力,永久不停。生活中我们在遭受挫折、经历失败之后,往往能壮筋骨,炼意志,长才干。通过努力探索新的可能性,能够帮助人们不断得到新的创造和进步。

有人问:人为了追求幸福而吃苦,用吃苦换来幸福,这简直是苦与乐打了一个平手,似乎人也没有什么赚头。人如果无须吃苦就能获得快乐与幸福,那该多好啊!为了获得幸福而去吃苦,实际上是不赔不赚。与其不赔不赚,不如既不要幸福也不去吃苦,这不也行吗?一辈子不吃苦不也很好吗?可是幸福怎么可能无缘无故降临到一个人的头上呢?所谓的幸福感不也是通过不断地努力与追求才得到的吗?

人不想追求幸福是根本不可能的,追求幸福是人的天性。如奥古斯丁所说的那样:"人们抱有这个希望之前,先从哪里知道的呢?人们爱上幸福之前,先在哪里见过幸福?"[2] 人的欲望和追求是建立在对美好事物的向往和经验基础之上的。

追求幸福,是人的一种生而具有的本性,它是刻在人骨子里的东西。幸福可能是被爱人拥抱时的开心,可能是和老友久别重逢时的喜悦,可能是考上心仪的大学时的激动,可能是和家人一起团圆时的愉悦……总之,

---

[1] 郭沫若:《女神》,人民文学出版社1958年版,第39页。
[2] [古罗马]奥古斯丁:《忏悔录》,转引自《理想论——中外名人名篇荟萃》,上海人民出版社1987年版,第21页。

幸福是看不见摸不到的，但可以被人感受到，也可以被追求到。只有当人们有过幸福的直接体验后，才能明确自己对幸福的需求和期望，认识到幸福的重要性并愿意努力去追求它。可是，幸福虽然得到人的青睐，但也不会白白让人占有它。

如果人不吃苦、不付出就能获得幸福，那当然是一件非常美妙的事。这就如同不下本钱、不冒风险、不用担惊受怕就可以获利一样。只是世界上没有这样的好事。

幸福作为人生追求的终极目的，并不是一个能离开人的精神世界而独立存在于某个地方的东西。它既不是一种能与主体的活动相分离、单独存在的物质财富，也不像荣誉那样是客观社会的奖励，它是人的一种心理过程，它只存在于人的心中，是人的一种情感体验。平时人们在谈到幸不幸福时，总问"是否感到幸福"，或者问"你是否觉得幸福"，这个"感到""觉得"，指的都是人的一种心理状态，一种情感体验。

幸福是一种感到非常满足的心理状态，一种受到鼓舞、感到欢乐、兴奋的心理状态，令人回忆起来心中就有一种甜蜜的感受。它既是对生活的客观条件和人所处状态的一种事实判断，又是对于生活需要满足程度的挑战压力判断，是对当前生活状态产生的一种积极心理体验，也是人在心理上的感知物，即心理愉悦之心境。这种心理状态或者是由那些对主体肯定性的评价所引起的，或者是由对主体的能力、人格、利益的肯定所引起的，从根本上讲，是由主体长期努力获得的成功所引起的。成功使主体的心中产生一种有别于外界对自己的肯定带来的满足感。外界的肯定主要是肯定一个人对公共利益所作出的贡献。自我肯定是自己对自己在社会公众眼中的位置的肯定。这种肯定使人快乐、自豪，自己对自己的劳动成果、创造力的欣赏，掩饰不住的喜悦与泪水，都是体验到幸福感的表现。用卢梭的话来讲："满足感则是洋溢在眼睛、举止、声调和姿态中的，似乎可以传递给每一个目睹者的口里。"[①] 也就是说，满足感不仅是一种内在的情感体验，更是一种能够通过外在展现传递出去的情感体验。当人们感受到内心的满足时，这种幸福感会洋溢在他们外在的表情、举止和语言上，其他人可以通过目睹这些外在表现感受到他们的满足感。

一个人怎样才能产生这样的感受呢？是不是资源越多、越有钱，或越有名，人就越幸福？马斯洛的人类基本需要层次论指明，人有生理的需要、安全的需要、爱与归属的需要、尊敬与自尊的需要、自我实现的需要，人的每一层次需要的实现，都会给人带来幸福感，增强人的幸福感。美国经济学家保罗·萨缪尔森曾提出过一个幸福方程式：效用/欲望=幸福指数。当个体对某种行为或物品的满足程度（效用）与对其的渴望程度（欲望）达到平衡状态时（即效用/欲望=1），个体将会有最大的幸福感，萨缪尔森的幸福方程式强调了满足感与欲望之间的平衡关系对于个体幸福程度具有决定性的影响。当一个人能够适当降低对于"追求理想"的渴望，更加专注于享受当下时，他在实现自己的价值和目标的同时，也会有更大的幸福感。

持享乐主义观点的人认为，只要有足够的物质手段，能享受口腹或男女之乐，就能有这种心理体验，就能有幸福，这种看法的正确性是非常值得讨论的。人的肉体受到一些外物的刺激时会产生快感。比如说，美味的菜肴、醇香的美酒，可以使人的口腹得到享受；舒适的按摩可以使人的肌肤得到放松；男女之欢可以使人享受到极强烈的两性的愉悦。这都是一些肉体的快乐。对于人来说，肉体的快乐当然比肉体的痛苦招人喜爱。如果只有肉体的快乐，而没有精神上的满足，那是很难称得上幸福的。比如说那些吸食毒品的人，在吸食毒品时，其肉体上必然有一种快感，但这种快

[①] ［法］卢梭：《一个孤独的散步者的遐想》，转引自《世界著名思想家论人生》，中国国际广播出版社1992年版，第66页。

感能称得上幸福吗？他的精神世界、他的灵魂也如他的肉体一样快乐吗？把肉体快乐与幸福等同，是关于幸福问题的一大认识误区。

那么人们心灵中的幸福感究竟是从哪里来的呢？

古希腊哲学家认为劳动是奴隶承担的活动，幸福只能从参与公共政治活动中产生；基督教把劳动视为"报应""惩罚""强制"和"苦难"；亚当·斯密把劳动视为财富的源泉。马克思则进一步突破了这种被迫劳动、异化劳动的局限，他认为只有当"我的劳动是自由的生命表现"时，才是"生活的乐趣"，是"自由的生命表现"。也就是说，自由自觉的劳动才是幸福的最终来源。

按照马克思的观点，"整个所谓世界历史不外是人通过人的劳动而诞生的过程"[1]。以劳动作为中介与本质要素，人的幸福应建立在自觉劳动的基础上，即在对现实世界积极探索与创造中实现个人价值。通过劳动，人类不断按照自己的需求改造自然，使自然成为"人化的自然"；与此同时，人类也不断地通过对象化活动彰显自己的生命本质，实现个人和整个人类社会的自我改造。可以说，劳动是个人存在的积极实现，每个人都有权凭自己的劳动获得幸福。

因此，幸福感不是沉浸在虚无缥缈的幻想之中，而是建立在现实基础之上，是人用辛劳所换来的。人可以仰望星空，但必须脚踏实地。俗话说，苦尽甜来。劳动之辛苦、创造之艰苦、艰难之困苦、挫折之痛苦、孤独之愁苦、敬业之刻苦、用力之劳苦……没有这些艰辛，很难获得成就，也很难有对幸福的强烈体验。从辩证唯物主义的观点来看，幸福是主观性与客观性的统一，是物质生活与精神生活的统一，是享受与创造的统一。

俗话说"人生不如意十之八九"，对生活而言，苦与乐皆是它的真味。泰戈尔有诗曰："不经黑暗，无以通达光明。"唯有承受住生活里那

---

[1] ［德］马克思：《1844年经济学哲学手稿》，人民出版社2018年版，第89页。

些"负重",将绊倒你的大石头打造成一副专属于你的坚硬铠甲,才足以唤醒对平淡生活的珍惜。这样来看,有一些琐碎的苦恼,又何尝不是一种幸福?

卢梭在《爱弥儿》中说:"身体太舒服了,精神就会败坏。没有体会过痛苦的人,就不能理解人类爱的厚道和同情的温暖。"[①] 没有享福与过艰苦日子的比较,就感觉不到享福的可贵。物质生活的富裕使一些人意志消沉,人应有的创造的欲望被闲散、懒惰、不求上进这些负面的精神因素所腐蚀。这些人没有经历创业和成就事业的奋斗,他们本来具有的潜在的创造力没有得到发挥,因而没有体验过创造的喜悦,生活过于顺利、过于平淡,体验不到创造、奋斗、成功给人带来的满足感、幸福感。

歌德曾谈到聚敛财富的人是否有幸福感的问题,他说:"人们把那些孜孜不倦地聚敛财富的人当成傻瓜,其实是错误的;因为对于一个从不断的追求中体验到欢乐的人,创造本身就是一种幸福!他所创造的财富却没有意义。"[②] 如果财富只用于满足人自私自利的目的,那么它们就失去了意义和价值,人们应当将财富和创造能力用于更高尚和有意义的目的。

应该说,歌德的这个看法是有道理的。仅仅创造出财富虽然不能说完全没有意义,但其价值通常比聪明才智得到发挥、创造力得到实现的价值要小。简而言之,创造财富虽然可以满足社会经济发展的需要,让人们过上有经济基础支撑的富足物质生活,却并不一定会让人感到幸福。那些追求财富的人,可能并不是为了金钱本身,而是为了通过创造财富来获得幸福感和成就感。对他们来说,财富只是创造和实现目标的一种工具。一个人在不断追求目标的过程中,只有持续寻求新的挑战、改善当前的生活和

[①] [法]卢梭:《爱弥儿》,转引自《世界著名思想家论人生》,中国国际广播出版社1992年版,第70页。
[②] [德]歌德:《商人与律师》,转引自《世界著名思想家论人生》,中国国际广播出版社1992年版,第137页。

工作环境，才会获得更高的幸福感。

因此，幸福与创造是密不可分的，创造本身就是一种幸福，而有创造就有辛苦。想不经过辛苦就获得幸福，是一种幼稚的幻想。每一个人都应通过创造实现自己的幸福，实现自己的人生追求与人生价值。

（撰稿：王雅瑞、陈昇）

第十一讲
自卑与自信

　　一个人能否有成就，只看他是否具备自尊心和自信心两个条件。

　　　　　　　　　　　　　　　　　　　　——苏格拉底

　　一个人如果有了迅速的判断力和坚决的自信心，他的机会之多，远非那些犹豫不决、模棱两可的人可比拟。

　　　　　　　　　　　　　　　　　　　　——俾斯麦

一、正确认识自我不容易

　　青年要成长成才，就要对自我有一个清醒准确的认识，特别是对自己的弱点、缺点，以及自己身上妨碍成就事业的因素有哪些有一个清醒的认识。这就是平时人们常说的要有自知之明。人要真正做到有自知之明是很不容易的，因为人在本性上有肯定自己而不愿意否定自己的心理需要，有追求人生价值的需要。对自我的肯定是维护人的尊严，而遭受否定对人的尊严或多或少是一种损害。肯定与人的存在价值相联系，否定总是意味着某物的存在是不需要的、无价值的。肯定在心理上引起的是满足感、幸福感；否定引起的是一种失落和痛苦。

　　人有时也会对自己的弱点、缺点有感觉，要把这种感觉变成一种明确的理性认识，特别是要在大庭广众面前承认它，那是不容易的，没有足够的勇气是做不到的。柏拉图曾说："过分地爱自己事实上是人的一切过错的渊源。"[①] 这个"过分地爱自己"包括过高地估计自己的优点，而对自己的缺点估计不足。托尔斯泰说："一个人就好象是一个分数，他的实际才能好比

---

① ［古希腊］柏拉图：《法律篇》，转引自《人生哲学宝库》，中国广播电视出版社 1992 年版，第 202 页。

分子，而他对自己的估价好比分母。分母愈大，则分数的值愈小。"①

歌德也有类似的说法："如果一个人不过高地估计自己，他就会比他自己所估计的要高得多。"② 过高地估计自己一方面是过分自恋、过分自爱，有情感的因素在其中，另一方面也有更为复杂的其他因素。比如说，一般过高地估计自己的人往往是比较肤浅的人，知识不多，经历也非常简单。他不知道知识是永无止境的，不懂得世界上事情的复杂性，眼界狭隘。真正严肃的科学家不会吹牛，不会把自己的才能说得举世无双，而不学无术的人往往喜欢自吹自擂。

可以说越是自卑、越是没有自信心的人，就越是不敢正视自己的不足，越是缺乏自我认识的勇气。莎士比亚说："傻子自以为聪明，但聪明人知道他自己是个傻子。"③ 这种有趣的现象确实是存在的。

中国历史上有提倡自省的传统，提倡"反求诸己"。鲁迅也常常解剖自己，他在《答有恒先生》一文中说："我解剖自己并不比解剖别人留情面。"④

从认识论的角度看，认识自我是一种特殊的认识能力与认识欲望。这种特殊的认识能力与认识欲望是需要培养的。不经过培养，人就会既无认识自我的意识、愿望，也无认识自我的能力。只有经常进行自我反省的人，才能具有这种特殊的认识能力与认识欲望。

松下幸之助谈到自我反省的问题时说："唯有强烈自我反省的人，才能透彻地了解自己。换句话说，就是能把自己看得很清楚，我称之为'自我审察'。把自己的心从身体中分隔出来，再从外界仔细地审视。能做到这

---

① ［俄］托尔斯泰：《战争与和平》，转引自《人生哲学宝库》，中国广播电视出版社 1992 年版，第 204—205 页。
② ［德］歌德：《歌德的格言和感想集》，转引自《世界著名思想家论人生》，中国国际广播出版社 1992 年版，第 113 页。
③ ［英］莎士比亚：《皆大欢喜》，转引自《人生哲学宝库》，中国广播电视出版社 1992 年版，第 203 页。
④ 鲁迅：《答有恒先生》，转引自《中国著名文学家论人生》，中国国际广播出版社 1992 年版，第 16 页。

个地步的人,即可诚恳无私地了解自己。"① 松下幸之助所讲的这个"自我审察"的过程,就表明认识自我确实是一种特殊的认识能力。自己既是认识的主体,又是认识的对象。如果这个主体要站得高、看得准,就需要彻底超脱自我,像自己观察别人那样观察自我,不能带有其他想法。这是非常不容易的。

认识自我当然也不仅仅是认识自己的不足,还包括认识自己的长处,特别是能准确把握自己在性格、能力等方面的特点,知道自己适合做什么样的工作、适合承担什么样的责任、干得了什么事。没有一定的阅历、知识作基础,没有冷静的头脑,不能长期留心于这一方面,很难做到这一点。

不论从哪个方面讲,认识自我都不是一件易事。德国哲学家恩斯特·卡西尔著有《人论》一书,他在该书开篇第一句话便说:"认识自我乃是哲学探究的最高目标——这看来是众所公认的。在各种不同哲学流派之间的一切争论中,这个目标始终未被改变和动摇过:它已被证明是阿基米德点,是一切思潮的牢固而不可动摇的中心。"②

对于人生哲学、对于一个人的人生来说,认识自我也可以说是阿基米德点。

二、自卑是青年中常见的心理状态

不能正确认识自我的一种重要表现就是自卑,这在青年中是很普遍的。自卑是一种主观上认为"我不好""我不如别人"的感觉和认知。让人感到自卑的原因有很多种,常见的有长相、身高、胖瘦、穿着打扮、能力、成

---

① [日]松下幸之助:《经营者365金言》,转引自《人生哲学宝库》,中国广播电视出版社1992年版,第202页。
② [德]恩斯特·卡西尔:《人论》,甘阳译,上海译文出版社1985年版,第3页。

绩、学历、业绩、财富、家庭背景、身体健康等。毕竟，在这些方面都十分出色的人凤毛麟角。比如，因身体原因长期困于轮椅的作家史铁生深有感触地说："自卑，历来送给人间两样东西：爱的期盼，与怨愤的积累。"进一步来看，人的自卑感往往是在这些时候产生的：在某方面深深地感觉自己不如别人的时候；感觉自己一无是处、自我怀疑的时候；担心别人讨厌自己、嘲笑自己的时候；面对别人的嘲讽、批评和鄙视的时候；等等。那么，自卑心理是怎么形成的呢？心理学家认为，自卑形成的深层次原因可能包括：童年时被过度地忽视；过去的经历中挫折太多而成就太少；总被批评而很少被表扬；成长过程中缺乏关爱；等等。

其实，很多后来很成功的人，在青年时期也是颇为自卑的。新东方教育科技集团创始人、著名企业家俞敏洪回忆自己的大学生活时说："进了大学后，我发现同学都比我优秀，自己真是一穷二白。'穷'是经济上的，'白'是知识上的。经济上的穷不可怕，知识上的空白却让我陷入了极度的自卑。"但俞敏洪没有在自卑中沉沦，他说："好在我的自卑不是心胸狭隘，最后自卑反而成了我学习的动力。在北大读书的几年，尽管我从没谈过恋爱，但却追随了不少优秀人物，公开或偷偷地从他们身上汲取精华。"

在心理学家看来，自卑心理是有规律可循的。比如越自卑，越是不喜欢自己；越自卑，越敏感于别人是否喜欢自己。在青年中影响广泛的名著《平凡的世界》，在一开篇就描写了主人公孙少平敏感的内心世界："但是对孙少平来说，这些（艰苦的劳动）也许都还能忍受。他现在感到最痛苦的是由于贫困而给自尊心所带来的伤害。他已经17岁了，胸腔里跳动着一颗敏感而羞怯的心。他渴望穿一身体面的衣裳站在女同学的面前；他愿自己每天排在买饭的队伍里，也能和别人一样领一份乙菜，并且每顿饭能够搭配一个白馍或者黄馍。这不仅是为了嘴馋，而是为了活得尊严[1]。"由

---

[1] 路遥：《平凡的世界》，陕西人民出版社1993年版，第3页。

青年的选择

于这样的境遇，孙少平在自己人生道路、爱情、职业的选择上，都深深地打上了自卑的烙印。孙少平的不平凡之处在于，他并没有被困难和自卑击垮，而是在不断奋斗和抗争中走向了成熟。其他诸如马建强、高加林、孙少安等路遥笔下的青年人物形象，面对强大的世俗力量和来自城市的物质文明的压迫和诱惑时，都有一种挥之不去的自卑感，一种无法超越现实的无奈与苦涩。这种心态和境遇，更加衬托出他们走向自尊、自立、自强的难能可贵。

自卑心理对青年才能的发挥和解决困难的能力也会产生限制。因为越自卑，越不敢在公众场合表现自己，从而使自己失去很多机会。不少人面对前贤和权威时不敢有丝毫怀疑。比如在课堂上或讲座中听到老师讲错了，也不敢质疑。袁枚在《随园诗话》中说："人闲居时，不可一刻无古人；落笔时，不可一刻有古人。平居有古人，而学力方深；落笔无古人，而精神始出。"[1] 这是面对前贤与权威的正确态度。

人越自卑，越害怕失败，在面对问题时更难把握，从而更加容易失败。越自卑，越是无法主动寻求帮助，实际上很多在青年看来无法逾越的困难，在领导、父母那里只是小事一桩。

自卑心理会带来很多负面影响，比如让人身心俱疲，感到紧张或焦虑；带来弱小感，让人没有尝试的勇气，选择回避和退缩；让人心情低落，开心不起来。当别人触碰到自卑的点的时候，会感到极度的愤怒或羞耻。也有人认为自卑心理也有正面作用，比如让人看起来低调、谦虚和友好，以及不容易被人羡慕或嫉妒等，但这种正面作用，自信同样可以带来。

心理学家阿德勒认为，每个人都有自卑心理，自卑是人类社会发展的动力，因为弱小，所以我们发明创造。他以自卑为主题写了一本专著——《自卑

---

[1] 〔清〕袁枚：《随园诗话》，浙江古籍出版社2016年版，第243页。

与超越》，他在这本书里强调了一个人需要具有社会兴趣，而不是自我中心。他认为小时候有身体缺陷、被娇纵或被忽视的孩子，长大后容易形成错误的人生观，缺乏安全感。其中，有身体缺陷和小时候被忽视的孩子，长大后可能更容易自卑。被忽视的孩子，会在成长经历中形成一些诸如"我不好""我不惹人喜爱""没人在乎我"的认识。有身体缺陷的孩子在成长过程中更容易招致他人的嘲笑或异样的眼光。小时候经受过多的异样眼光，可能会形成消极的自我认识。

可见，自卑是一种主观上自我不良的感觉，自卑的背后是消极的、不客观的自我评价或信念，以及伴随自卑感而发动的行为。自卑更多的是一种消极的自我感受，但这仅仅是一种感觉，不代表事实上自己真的就不好，不代表事实上自己就不被他人接受和喜爱。

那怎样改变自卑呢？

目前，在心理咨询中常用的调节自卑心理的方法有精神分析疗法、认知行为疗法、来访者中心疗法、森田疗法等。在实际的咨询工作中，每种疗法的咨询方式可能存在差异，但它们的共同目标在于：让人增加自我觉察，扩大自我认识，更加客观地认识自己；在安全的、可接纳的咨询关系中，慢慢地接纳自我；在咨询关系中重新建立较好的自我感觉，增加更多的勇气，扩大人生体验。

不过，很多人是不愿意走进心理咨询室的，他们通常会采取自助式的方法来克服自卑。比如认真做好能够获得认可的事情，如提高工作能力，学乐器、健身、美容等；写日记，记录自己的积极面，而不是过度关注甚至放大自己的不足；分析自我优缺点，认识自己，然后接纳不能改变的，改变可以改变的；每天特意做一件有助于带来自我良好感觉的事情，从改变当下的感受开始；找到自己的非理性信念，抛弃完美主义要求；多听积极向上的音乐，锻炼身体，与乐观的人交往；等等。

美国心理学家艾利斯根据其临床经验，总结出社会中具有普遍意义的十种非理性信念：（一）自己绝对要获得周围的人，尤其是周围重要人物的喜爱和赞许；（二）要求自己是全能的，认为在人生中的每一个环节都有成就才能体现自己的人生价值；（三）世界上有许多无用的、可憎的、邪恶的坏人，对他们应该歧视和排斥，给予严厉的谴责和惩罚；（四）当生活中出现不如意的事情时，就有大难临头的感觉；（五）人生道路上充满艰难困苦，人的责任和压力太重，因此要设法逃避现实；（六）人的不愉快均由外在环境因素造成，因此人是无法克服痛苦和困扰的；（七）对危险和可怕的事情应高度警惕，时刻关注，随时准备迎接它们的发生；（八）一个人以往的经历决定了现在的行为，而且是永远无法改变的；（九）人是需要依赖他人而生活的，总希望有一个强有力的人让自己依附；（十）人生中的每一个问题，都要有一个精确的答案和完美的解决办法，一旦不能如此，就十分痛苦。艾利斯认为，这些非理性信念会造成人的心理问题，比如自卑。

　　自卑心理几乎人人都有，差异在于自卑程度和在意的点。世界上没有完美的人，人各有各的长处，各有各的不足。无论是长处还是不足，都是价值评判，只不过人类赋予了长处以积极情感，赋予了不足以消极情感。所以，当我们时常看到或过分关注不足的时候，自然开心不起来，久而久之，也就形成所谓的"自卑"了。

　　心理学家认为，改变自卑心理需要认知、情感和行为的一同改变，而不是仅仅改变其中的某个方面。"道理懂得多，生活依旧糟糕"，这种情况往往意味着，仅仅有了认识上的短暂"松动"，没有对应的情绪和行为上的变化。所以，在生活中，要做那些能够给你带来积极感受的事情，做那些可以带来自我价值感的事情，哪怕开始的时候需要体会到苦，坚持下去，久而久之，自卑感就会越来越小。把关注点从"怎么减少自卑感"转移到"此时此刻做什么可以带来自我价值感"上，当自我接纳了，自我价值感提高了，自卑将会烟消云散，人就能重新获得心灵自由。

三、自信是青年成功的助推器

　　自信是成功的秘诀之一。缺乏自信的人往往会失去很多机会。许多人失败，不是因为他们不能成功，而是因为他们不敢争取，或不敢不断争取。自信是实现目标的动力源泉。

　　古今中外的成功者，他们的成功都与自信密不可分。

　　伟大的科学家、相对论的发明者爱因斯坦，在他刚从大学毕业，尚未被世人认识之前，有3年时间找不到正式工作，但他并没有对自己丧失信心。他说："在我的一生中，只是由于一种信心，才使我在研究遭到困难时，没有感到灰心。"

　　伟大的女科学家、诺贝尔奖获得者居里夫人也十分强调自信心的作用。她说："我们应该有恒心，但尤其要有自信心，我们须相信，我们既然有做某种事情的天赋，那么无论如何都必须把这种事情做好。"

　　世界发明大王爱迪生，小时候虽被教师认为是"臭脑袋"的笨孩子，可是，她的妈妈不相信爱迪生笨，爱迪生也不承认自己笨。他不服气，决心做出个样子来让世人看看。结果，爱迪生成功了，他一生的发明专利竟达数千件之多。这就是信心给爱迪生带来的最大的报偿。

　　海伦·凯勒出生19个月后就因病变成聋哑孩子。但她坚定信心，经过艰辛的努力，成为一位闻名世界的教育家、作家。她的体会是："对于凌驾命运之神的人，信心是命运的主人。"

　　清朝文学家曹雪芹，如果对撰写《红楼梦》没有信心，就不会忍受贫穷、疾病的痛苦，"批阅十载，增删五次"，写出这部伟大的文学著作。

　　有人说，这些都是一些伟大的人物，我们怎能与他们相比呢？其实伟大人物都是从普通人成长起来的。伟大人物在没有做出辉煌的事业之前，都是普通人。例如，被评为2003年"中国十大杰出青年"的和志刚，11

岁时不幸失去双臂，但他凭着坚韧不拔的精神和超强的自信，刻苦求学，不仅在残运会上多次夺金，口书书法也独树一帜，曾获国际国内书法大奖。如今，和志刚靠自己在丽江开办的书斋，不仅养活了自己，还向社会慈善事业捐款。找和志刚求字的人络绎不绝，有人说，看和志刚写字，会觉得愧对自己的两只手；有人看他写字，还会不由得热泪盈眶。

下面我们讲一个有趣的故事。有一个人，他把全部财产投资在一种小型制造业上。由于战争爆发，他无法获得工厂所需的原料，因此只好宣告破产。金钱的丧失使他大为沮丧。于是，他离开了妻子儿女，成为一名流浪汉。他对这些损失无法忘怀，而且越想越难过，甚至想要跳湖自杀。一个偶然的机会，他看到了一本名为《自信心》的书。这本书给他带来勇气和希望，他决定找到这本书的作者，请作者帮助他再度站起来。

当他找到作者，说完他的遭遇后，那位作者对他说："我已经用心地听完了你所说的遭遇。我希望对你有所帮助，但事实上，我却不能帮助你。"他的脸立刻变得苍白。他低下头，喃喃地说道："这下子完蛋了。"作者停了几秒钟，然后说道："虽然我没有办法帮助你，但我可以介绍你去见一个人，他可以协助你东山再起。"听完这几句话，流浪汉立刻跳了起来，抓住作者的手，说道："看在老天爷的份上，请带我去见这个人。"

于是作者把他带到一面高大的镜子面前，用手指着镜子说："我介绍的就是这个人。在这个世界上，只有这个人能够使你东山再起。除非坐下来，彻底认识这个人，否则，你只有跳湖自杀了。因为在你对这个人作充分的认识之前，对于你自己或这个世界来说，你都将是个没有价值的废物。"

他朝着镜子向前走了几步，用手摸摸自己长满胡须的脸，对镜子里面的人从头到脚打量了几分钟，然后后退几步，低下头，开始哭泣。

几天后，作者在街上碰见了这个人，几乎认不出来了。他从头到脚打扮一新，步伐轻快有力，头抬得高高的。看来是很成功的样子。"那天，

第十一讲　自卑与自信

我对着镜子找到了我的自信。现在我找到了一份年薪丰厚的工作。我的老板先预支了一部分钱给我。我现在又走上成功之路了。"他还风趣地对作者说："我正要前去告诉你，将来有一天，我还要去拜访你一次。我将带一张支票，签好字，收款人是你，金额处是空白的，由你填上数字。因为你介绍我认识了自己，幸好你要我站在那面大镜子前，把真正的我指给我看。"

那人说完后，转身步入拥挤的人群。这时，作者发现：从来不曾发现"信心"价值的那些人的意识中，原来也隐藏着巨大的潜能。而且这些潜能通过自信心的增强，可以得到充分发挥。

这个故事告诉我们，自信心是一个人事业成功的重要因素之一，是一个人事业发展的动力源泉，只要一个人具有坚强的自信心，无论是年老者还是年轻人，无论是身体健康者还是身有缺陷者，无论是学业有成者还是学历较低者，无论是智商较高者还是智力低下者，都有可能成就一番非凡的事业。尤其对于青年而言，由于缺乏生活经验和阅历，情绪容易大起大落，一旦遇到挫折，往往一蹶不振，所以对于他们来说，自信心的作用就显得更重要了。

自信带来成功。对这个结论也许有人不信，认为自己缺乏应有的特长，即使充满自信也难以成功。事实上问题的关键，往往不是人缺乏应有的特长，而是缺乏自信。因为，你虽然没有歌唱家那样百灵鸟般的歌喉，没有白马王子那样英俊的体态，没有相声演员那样的伶牙俐齿……但你有你的特长，你有你的优势。所谓没有特长，是你没有找到；所谓没有优势，是你没有发现。你的特长、优势在哪里呢？可以通过深刻地自我分析来寻找。

找到了自己的特长，如果缺乏自信，事业也难以获得成功。任何一件事情、任何一项工作，特别是一项大的事业，都不是轻而易举能完成的，都不可能是一帆风顺的，前进道路是坎坷不平的，甚至是有很大风险的，可能遇上"地雷阵"，也可能碰到万丈深渊，如果不能义无反顾，勇往直前，事业就很难取得成功。要做到义无反顾，勇往直前，就得充满自信。

自信是实现目标的重要条件。有的人树立了目标，结果目标没有实现，而有的人的目标却实现了，这是为什么呢？其重要原因之一，是有无自信心的问题。

如果一个人树立了目标，对实现目标缺乏自信心，就难以形成强烈的目标意识。也就是说，目标不能进入潜意识，不能进入一个人的"自动导航系统"（习惯行为），人就始终在显意识的控制下行动。那么，这个目标是难以实现的。在显意识控制下的行为是带有强制性的，是需要外力的，过不了多长时间，你就会感到很累、很不自在，自然而然你就会放弃目标。

如果一个人树立了目标，并且充满了自信，那么，目标就会进入潜意识。一旦目标进入了潜意识，就会进入一个人的"自动导航系统"，也就是说，目标将成为一个人的自动行为。这时你的努力、奋斗、拼搏，对你来说就没有劳累、辛苦之感，这些都是一种习惯动作。既然成为习惯动作，也就能够持之以恒，坚持不懈，直到一个又一个目标实现。

有人可能会问，这是什么道理？为什么目标进入潜意识，就会变为自动行为呢？这就如同早上起床，如果习惯了六点半起床，到了六点半，生物钟就通知你该起床了。此时你觉得很正常，并没有不适之感。但如果突然让你六点钟起床，你虽然能做到，但会觉得很不舒服，若强制性稍加放松，你就又恢复到六点半起床了。为什么呢？因为六点半起床已进入你的潜意识，是你的习惯行为，已进入你的"自动导航系统"，此时起床就无不适之感。而六点起床是你的显意识起作用，带有强制性，如果强制力较弱，就容易恢复原状。这就是有的人树立了目标，而缺乏自信、难以坚持，使目标不能进入潜意识，最终放弃目标的主要原因之一。

自信对实现目标的另一个作用，是产生一种自我激励作用。一个人充满自信，他就会觉得稳操胜券，认为自己做得到，认为目标能够实现，认为自己的潜能会得到发挥，能干出一番非凡的业绩。

如果一个人缺乏自信，就会认为目标不能实现，他可能会停止奋斗，从而也关上了机会的大门。缺乏自信可能会使一个人的工作半途而废，进行的实验不了了之，放弃了计划，抛弃了目标，脚步向后退，热情被冻结，整个心被幽禁在黑暗的自以为安全的狭小空间中。

如果一个人充满自信，就如同吹起响亮的号角，会唤醒他的潜意识，带来一股巨大的力量，使他的人生目标一步步得到实现。

四、增强自信心的五个理念和八个方法

对于一个人来说，自信并不是天生就有的，而是后天形成的。也就是说，自信是一种后天养成的心理品质和心理习惯。这种品质和习惯是可以训练出来的。如何训练呢？首先要树立五个正确的理念。

第一，坚定实现目标的信念。大多数人即使确立了目标，由于并不衷心渴望达成，也就缺乏达成目标的自信心。一位哲学家曾经说过："一般人，往往认定自己办不到，凡事均不抱太大希望。"反过来说，因为不寄予希望，所以嘴上常挂"我做不到"。

在工作上追求快速成长而始终认真如一、朝着目标奋勇迈进的人，总是占少数的。大多数人往往只投入一半心力，并不积极地全力投入。拥有自信，全情投入——"这才是我唯一的工作"，这种全神贯注的信念是非常重要的，抱着半途而废的心理绝不可能产生自信。为了做到这一点，不妨试试花一天的时间全力沉浸在工作中。

人们常说："唯有专注于自己的工作，才会产生希望。"希望和自信原属同一根源。将自己沉浸在工作中，哪怕只有一天，你的心底也会油然而

生"只要切实去做，同样也做得到"的自信。仅仅一天而已，好像没有什么意义，然而这却可能是一个人生转折点。我们可以从很多人的经验中得到证实，度过充满自信而有希望的一天，就是迈向成功的第一步。

第二，发挥自己最大的优势。有大成就的人知道把精力放在自己最擅长的地方，他们找到一条道路，便循着这条道路前进。

当你将精神集中在能表现得最好的事情上时，会觉得自信心增强了。运动观察家一致认为，拳王阿里之所以能屡次击败他的对手，主要是因为他认为自己是最伟大的斗士，以致对方也认为他是最伟大的对手。

林肯本可以成为一个一流律师，但他选择做政治家。他认为自己能在历史上写下新的一章，因此决心以毕生的精力来完成这个使命。

闻名全球的盖洛普公司推出的《现在，发现你的优势》一书中指出，你天生能做一件事，不费劲，比其他人做得好，这就是你的优势。每个人都要发现自己的优势，然后将重心放在最大的优势上，便可增加自信，获得事业的成功。

第三，培养必胜的信念。列出一张自己已经取得成功的清单。当你想到自己已完成的事时，对能做的事会更有信心。只有失败者才会将注意力集中在自己的失败和缺点上。

麦克阿瑟在西点军校入学考试的前一晚紧张至极。他母亲开导他说："如果你不紧张，就会考取。你一定要相信自己，否则没人会相信你。要有自信，要自立。即使你没通过，但你知道自己已全力以赴了。"母亲的话让麦克阿瑟放下了心理负担，产生了巨大的自信心，他在这次考试中名列第一。

当你相信自己能做出最好的成绩时，会更加自信，这种自信也有助于你的表现。

第四，从失败中吸取教训。做事情难免会犯错，有些错误确实会造成严重的后果，所谓"一失足成千古恨，再回头已百年身"。然而，"失败乃成功之母"，没有失败，没有挫折，就无法成就伟大的事业。

第十一讲　自卑与自信

聪明的人会从失败中汲取教训，而愚蠢的人一再失败，很难从其中获得任何教训。"我在这儿已做了20年，"一位员工向老板抱怨他没有被提拔，"我比你提拔的那个人多了10年的经验。""不对，"老板说，"你只有一年的经验，你从所犯的错误中没学到任何教训，你仍在犯你第一年刚工作时犯的错误。"

好悲哀的故事！能从失败中获得教训，才能在以后的日子里树立更强的自信心，才能走向成功。

第五，坚决放弃逃避的念头。缺乏自信的人终日与恐惧为邻。而越是被恐惧的乌云所笼罩，对自我的肯定也就越少。

有一句至理名言："现实中的恐惧，远比不上想象中的恐惧那么可怕。"大多数人在碰到棘手的事情时，只会考虑到事物本身的困难程度，如此自然也就产生了恐惧感。而一旦实际着手时，就会发现实际情况可能比想象中要容易且顺利多了。

所以，分析恐惧本身就是克服恐惧的第一步。下面的几个问题请向自己发问，并切实回答：我所害怕的到底是什么东西？实际上又如何呢？我所害怕的东西真正存在吗？可能只不过是想象而已？难道我的内心理所当然应该充满这些恐惧感吗？

其实，一旦面对现实，你的心里往往会有"大不了如何如何"的准备。这种"大不了"的心理，正是你可以克服恐惧的最佳证明。所以，这些造成不安、恐惧的事情，说穿了并没有什么，若将其真面目分析得仔细一点，你会发现自己所畏惧的"幽灵"，原来不过是一株枯树的"树影"罢了。

青年人提升自己的自信心是可以锻炼的，下面介绍八个提升自信心的方法。

第一，充分准备法。自信的重要源泉之一，就是凡事要预先做好准备。古希腊时代，一个名叫戴蒙斯珊士的年轻人向一群古希腊的领袖演讲。步上讲台后，他的声音微弱又结巴，体态畏缩，思想混乱。他还没讲完，听众就把他轰下台去了。戴蒙斯珊士并不气馁，他总结演讲失败的教训，对自己发誓道："我绝不做没准备的演讲。"此后，他常常对着爱琴海演讲来训练声音；他在晃动的剑下练习演讲以训练勇气；他把小石子含在口中来消除口吃。又一次在集会中演讲时，他似乎变了一个人：声调铿锵，言辞犀利，态度平静，获得了如雷的掌声。

一个口吃、胆怯的年轻人如何获得演讲的成功？答案只有一个——准备。他克服了自卑和恐惧，把自己要做的事情准备到近乎完美的地步。

充分准备法也是使人从普通人走向卓越者的重要方法之一。准备充分，才会自信十足。这就是带来自信、战胜对手，使自己的身价快速上涨的最佳秘诀。

第二，前排就座法。我们会看到，几乎任何一场集会，总是后面的座位先坐满。我们姑且称之为"后排先满"现象。许多人愿意坐到后排，是因为自己不想引人注目。不想引起别人的注意，这多是缺乏自信的缘故。你要反其道而为之，坐到前面去。坐在前面能建立自信心。把它当作一个方法试试看，从现在开始就尽量往前坐。当然，坐前面会比较显眼，但要记住，有关成功的一切几乎都是显眼的。

第三，敢于正视法。在与别人接触时，不正视对方通常意味着：在他面前你感到很自卑，或者你怕他。躲避别人的眼神往往意味着：你做了亏心事或令人不愉快的事，或者是犯了错误。而正视对方等于告诉他：我很诚实，而且光明正大，敢作敢当。或者是向对方说明：你讲的我懂，你对于我不是居高临下的，我们是平等的，我对你并不存在什么恐惧心理，我有信心赢得你的敬重。

第四，昂首阔步法。心理学家研究发现，身体动作是心理活动的反应。那些遭受打击、被排斥的人，走路往往拖拖拉拉；那些情绪低落、伤感的人，走路往往无精打采；那些无所作为、无所事事，没有奋斗目标的人，走路往往是慢慢腾腾的。而那些事业心强、充满自信的人，内心认定自己是个重要的人物，扮演着一个重要的角色，他们走路的速度通常比较快，会分秒必争，似乎有极为重要的事情等待着自己去做，自信心也就由此而生。

所以，走路时，加快你的走路速度，并昂头挺胸，你的自信心就会得到增强。

第五，当众发言法。主动当众发言对于增强自信心十分重要。有些人总是在众人面前，特别是在一些会议上不敢发言，总认为："我的意见可能没有价值，如果说出来，别人会觉得我很愚蠢，我最好什么也不说。而且，其他人可能比我懂得多，我并不想让他们知道我是这么无知。"这样越不发言，就越不敢发言，自信心就越低，久而久之，就可能完全失去自信心。

在集体场合或在会议上，尽量争取发言机会，可以帮助你增强自信心。不论参加什么性质的会议，都要主动发言，无论是作评论还是提建议或提问题，都不例外。而且，不要最后发言，要做破冰船，做第一个打破沉默的人。如此坚持，你的自信心自然就会得到增强。

第六，默念谚语法。默念一些经过检验的谚语、名言、警句是可以增强自信心的。诸如"有志者事竟成""积少成多，聚沙成塔""天生我材必有用""黑暗中总有一线光明""说不行的人永远不会成功"，等等。当自信心不足时，就想一想类似的谚语、警句，并对其深信不疑，自信心就会得到增强。

第七，勿多自责法。人非圣贤，孰能无过。谁都不能避免犯错误。犯了错误后，重要的是如何"吃一堑，长一智"，而不是无休止地懊悔与自责。过分责备和惩罚自己，会使你惶恐不安，而且容易再次犯错。同时，会使你过多地看到自己的不足，忽视自己的优势，从而挫伤了自信心。

第八，积极理解法。事物往往都有两面性，看到它的消极面和看到它的积极面结果大不一样。总看到消极面容易使人沮丧，看到积极面则有利于我们提升信心。此外，积极理解可以使我们争取到许多支持和资源，从而增强信心，取得成功。

（撰稿：刘俊彦、陈昇）

第十二讲

顺境与逆境

　　人们自古以来，在这条路上行走着，然而，路确实是坎坷不平、逶迤曲折、无边无际的，它具有无数分支，充满着欢乐、痛苦、艰险，但那就是人生的道路。

——泰戈尔

人生有许多追求，人总是希望自己的一生能顺顺当当，生活美满、幸福，少受些磨难和挫折。但这样的人生是罕见的，几乎是不可能的。即使有人有幸遇到这种世上少有的好事，但是否真的幸福，也还是一个问题。

正如泰戈尔所说："世界之路并没有铺满鲜花，每一步都有荆棘。但是你必须走过那条荆棘的路，愉快，微笑！这是对人的考验，你必须把忧愁转变为有所得，把辛酸转变为甜蜜。"

每个人的心中，都有自己想走的一条人生之路，它被许许多多不受个人支配的力量所影响。

一、人生的自由与枷锁

在探讨人生之路为何不平坦之前，不妨看看卢梭在《社会契约论》中的一段话。他说："人是生而自由的，却无往不在枷锁之中。自以为是其他一切的主人的人，反而比其他一切更是奴隶。这种变化是怎样形成的？我不清楚。"[1] 卢梭是天赋人权理论的提出者之一。他认为人是生而自由的，

---

[1] ［法］卢梭：《社会契约论》，何兆武译，商务印书馆 2005 年版，第 4 页。

这是上天赋予人的权利，神圣不可侵犯。可是，为什么上天赋予人享受自由的权利，实际上人却不怎么能享有自由呢？卢梭在书中并未向人们解释清楚。

人生无坦途，人生并非完全自由。人有自由，但不是事事都自由、时时都自由。歌德在自传《诗与真》中用不同的语言表达了与卢梭同样的看法。他说："我们个人的生涯与我们所在的宇宙同样，是以一种不可思议的方式由自由和必然的折衷构成的。"① 所谓个人的生涯是由自由和必然的折衷构成的，就是没有完全的自由，但也不是完全没有自由；在必然的世界中可以找到通向自由的道路，在自由中又不可能完全摆脱必然。他在《威廉·麦斯特的学习时代》中说："如果那些人，通过自己的或是通过别人的引导找到了正确的道路，这就是适合于他们天性的道路，他们摆脱了外加的枷锁，而献身于绝对的自由。"②

蒙田也谈到过这个问题。他在《随笔集》中说："生命是一项不尽平衡的，没有规则的，变幻莫测的运动。""生命是一项有形的肉体运动，一种其本身特有的实体活动，这活动既不完整，也不规则；我依循生命本身来对待它，将这作为我的职责。"③ "不尽平衡""没有规则""变幻莫测"这些描述，都是说人生不是那么好把握。不好把握就是不大自由，不能完全合于自己的意志。

这个问题可以说是自古以来人们就在探讨的问题。中国历史上出现的儒家、道家、释家在如何选择人生道路问题上有三种不同的主张。

儒家代表孔子的学说主张人要知天命，知天命才能与天沟通；了解了天命，人才能有自由。孔子在老年之后，对自己的一生有一个总结，他说：

---

① ［德］歌德：《歌德自传——诗与真》，转引自《世界著名思想家论人生》，中国国际广播出版社1992年版，第105页。
② ［德］歌德：《威廉·麦斯特的学习时代》，转引自《世界著名思想家论人生》，中国国际广播出版社1992年版，第139—140页。
③ ［法］蒙田：《随笔集》，转引自《世界著名思想家论人生》，中国国际广播出版社1992年版，第259页。

"吾十有五而志于学，三十而立，四十而不惑，五十而知天命，六十而耳顺，七十而从心所欲不逾矩。"[1] 这实际上是孔子对自己的人生道路、对自己在人生问题上由必然向自由过渡的几个阶段的概括——15 岁时，有了认真学习做人的自觉意识，立了志向；30 岁时，在社会上基本立住了脚；40 岁时，对人生的各种问题不糊涂了；50 岁时，认识了上天赋予自己的命运；60 岁时，不论好话坏话自己都能听得进去；70 岁时，自己的行为既能随心所欲又没有违背社会准则。这个"从心所欲不逾矩"就是既有自由，又守规矩，不是绝对自由。

托尔斯泰在《战争与和平》一书中说："每一事件都表现为一部分是自由的，一部分是强制的。"[2] 人生的很多事情都是这样的，主体都想自由，但在客观上总有一些障碍，甚至自己的一些毛病、差错，都会影响自己目标的实现。最终的目标是经过磕磕绊绊、一改再改才实现的。

二、生于忧患，死于安乐

由于生而自由的人无一不在"枷锁"之中，所以人生的道路坎坎坷坷、曲曲折折。甚至有时会使人感到人生的道路越走越窄，似乎没有出路。在改革开放之初，曾引发过一场关于人生道路问题的大讨论。[3] 一些青年大声疾呼："人生的路啊，为什么越走越窄？"那么具体地说，人生的"枷锁"包含什么内容呢？大致是由哪些因素构成的呢？是谁在奴役人？是否可以把它们打碎，把人解放出来？

---

[1] 〔春秋〕孔子：《论语·为政》。
[2] ［俄］托尔斯泰：《战争与和平》，转引自《人生哲学宝库》，中国广播电视出版社 1992 年版，第 1193 页。
[3] 1980 年《中国青年》杂志在第 5 期发表了署名"潘晓"的一封来信，题为《人生的路啊，怎么越走越窄……》，由此引发了一场全国性的大讨论，持续数月，参与的人不计其数。

其实，奴役人的不是别的什么东西，主要是人的本性。①

人的本性中包含多方面的因素，首先就是孟子讲的"生于忧患而死于安乐"。从字面上讲就是：忧愁患难使人生存，安逸快乐使人死亡。孟子在讲这个道理时还举了几个人的事例：一个是舜，即尧的继承人，氏族首领；一个是傅说，殷朝武丁时期的宰相；一个是管仲，齐国宰相；一个是孙叔敖，楚国宰相；还有一个是百里奚，秦国宰相。这几个人的经历中，都有一段是处于艰难困苦之中的。舜起初是耕地的人，傅说是打墙的人，管仲是从监牢里放出来的人，孙叔敖是生活在海边的普通人，百里奚是跑买卖的人。这些人都吃过苦、受过罪，遭受过生活的磨炼。

孟子在介绍了这几个人的经历之后说："故天将降大任于斯人也，必先苦其心志，劳其筋骨，饿其体肤，空乏其身，行拂乱其所为，所以动心忍性，曾益其所不能。"② 概括起来说，就是忧愁患难可以使人的身心得到锻炼，能激发人的生命力，使人增长能力，使人的素质得到全面的提高。也就是说，忧愁患难，这些使人一想起来就感到糟心的事，并非只有不好的一面，对于人的一生来说，还是非常必要的。

忧患是人生中一个具有必然性的东西。人生遭受一些曲折艰难是一种正常的现象，没有沟沟坎坎才是不正常的。

西方人对此也有着很清醒的认识。巴尔扎克说："当一个人尝尽了生活的苦头，懂得了什么叫做生活的时候，他的神经就坚强起来……"③ 雨果在《悲惨世界》中也说："苦难，经常是后娘，有时却也是慈母；困苦能孕育灵魂和精神的力量；灾难是傲骨的奶娘；祸患是豪杰的好乳汁。"④ 巴尔扎克和雨果所说的"苦头""苦难""灾难""祸患"等，全是人们所讨厌

---

① 此"本性"指本书所讲的人的存在的矛盾性诸内容。
② 〔战国〕孟子：《孟子·告子下》。
③ ［法］巴尔扎克：《高利贷者》，转引自《世界文豪妙语精选》上，青海人民出版社1994年版，第128页。
④ ［法］雨果：《悲惨世界》，转引自《世界文豪妙语精选》上，青海人民出版社1994年版，第129页。

东西，没有人把它们当成追求的对象。在人的一生中，在不同程度上，这些经历是难以避免的，遇上这些，虽然会使人受一些苦，但并非一定会倒霉，它们会从另一个方向给人生以力量。

在一个人的人生旅途中，如果从来也没有经历过什么磨炼，那反而是一件不好的事情，它会使一个人总也长不大。遇到稍难一点的事情，就会毫无主见和办法，没有战胜艰难困苦的勇气与本领，会被生活压得直不起腰。

忧愁、坎坷是人生所需要的特殊养料，缺少了这种养料，就如同人的身体在发育过程中缺少了钙一样。古希腊的希罗多德在《历史》一书中说："我多少总希望我自己和我的朋友既有成功的事情，又有失意的事情，我宁愿有一个成功盛衰相交错的生涯，而不愿有一个万事一帆风顺的生涯。根据我们全部意见来看，我知道没有一个万事一帆风顺的人，他的结尾不是很悲惨，而且是弄得一败涂地的。"[①] 像希罗多德这样对人生道路有这般认识的人，实在太少了。

三、人生不会一帆风顺

人生是一种特殊的认识与实践活动，是需要认识、需要在人生旅途上不断总结经验的。

人生认识与实践的内容，就是如何度过一生。比如人生应当追求什么，如何将追求付诸实际行动，如何使主观追求的理想得以实现。而由主观愿望变为客观现实的过程存在以下问题：其一，主观愿望、自己确立的理想是否有客观的根据？目标确立得是否正确，或者说是否恰当？其二，由理

---

① ［古希腊］希罗多德：《历史》，转引自《人生哲学宝库》，中国广播电视出版社1992年版，第1190页。

想转化为现实的客观条件是否具备？其三，实现这一转变的方法、途径是否得当？如果在这些方面都不存在问题，主观愿望、个人的追求目标才可能实现。

在世界上，只要是稍微复杂一点的认识与实践活动，就很少有非常顺利的。科学研究、发明创造之所以总要做试验，是因为问题太复杂，一下子把握不住。

人类社会生活中的问题比自然中的问题更复杂，认识与把握起来更加困难。比如说，对中国的社会主义事业到底应当怎样搞，我们经过了几十年的艰辛探索，才找到了中国特色社会主义道路。从全世界范围看，人类走向社会主义、走向共产主义的道路就更曲折了。

人生作为一种特殊的社会实践活动，其复杂程度可以说是独一无二的。人既不是纯自然的也不是纯社会的，既有肉体又有灵魂，既有情感又有理智，既是一种独立的个体又隶属于特定的群体，交织在人身上的矛盾太多了，影响人生的因素也太多了。人生活在世界上，可以说没有一样事情不与人生问题有关系。人生的实践可以说是一个全方位的实践，即社会生活中的各种事情没有不需要去应对的。如泰戈尔所说："生活本身就是五花八门的矛盾集合——有自然的也有人为的，有想象的也有现实的。"[1]高尔基也说，"人们在生活的道路上如同盲人瞎马，互相常见的只是磨擦、碰撞"[2]。

人生之复杂是不以人的意志为转移的，人作为多种社会关系的总和，作为多种矛盾的焦点，在多方面因素的相互作用中追逐个人的人生目标。在这种情况下，要想十分顺利地实现自己的人生目标，几乎是不

---

[1] ［印］泰戈尔：《胜与败》，转引自《世界文豪妙语精选》上，青海人民出版社1994年版，第132—133页。
[2] ［苏］高尔基：《忏悔》，转引自《世界文豪妙语精选》上，青海人民出版社1994年版，第125页。

可能的。在人生的某一阶段比较顺利是可能的，整个人生过程都很顺利是几乎不可能的。也就是说，人总是在一些阶段处于顺境，在一些阶段处于逆境。

人生之所以复杂、不好把握，还有一个重要原因，那就是人生是一个过程，人总处于变化之中。歌德对人生各阶段的特点有很深刻的分析，他说："人生每一阶段都有某种与之相应的哲学。儿童是现实主义者：他对梨和苹果的存在深信不疑，正像他对自己的存在深信不疑一样。青年人处于内在激情的风暴之中，不得不把目光转向内心，于是预感到他会成为什么样的人：他变成了理想主义者。成年人有一切理由成为怀疑主义者：他完全应当怀疑他所选择的用来达到目的的手段是否正确。他在行动之前和行动当中，有一切理由使他的理智总是不停地活动，免得后来为一项错误的选择而懊丧不已。但当他老了，他就会承认自己是个神秘主义者：他看到许多东西似乎都是由偶然的机遇决定的；愚蠢会成功而智慧会失败；好运和厄运都出乎意外地落个同样的下场；现在是如此，而且从来就是如此，以致老年人对现在、过去和未来所存在的事物总是给以默然承认。"[①]

莎士比亚对人生在不同阶段的特征也有分析，他说："一个人的一生中扮演着好几个角色。他的表演可以分为七个时期。最初是婴孩，在保姆的怀中啼哭呕吐。然后是背着书包、满脸红光的学童，像蜗牛一样慢腾腾地拖着脚步，不情愿地呜咽上学堂。然后是情人，像炉灶一样叹着气，写了一首悲哀的诗歌咏着他恋人的眉毛。然后是一个军人，满口发着古怪的誓，胡须长得像豹子一样。爱惜着名誉，动不动就要打架，在炮口上寻求着泡沫一样的荣名。然后是法官，胖胖圆圆的肚子塞满了阉鸡，凛然的眼光，整洁的胡须，满嘴都是格言和老生常谈；他这样扮了他的一个角色。第六

[①] ［德］歌德：《歌德的格言和感想集》，转引自《世界著名思想家论人生》，中国国际广播出版社1992年版，第105页。

个时期变成了精瘦的趿着拖鞋的龙钟老叟,鼻子上架着眼镜,腰边悬着钱袋;他那年轻时候节省下来的长袜子套在他皱瘪的小腿上显得宽大异常;他那朗朗的男子口音又变成了孩子似的尖声,像是吹着风笛和哨子。终结这段古怪的多事的历史的最后一场,是孩提时代的再现,全然的遗忘,没有牙齿,没有眼睛,没有口味,没有一切。"①

歌德对人生不同阶段的内心特征描述较多,莎士比亚对人生不同阶段的外部特征与行为特征描述较多,他们都告诉我们,人的一生都在变化之中。在不同的阶段,不仅身体特征不同,而且内心的情感意志、精神状态、思想方法、关注的问题、人生态度、人生感悟都不相同,其社会地位、职责使命、能力的大小也是不同的。每一个阶段只有限的几年,很多人对自己的角色、职责、任务尚未完全弄清楚,如何对待这一段人生还没有弄明白,这段人生就已经过去了。加上几十年中,社会、世界也在飞速地变化,人在把握自己和社会的关系时,也感到十分困难。在人生的道路上,很多时候是在被客观的形势推着往前走,尚未认真体会,还没想出如何度过人生的办法,时间已经过了,大有稀里糊涂过了一辈子的感觉。所以出现一些问题,走了一些弯路,怎么能完全避免呢?

帕斯卡尔认为,"人不外是一个充满着错误的主体"。②应该说,帕斯卡尔的这个看法不无道理。不是说人这个主体全是错误,但也经常有一些大大小小的差错,这些差错给人生掀起一些大大小小的波澜。

歌德说:"人生道路上的奥秘,不会而且也无法被揭示出来。在罪孽的岩石上每一个旅行者都不免要摔跤子。"③他所说的"罪孽的岩石"即人生,按照西方流行的教义理解,人生下来就是有罪的。所谓"每一个旅行者都

---

① [英]莎士比亚:《皆大欢喜》,转引自《世界文豪妙语精选》上,青海人民出版社1994年版,第120—121页。
② [法]帕斯卡尔:《思想录》,转引自《世界著名思想家论人生》,中国国际广播出版社1992年版,第180页。
③ [德]歌德:《歌德的格言和感想集》,转引自《世界著名思想家论人生》,中国国际广播出版社1992年版,第125页。

不免要摔跤",就是说在人生的道路上,每个人都会出现一些差错,都会有艰难曲折。

关于如何应对人生困境的问题,梁启超有一段精辟论述,他说:"人之生也,与忧患俱来,苟不尔,则从古圣哲,可以不出世矣。种种烦恼,皆为我练心之助;种种危险,皆为我练胆之助;随处皆我之学校也。我正患无就学之地,而时时有此天造地设之学堂以饷之,不亦幸乎!我辈遇烦恼、遇危险时,作如是观,未有不洒然自得者。"

人生无坦途,并非人生总是处于困境,只是从整个人生看,道路是曲曲折折、起起伏伏的,不可能是完全笔直而平坦的。但具体地看,人生有些阶段道路是平坦、顺畅的。所以对人生道路的正确态度,应当是在承认整个人生道路不平坦的前提下,承认困境与坦途是相互交替出现的。这就提出了一个如何认识、对待穷困与发达、逆境与顺境的问题。

四、穷不失义,达不离道

穷与达是人生的两种境遇。这里所说的"穷",指的是生活无着落,追求无出路、无前途,人生似乎走进了死胡同,即所谓的到了穷途末路。这里说的"达",指的是人生之路很通畅,特别是有了能贯彻自己主张、意志的社会地位。

穷与逆,达与顺,有相同之处,穷是逆境中的一种,达是顺境中的一种,所以穷与达的关系,可以说就是逆与顺的关系。

仔细推敲起来,穷与达同逆与顺各自所关注的问题还是有些区别的。逆与顺这个问题,关注的主要是在身处逆境或身处顺境时,人应当如何对待生活,如何看待人与环境的关系。其主要目的是"胜逆以达顺",或者是能更好地顺处其境,既见其吉又见其凶,不至于没有退路。穷与达这个问题,所关注的主要是一个人在困苦之时或在通达得志之时,人应当如何对待道义的问题。

孔子带着学生周游列国,走到陈国时,粮食吃完了,大家都挨着饿,持续了七天,有的人已经饿得起不来了。孔子有个学生叫子路,对这件事非常不满,他就问孔子:"君子亦有穷乎?"孔子回答说:"君子固穷,小人穷斯滥矣。"[1] 意思是说君子虽然也有穷得没有办法的时候,但是他们在这个时候心中也有所坚持,不会胡来;小人在穷困之时,就会无所不为了。

君子在穷困之时所坚持的是什么?是道义。关于这个问题,孟子讲得最清楚。孟子与一个名叫宋勾践的人讨论:一个人如何能总是自得其乐,对人生抱有一个乐观的态度?宋勾践问孟子,一个人怎样才能具有这样的态度呢?孟子回答说:"尊德乐义,则可以嚣嚣矣。故士穷不失义,达不离道。穷不失义,故士得己焉;达不离道,故民不失望焉。古之人,得志,泽加于民;不得志,修身见于世。穷则独善其身,达则兼善天下。"[2] 意思是说:一个人只要崇尚道德,执着地追求道义,就可以对生活抱乐观的态度。所以,那些有识之士在不顺利的时候,也不放弃义;在通达得志之时,也不放弃道。不顺利的时候不放弃义,所以士人能保持自己的操守;通达的时候不放弃道,所以老百姓对他不失望。古代的人,得志之时把好处普施于百姓;在不得志的时候修养个人的品德,以此表现于世人。这就是穷困之时便独善其身,得志通达之时便兼善天下。

人的一生可能遇到不顺,也可能遇到通达的机会,这是两种截然相反的状况。这两种状况向人们提出了两个问题:其一,人生如果出现困境,走投无路,或者突然显达,那么平时所追求的道义是否还要坚持?其二,

---

[1] 〔春秋〕孔子:《论语·卫灵公》。
[2] 〔战国〕孟子:《孟子·尽心上》。

在较为特殊的情况下，人遵循什么原则来生存，有无超越具体的环境、把个人从困境或逆境中解脱出来的办法？这两个问题实际上是一个问题，即人在一些特殊情况下，在特殊环境中，还要不要保持自己的精神追求？信念、气节、道德、人格、正义、真理，这些精神性的追求还要不要坚持？这确实也是人生道路上的一个难题。

前文孔孟所说的，就是告诉人们，每个人都应当有坚定的信仰，有操守，这个信仰和操守在任何情况下都不应放弃，它们是高于个人的利害得失的。孔孟的思想在中国历史上一直是对待穷与达问题的主导思想。

孔孟所讲的信仰、道义与我们今天所讲的信仰、道义在内容上是大不相同的，但作为一种人生态度，作为在艰难困苦的环境中或在人生得意时都不可背弃的信念，不可背叛正义与真理、不可改变自己的节操的道理是相通的。即使在西方也是这样，如帕斯卡尔所说的："除了真诚地追求真理而外，没有什么能使人安心。"[1] 贝多芬也说："在困厄颠沛的时候能坚定不移，这就是一个真正令人钦佩的人的不凡之处。"[2]

可以说不论在西方还是在东方，那些在困厄之时或是在显达的位置上为真理、正义，为坚持自己的节操、信仰而献身的人，都是令人敬佩的。他们为坚持真理、正义、信仰而奋斗、献身的精神，成为启迪后人的宝贵财富。

五、战胜逆境，把握顺境

顺境与逆境是人的一生中常常遇到的两种境遇。顺境是生存的环境为

---

[1] ［法］帕斯卡尔：《思想录》，转引自《世界著名思想家论人生》，中国国际广播出版社1992年版，第179页。
[2] ［德］贝多芬：《贝多芬语录》，转引自《人生哲学宝库》，中国广播电视出版社1992年版，第1155页。

自己实现理想、实现追求提供了很好的条件,自己运气很好、各种愿望实现得很顺利,甚至有些事情自己没有费什么力气,也都如愿以偿了。

在逆境中,运气很不好,有点倒霉。自己出了很大的力,愿望却难以实现。或者自己也没有做什么错事,没有惹别人,可是阴差阳错,一些灾难落到了自己的头上。

人处顺境时,心情是舒畅的,精神是欢乐而自由的。他不必为什么事情忧愁,感到十分幸福、满足。人处逆境时,精神总是处于紧张与压抑之中,客观上有无形的压力,事情不顺,心中烦恼忧愁不断,生活变得越来越没有乐趣。

顺境与逆境对于人生的作用并非只有上述两种。这两种作用只能视为顺境与逆境通常给人所带来的直接结果。顺境在本质上就是环境随顺了人的愿望,逆境就是环境与人的愿望相违背。顺境带给人的是安乐,逆境带给人的是忧患。可是如果用孟子"生于忧患而死于安乐"的道理来分析,那么人们对顺境与逆境在人生中的作用,应当看得长远一点,不可停留在眼前,也不可停留在表面。

魏源曾谈到,古代圣贤常常是逆着心性做事,而不是顺着心性做事。之所以如此,实际上就是自己给自己创造一个逆境。为什么要这样?魏源说:"逆则生,顺则夭矣;逆则圣,顺则狂矣。草木不霜雪,则生意不固;人不忧患,则智慧不成。"[1]"生"是生存,有生气;"夭"是早死,死气沉沉;"圣"是圣明,有智慧;"狂"是放纵,肆意妄为。就是说顺境给人带来的不全是好处,也有一些有害于人的身心的作用;逆境给人带来的也不全是祸患,也有一些有利于人的身心的作用。

洪应明在《菜根谭》中说:"居逆境中,周身皆针砭药石,砥节砺行而

---

[1] 《魏源集》上册,中华书局 1976 年版,第 39 页。

不觉；处顺境内，面前尽兵刃戈矛，销膏糜骨而不知。"① 所谓"周身皆针砭药石"，是说逆境如同给人治病的药品与医疗器械作用于人；所谓"面前尽兵刃戈矛"，是说顺境如同在人面前设置了一道保卫人的防线，使人感到安全，丧失警惕。

逆境还有促使人深刻认识自己的作用。刘禹锡有诗曰："人生不失意，焉能暴己知？"②

对于顺境、逆境给予人生的这些复杂作用的看法，都是着眼于事物的一种辩证本性。这样就不能把顺境、逆境以及它们给予人的作用看成一个死的、永远不会变化的东西了。

拜伦在讲到逆境对人生有益的作用时说："逆境是达到真理的一条通路。"③

此话说得十分深刻。身处顺境时，人在得意之中，思想浮躁，各方面都如愿以偿，遇不到问题，不会从反面去看问题，没有发现问题的契机，因而思想懒惰，更谈不上深刻。一旦身处逆境，许多事情在自己身上就会发生截然不同的变化，自己身份变了，观察问题的角度也就随之发生变化，了解到的情况与过去不同了，得出的结论也就不同了。这可能使人抛开自己的得失，比较客观地认识问题。

身处顺境的人容易得意。有些得意之人说话办事不仅不沉稳，而且盛气凌人，大有老子天下第一的架势。这就是魏源所说的"顺则狂"。在现实生活中，这样的例子不胜枚举。恒大集团董事会主席许家印就是一个典型的例子。许家印曾经是一位成功的企业家，恒大集团也曾经创造了地产界的辉煌业绩。然而，有些成绩之后，许家印在顺境中飘飘然了，以为自己无所不能，

---

① 〔明〕洪应明：《菜根谭》，毛毳、宗君注译，中州古籍出版社1991年版，第157页。
② 〔宋〕刘禹锡：《刘禹锡集·杂兴三十一首》，转引自《人生哲学宝库》，中国广播电视出版社1992年版，第1143页。
③ 〔英〕拜伦：《火与剑》，转引自《人生哲学宝库》，中国广播电视出版社1992年版，第1196页。

盲目扩张、为所欲为，投资了足球、矿泉水、汽车等自己并不熟悉的领域；对于主责主业房地产也没有根据政策形式等的变化而调整布局，一直高歌猛进，结果深陷泥潭；日常工作、生活中极尽奢华，给高管开极高的薪酬，喜欢形式主义，甚至花钱养一个恒大民族歌舞团。结果，恒大集团给国家、社会和消费者带来巨大的损失，许家印也于2023年9月锒铛入狱。

对于人生来说，环境的顺逆是有可能发生变化的。这种变化有两种：其一，制约小环境的大环境发生变化。如"文化大革命"后对冤假错案的纠正工作，使那些戴着右派帽子、身处逆境的人得到解放。其二，通过主体的变化使生存环境发生变化。顺境与逆境对人"逆则圣，顺则狂"的复杂作用，是第二种情况出现的内在根据。张岱年在谈到这一问题时说："顺境之转为逆，逆境之转为顺，在于处之之道。戒慎以处逆境，则可达于顺。放逸以处顺境，则将陷于逆。"[1]"戒慎"即做事、说话要谨慎，要有忍耐的精神。身处逆境不谨慎、不忍耐，就会招致更大祸患，谨慎、忍耐，等待时机，才能转逆为顺。"放逸"就是张狂，张狂就会做出格的事，最终是自己给自己套上枷锁。

培根说："幸运所需要的美德是节制，而厄运所需要的美德是坚忍；后者比前者更为难能可贵。"[2]培根的这两句话乃是真理。身处顺境是一种幸运。幸运而不知此是幸运、不知是偶然之得，不节制、不约束自己的言论、行为，必然招致祸患；身处逆境而没有意志力，不能忍耐，不能在寂寞中奋发有为，则不能转逆为顺。

身处逆境，摆在眼前的路无非两条：一条是对生活失去信心，悲观失望、意志消沉，久而久之，流于颓废；一条是虽然身处逆境，但有坚强意志力，有自信心，不向生活中不顺心的事低头，坚信有美好的未来。如泰

---

[1] 张岱年：《真与善的探索》，齐鲁书社1988年版，第216页。
[2] ［英］培根：《培根论人生》，何新译，上海人民出版社1983年版，第31页。

戈尔说:"决不能因为一件伤心失望的事,就从此摒弃生活中一切有价值的东西。"[①] 这就需要有超越苦难、战胜逆境的信心、耐心和勇气,要对逆境抱一种超然的态度。罗素认为这种态度是创造精神。他说:"生活中有了这种精神——意在创造而非索取的精神,那么就会有一种根本的快乐,即不会被逆境所完全掠夺的快乐。"[②]

罗素认为,这种生活方式会把人从恐惧的压抑中解放出来,人们生活中最宝贵的东西是不受来自外部的强制力量压制的。

罗素讲的这一番道理是对的。这种不会被逆境所完全掠夺的快乐,就是超越个人的生活、生命的东西,它就是伟大的事业。如罗曼·罗兰所说:"必须不问欢乐与痛苦都能够欢欣鼓舞的,才是真正伟大。"[③] 只有超越了逆境带给个人的痛苦,才能彻底扫除逆境笼罩在生活中的阴影。

这种境界,一般人很难达到,但是可以朝着这个方向努力。对于一般人来说,梁启超说的利用逆境锻炼自己的办法是可以做到的。这就是要改变一种思维方式,看到事物的另一方面,看到逆境可能给人带来的益处。因为逆境的存在是不以我们的主观好恶为转移的,在不能一下子把它推翻的情况下,就必须承认它的存在,然后在这种不利的情况下,争取有利的前途,利用这种特殊的生存环境锻炼自己的生存能力。

梁启超说的"种种烦恼,皆为我练心之助;种种危险,皆为我练胆之助;……"概括起来说,可以叫作"彼以逆来,我以顺观"。这是一种生存的艺术。人们在没有能力改变个人生存的逆境时,这种心态是必要的。实际上,这就是有了一个能超越逆境的更高的价值目标,使自己的精神从逆境中解脱出来。这个更高的价值目标,包括重视逆境对人的生存本领的

[①] [印]泰戈尔:《沉船》,转引自《世界文豪妙语精选》下,青海人民出版社1994年版,第266页。
[②] [英]罗素:《真与爱》,生活·读书·新知三联书店1988年版,第256页。
[③] [法]罗曼·罗兰:《约翰·克利斯朵夫》,转引自《世界文豪妙语精选》下,青海人民出版社1994年版,第263页。

磨炼。

　　对于身处顺境的人来说，确实如培根所说的需要有节制的美德。宋朝哲学家吕祖谦对此讲了这样一段话："物以顺至者必以逆观，天下之祸，不生于逆而生于顺。物方顺吾意而吾又以顺观之，则见其吉而不见其凶，溺心纵欲，盖有陷于死亡而不悟者矣。至于拔足纷华，寓目昭旷，彼以顺至，我以逆观，停羹于大食之时，覆觞于剧饮之际，惟天下之至明者能之。"①吕祖谦讲的这个道理在思维方法上与梁启超讲的那段话是一致的。就是要看到事物的另一面，看到顺境可能带来的问题，在此认识的基础上节制自己的行为。所谓"拔足纷华，寓目昭旷"，就是要超脱于顺境带来的荣华富贵，广开视野与胸怀，这样才能做到"彼以顺至，我以逆观"。

　　用一般老百姓的经验来说，就是要夹着尾巴做人，在得志的时候，不可得意扬扬，不可目空一切，不可忘乎所以，不可把事做绝。明朝徐学谟著有《归有园麈谈》，其中说："当得意时，须寻一条退路，然后不死于安乐；当失意时，须寻一条出路，然后可生于忧患。"②这些话听起来似乎有些消极，有些耍滑头，但都是有道理的，都是告诫人们在身处顺境时，切不可以为自己永远都会置身顺境，要居安思危，为将来做些打算。

　　张岱年先生说："环境有顺有逆；处顺为福，遭逆为祸。然顺逆相转，祸福相生，……凡常处顺境、未经逆难者，常不能保其顺；既经逆难，激励奋发以胜其逆难，乃可达于大顺。人生之道，胜逆以达顺而已矣。"③"胜逆以达顺"，这是人生旅途的一大任务，做不到就只能窝窝囊囊地活着，那是多么痛苦啊！

　　青年处在人生的起步阶段，一般还没有经历过什么大风大浪、大起大

---

① 〔宋〕吕祖谦：《东莱博议》，转引自《人生哲学宝库》，中国广播电视出版社1992年版，第1159页。
② 〔明〕徐学谟：《归有园麈谈》，转引自《顿悟人生》，金城出版社1993年版，第9页。
③ 张岱年：《真与善的探索》，齐鲁书社1988年版，第216页。

落，要深刻理解顺境与逆境，对顺境与逆境有切身的体会，是不容易的。青年能够做的就是多从前人的经验教训中汲取营养，加强自己的修养，明确自己的目标，坚定自己的意志，唯其如此，才能在身处顺境时不骄傲不急躁，在身处逆境时不消沉不动摇，一步一个脚印实现自己的目标。

（撰稿：陈昇、刘俊彦）

第十三讲
竞争与合作

在达尔文以前，他今天的信徒们所强调的正是有机界中的和谐的合作，……在达尔文的学说刚被承认之后，这些人便立刻到处都只看到斗争。……自然界中死的物体的相互作用包含着和谐和冲突；活的物体的相互作用则既包含有意识的和无意识的合作，也包含有意识的和无意识的斗争。因此，在自然界中决不允许单单标榜片面的"斗争"。但是，想把历史的发展和错综性的全部多种多样的内容都总括在贫乏而片面的公式"生存斗争"中，这是十足的童稚之见。这简直是什么也没有说。

——恩格斯

人不仅要与命运斗争，还要与他人进行这样或那样的斗争。这种斗争往往表现为工作、生活中形形色色的竞争。竞争无处不在并不断升级，竞争的另一面是合作，竞争能让人产生动力，合作则让人形成合力。竞争与合作，都与实现人生的价值问题密切相关。

一、人的生活充满竞争

人与命运的斗争和人与人之间的斗争不大相同。只要是斗争，就总有一个斗争的对象。可是在人与命运的斗争中，斗争的具体对象是谁呢？俗话说：冤有头、债有主。然而命运无头无主，厄运欠下的债向谁去讨呢？面对命运，人不知该向谁去讲理，因为不知是谁带给人的痛苦与烦恼。人们找来找去，找到了环境，找到了偶然，这都不是人格主体，同它论不得理，它不向人负责。所以人与命运的斗争是人遇到了无可奈何的问题，是自由意志与客观必然之间发生了冲突，自由意志受到了限制。人与命运的斗争，是要在无可奈何之中杀出一条活路来，使自由意志得以实现。这主要是对人的能力、意志力的一种考验。

人与人之间的斗争，是自由意志与自由意志之间的斗争。这种关系与人和命运之间的关系是两种性质，完全不一样。命运虽然很厉害，可以把人一下子击倒在地，当人缓过劲来开始向它回击时，它也只有招架之功，并无还手之力。而若人与人斗争起来，就不是这个样子了。

人与人之间的斗争，其斗争的含义颇广，表现的形式多种多样，内容广泛，范围很大，时间亦很长。就其实质来看，是自由意志之间的斗争。这种斗争若没有一个调节的因素在其间起作用，那么双方是要不断争斗下去的，哪一方都不会放弃斗争的权利。但人与人之间既有利益的冲突，又有利益的一致，这使得人与人之间有可能呈现出一种既有竞争又有协调，竞争与协调都具有意义的关系。

张岱年曾表述过这个问题，他说："人生之历程，即人之竞存进德之历程。竞存则与妨害人之生存者斗争，进德则与妨害生活之合理者斗争。自然之道，有乖有和。自其乖而言之，人生亦竞争之历程。……人生之道，在于胜乖以达和。"[1] 这里说的"竞存"，即今日说的生存竞争。所谓"进德"，即以正义克服不正义，与妨碍合理生活的不合理因素作斗争。就是既要竞争，又要合理、合乎道德之善。

把竞争与协调称为人生矛盾的两个方面、两种需要、两种智慧、两种能力、两种价值，还需要作一些分析。

恩格斯指出，在自然界不论是死的物体还是活的物体，它们之间的相互作用，都包含着和谐与冲突。这种和谐与冲突或者是无意识的，或者是有意识的。这是世界的事物之间普遍存在的规律。只看到和谐而看不到冲突是片面的，只看到冲突而看不到和谐也是片面的。

如果把人看作自然之物，那么人与人之间不论是有意识的还是无意识的冲突与和谐的存在，都是必然的，是合乎恩格斯所指出的事物之间普遍存在的相互作用的辩证关系的。

---

[1] 张岱年：《真与善的探索》，齐鲁书社1988年版，第213页。

青年的选择

　　人从自然之物进化为社会之物以后，人与人之间客观上存在的冲突与和谐的关系并没有消失，只是表现这种关系的大部分变成了一种有意识的行为；而这种关系的基础，就是人们意识到的或者没有意识到的利益关系。原来的无意识的冲突变成了有意识的竞争；原来的无意识的和谐变成了有意识的合作。同时，无意识的冲突与无意识的和谐也仍然存在着，或者说存在着一部分。马克思与恩格斯在他们的著作中对人与人之间的这种关系有大量的论述。社会生活与社会进步的复杂、人生与人生道路的曲折，同人与人之间的既相互竞争又相互协调的关系是密切相关的。

　　自然界生存竞争的意义是物种的进化。物竞天择，适者生存，不适者被淘汰。

　　人类社会生存竞争的意义是什么呢？是人竞天择，适者生存，不适者被淘汰吗？如果这样的话，人岂不成了物？如果不是这样，生存竞争对人类是否还适用？

　　人类社会也存在着生存竞争，这是历史事实。但人类社会的生存竞争所淘汰的不应是人，而是不适应社会进步所需要的人的生存方式，包括生产方式、社会制度、人的观念以及人的行为，以此促进整个人类的进步。如果不是这样，而是一部分人要把另一部分人从地球上淘汰掉，那么帝国主义发动侵略战争、奴役别国的理论岂不成了正确的理论？

　　对于一个人的人生来说，与他人的竞争也是不可少的。人生来有一种惰性：好逸而恶劳。竞争是一种帮助人克服惰性的机制，它可以激发一个人挖掘自己最大的潜在能力，培养一种不甘于落后他人，不甘于碌碌无为、受他人鄙视，自强自立、奋发有为的进取精神。亚里士多德就讲到过这种现象，他说："竞争赶超是一种痛苦，由看到他人有与我们类似的本质，却有了好事善行这一情况造成的。而且，这些好事善行极有价值，对我们来说也是有可能获得的。但有竞争赶超的感觉不是因为他人有了好事善行，而是因为我们自己没有。"①

关于竞争的必要性的理论，在资本主义时代达到了顶峰，而且在实践中也取得了巨大的效果。日本的大企业家松下幸之助说："在本公司应当遵行的精神中，有一项是奋斗向上，无论公司事业的进度或各人的成功，如果缺乏这种精神就困难了。经营事业或做生意的本身，就是真马实枪的作战，如果缺乏旺盛的战斗精神，最后只有成为失败者。"②他还明确地说，这种精神与人的提升、社会的进步是密切相关的："一种缺乏正当意义的竞争心和竞争精神，一定无法希望达到事业的成功和个人的提升。没有这种精神的人，通常是因缺乏诚意，往往成为社会进展的绊脚石。"③竞争对于社会、对于人生有积极作用，已经成为人们的共识。

如果人与人之间只有生存竞争这一种关系，只有这样一种作用力，那么情况也不妙。殖民主义者与帝国主义者给人类带来的灾难，与这种生存竞争的观念绝对是分不开的。就是在殖民主义者与帝国主义者的国度内部，人与人之间的竞争也带来了无穷无尽的人间痛苦与人性扭曲。巴尔扎克在描述这种情形时说："在这个冷漠的世界里，勾心斗角代替了感情，礼貌只是一种责任，最简单的意见也包含着伤害人的内容，使听的人难受，说的人也难出口。"④

马克·吐温对竞争给人心理的影响描述得更为细致，他说："人的心是动物界里唯一坏的心，人是唯一能够有恶意、嫉妒、报复、复仇、憎恨、自私的心理的动物；……是唯一会对自己近亲的部族实行抢劫、迫害、压

---

① ［古希腊］亚里士多德：《修辞学》，转引自《人生哲学宝库》，中国广播电视出版社1992年版，第793页。
② ［日］松下幸之助：《创业的人生观》，转引自《人生哲学宝库》，中国广播电视出版社1992年版，第792页。
③ ［日］松下幸之助：《创业的人生观》，转引自《人生哲学宝库》，中国广播电视出版社1992年版，第792页。
④ ［法］巴尔扎克：《被遗弃的女人》，转引自《世界文豪妙语精选》下，青海人民出版社1994年版，第417页。

迫与杀害的动物；是唯一会对任何部族成员实行偷窃和奴役的动物。"① 正如高尔基所描述的那样："一个人想要在生存斗争中取胜，要么得有智慧，要么得有野兽一样的心肠。"②

这种由生存竞争带来的状况也让思想家感到忧虑。罗素说："心理的竞争习惯很容易侵入本来不属于竞争的领域。"③ 爱因斯坦为这种生存斗争的精神到处蔓延而发愁。他说："竞争精神甚至流行在学校里，它毁灭了人类友爱和合作的一切感情，把成就看作不是来自对生产性和思想性工作的热爱，而是来自个人的野心和对被排挤的畏惧。"④

罗素与爱因斯坦都认为竞争应该被限制在一定的范围之内，限制在一定性质的活动中。但这怎么可能呢？竞争如果成了一种心理品质，那么心理品质的本性是会迁移的，会从一件事上的竞争迁移到另外一件事上的竞争，你怎样来防止这种心理迁移的精神现象呢？罗素也承认："问题在于为人们普遍接受的生活哲学，根据这一哲学，生活是一种争夺，一种竞争，尊敬则给予竞争中的胜利者。这种观点导致了以牺牲各种感觉和才智为代价，对意志的培植的过分强调。"⑤

这就是说，当人们把竞争这种本不是唯一的关系当作人与人之间唯一的关系，并且从世界观、人生观、价值观的角度给予哲学论证，然后再对它进行广泛宣传、传播，使之深入人心，那么还有什么办法能把它限制在一定的范围之内呢？这就是恩格斯所反对的那种现象："在自然界中决不允许单单把片面的'斗争'写在旗帜上。但是，想把历史的

---

① [美]马克·吐温：《马克·吐温自传》，转引自《世界文豪妙语精选》上，青海人民出版社1994年版，第36页。
② [苏]高尔基：《老搭档》，转引自《世界文豪妙语精选》上，青海人民出版社1994年版，第123页。
③ [英]罗素：《走向幸福》，转引自《世界著名思想家论人生》，中国国际广播出版社1992年版，第306页。
④ [美]爱因斯坦：《爱因斯坦文集》，转引自《世界著名思想家论人生》，中国国际广播出版社1992年版，第197页。
⑤ [英]罗素：《走向幸福》，转引自《世界著名思想家论人生》，中国国际广播出版社1992年版，第306页。

发展和纷繁变化的全部丰富多样的内容一律概括在'生存斗争'这一干瘪而片面的说法中，是极其幼稚的。"[1]

在中国古代，也还有一种理论，这就是《易经》中所讲的："天行健，君子以自强不息；地势坤，君子以厚德载物。"这两句话就是人生的两个方面，人的两种能力、两种价值，也是人与人之间相互关系的两个方面。前一句话讲的是人要刚健有力，要有一种自觉的、永远不停止奋斗的精神；后一句话讲的是人要宽容大度，要自觉地涵养道德，要能够容纳天下万事万物。用前一句话的精神来处理人与人的关系，那就是不能服输，不甘落后，要与人竞争，在受到欺负时要坚决反抗，毫不示弱；把后一句话的精神用于人与人的关系，那就是要关心别人、爱别人，爱我们的群体，要有一颗善良的心，要自觉地与自己的同类友好相处，主动与周围的人协调好关系，要为我们生存的社会作出自己应有的贡献。

《易经》所讲的这种人生态度，就是儒家的人生态度。作为一种人生理论，它至今还有指导意义和价值，这句话也被很多国人奉为座右铭。

二、恶意与宽容：处理人际关系的两种态度

美国前总统林肯在连任总统职务的就职演说即将结束时说过这样一句话："对任何人都不怀恶意，对一切人抱宽容态度。"

对于协调人与人的关系来说，这句话说得是再好不过了。美国人崇尚竞争。林肯也有着强烈的竞争精神，但从他讲的这两句话来看，他不仅有竞争、奋斗的精神，而且也重视协调人与人之间的关系。

一个人要生存、要发展，需要靠个人奋斗，包括与他人的竞争，但是仅仅如此也是不行的，还必须得到其他人的帮助，人摆脱不了对其他人的

---

[1] 《马克思恩格斯选集》第三卷，人民出版社 2012 年版，第 987 页。

依赖。爱默森对人生有一个解释，他说："一个人是一捆关系，一团根蒂，而他开出来的花，结出来的果实，就是这世界。……人如果没有世界，就不能够生活。把拿破仑放在一个岛上的监狱里，……他就会……显得愚笨起来。"① 爱默森这个说法很形象，很容易使人想起马克思所说的人是社会关系的总和的论述。就是说，每一个人都不可能离开社会、他人的直接或间接的帮助，孤独地生活在世界上。英国作家毛姆说："生活中无论什么事都和别人息息相关，要想只为自己，孤零零地一个人活下去，是个十分荒谬的想法。"②

叔本华是一个对人生持悲观主义看法的哲学家，他认为人都是利己主义者，但他有时也无可奈何地承认人是需要他人的帮助的，一个人的生存是需要他人的。他曾说："在生命中最能给人勇气的便是得到或重获他人欣赏的信念；因为惟有他人欣赏他，他们才会联合起来帮助他和保护他，凭着这种力量他可以抵御生命中的许多灾患，这是他以匹夫之力所无法办到的。"③

人要与他人协调关系，与人需要得到他人的帮助是有联系的。托尔斯泰直截了当地把人的生活分成两个方面。他说："每一个人的生活有两方面：一、他的个体生活，这生活的兴趣越抽象，就越自由；二、他的基本的群体生活，他在这里边不可避免地遵守为他规定下的法则。"④

作为个体存在的人是追求自由的；但人的存在是有两重性的，既是独立个体，又不可避免地隶属于某一个或多个群体。作为群体的一员，首先要遵守群体的行为规范。这就首先要求把自己的行为与共同遵守的规范相

---

① ［美］爱默森：《爱默森文选》，转引自《世界著名思想家论人生》，中国国际广播出版社1992年版，第346页。
② ［英］毛姆：《月亮和六便士》，转引自《人生哲学宝库》，中国广播电视出版社1992年版，第796页。
③ ［德］叔本华：《人生的智慧》，张尚德译，黑龙江人民出版社1987年版，第49页。
④ ［俄］托尔斯泰：《战争与和平》，转引自《世界文豪妙语精选》上，青海人民出版社1994年版，第131页。

协调。蒙田说:"如果我们是从自身引出我们生活方式的准则,那我们将会陷入一种怎样的混乱中啊!"[1] 如果人人各行其是,没有一个共同的准则,人们就无法生活,不仅得不到他人的帮助,而且会有无穷无尽的争斗,相互牵制,谁也不能得到自由。

人不仅需要与社会生活的共同行为准则相协调,就是在私人生活中也需要同其他人相协调。如果不能相互协调,人与人的关系就会复杂化:相互不满、相互怨恨、相互报复,逐渐生出许多烦恼与痛苦。培根说:"一个念念不忘旧仇的人,他的伤口将永远难以愈合,尽管那本来是可以痊愈的。"[2] 贝多芬说:"怀恨的人,恨必反报于他。"[3]

如果相互能主动协调,不仅双方都免得在心中产生不必要的闲气,而且还会使自己的人格得到提升。斯宾诺莎说,"恨可以因互恨而增加,但可以为爱所消灭""一个想要以恨来报复损害的人,真是过的愁苦生活。反之,一个努力用爱去制服恨的人是很愉快的"[4]。

培根认为,如果不是怨恨而是包涵、宽容别人,那么这是对人的品格的提升。他说:"报复的目的无非只是为了同冒犯你的人扯平。然而如果有度量宽谅别人的冒犯,就使你比冒犯者的品质更好。这种大度容人是创业君王所必具的英雄气概。据说所罗门曾说:'不报宿怨乃是人的光荣。'过去的事情毕竟过去了,是不能再挽回的。智者总是着眼于现在和未来,念念不忘旧怨只能使人枉费心力。"[5]

概括起来说,主动与他人协调关系,宽容他人,可以使人的心胸变得开阔,可以使生活中多一些人与人之间的相互关心,也会使人心情舒畅,

---

[1] [法]蒙田:《随笔集》,转引自《世界著名思想家论人生》,中国国际广播出版社 1992 年版,第 237 页。
[2] [英]培根:《培根论人生》,何新译,上海人民出版社 1983 年版,第 88—89 页。
[3] [德]贝多芬:《贝多芬语录》,转引自《人生哲学宝库》,中国广播电视出版社 1992 年版,第 640 页。
[4] [荷兰]斯宾诺莎:《伦理学》,转引自《人生哲学宝库》,中国广播电视出版社 1992 年版,第 637 页。
[5] [英]培根:《培根论人生》,何新译,上海人民出版社 1983 年版,第 87—88 页。

否则人经常会被一些小事弄得心情很不好。

　　人与人的竞争就是恩格斯所说的有意识的斗争，人与人的协调就是恩格斯所说的有意识的合作。从根本上说，不论是竞争还是协调，首先是人生、社会的本性所派生出来的一种客观的要求，并不是某种理论的一厢情愿。即便是理论，也不是某一种理论的主张。只要是不带偏见地去认识人生，都可以观察到人生中的这种客观存在的矛盾本性。

　　蒙田把人生、社会比作交响乐、协奏曲。他说："我们必须学会忍受我们不能规避的东西。我们的生命，像世界的协奏曲，由相异的因素组成——由各种各样的声调组成，美妙的和刺耳的，尖锐的和平展的，活泼的和庄严的。只喜欢其中一部分声调的音乐家又能够做出什么来呢？他必须懂得如何利用它们的全部，并协调它们。所以我们应该混和好的与坏的，它们是与我们生命同质的；我们的生存若无这种混和就不能维持，这两部分对我们的生存缺一不可。"[①]

　　歌德也发现了生活中的一种矛盾现象，他说："人的总和构成人类，一切力量合在一起构成世界。所有的人和一切力量常常处在相互斗争中，他们总企图消灭对方，而自然却总要把他们联合起来，使他们复兴。"[②]

　　这是一种有意识的斗争和无意识的合作之间的矛盾。有意识的斗争就是歌德所说的"他们总企图消灭对方"，势不两立，互不相容。可是，歌德发现，"自然却总要把他们联合起来"。这不就是恩格斯讲的那个"无意识的合作"吗？所谓"自然""无意识"，都是说这种合作是一种客观的力量起作用，一只看不见的手在把这势不两立的双方往一起撮合。当日本帝国主义打进中国，中华民族处于生死存亡的关头，不就是这只看不见的手，

[①] ［法］蒙田：《随笔集》，转引自《世界著名思想家论人生》，中国国际广播出版社 1992 年版，第 239 页。
[②] ［德］歌德：《威廉·麦斯特的学习时代》，转引自《世界著名思想家论人生》，中国国际广播出版社 1992 年版，第 107 页。

让中国共产党与国民党联起手了吗？当然，意识到这种"联合"的人，就把这种客观的要求变成了主观的自觉性，以自觉地促进对立双方的协调。这就是主动的合作、协调。当年中国共产党人对待蒋介石的态度，可以说就是主动在与之协调，其目的就是挽救民族危亡。

爱因斯坦对这个问题是这样说的："人既是孤独的人，同时却又是社会的人。作为孤独的人，他企图保卫自己的生存和那些同他最亲近的人的生存，企图满足他个人的欲望，并且发展他天赋的才能。作为社会的人，他企图得到他的同胞的赏识和好感，同他们共享欢乐，在他们悲痛时给以安慰，并且改善他们的生活条件。"[1]爱因斯坦的意思是说，人作为一种个体的存在物，有个人的独立的人格、利益与独特的才能，他要为实现这些人生的价值而奋斗；但作为社会群体的一员，他要与社会相协调一致，与他人相互帮助。

弗洛姆是西方马克思主义的一个代表人物，他也认为："人的生存非常矛盾，他既需要寻求接近别人，同时也需要寻求独立；既需要与别人一致，同时也需要保留他的独特性和特质。"[2]

人如果能自觉地认识到这种矛盾存在，能从这种矛盾存在的实际出发，那么就应当可以处理好与他人既竞争又合作的关系，其中当然包括主动与他人协调。

三、推己及人与以礼待人

与人协调关系是人生道路上的大事，其中有方法问题，但从根本上讲不是方法问题，而是对他人的态度问题。态度正确，方法就能找得到。

---

[1] 李申伍编：《世界贤哲箴言集萃：爱因斯坦哲言录》，吉林教育出版社1990年版，第128页。
[2] ［美］弗洛姆：《自我的追求》，转引自《人生哲学宝库》，中国广播电视出版社1992年版，第207页。

青年的选择

什么样的态度才是正确的态度？就是把别人看作是与自己有着同样的心理、同样的权利、同样的需求、同样的独立人格的人，一句话，把别人当作与自己同样的人。如此，就要按照孔子所说的办法来处理人与人之间的关系，这就是："己所不欲，勿施于人。"[1]

孔子这句话是在回答他的一个名叫子贡的学生的问题时说的。子贡问曰："有一言而可以终身行之者乎？"子曰："其恕乎！己所不欲，勿施于人。"子贡问孔子：你的学说中有没有可以终身奉行的一句格言？孔子说：那不就是恕道吗？所谓恕道，就是你自己所不欲求的东西，就不要强加于别人，非要让别人接受。

"己所不欲，勿施于人"就是要推己及人，它是处理人与人之间关系的一个基本的准则，也是一个根本的思维方法。它的前提条件，就是把别人当作与自己一样的人。

孔子的学说是围绕人与己的关系展开的。在这个意义上说，孔子的学说是人己之学。孔子提出的"己所不欲，勿施于人"的命题虽然已过去2500多年了，但直到今日仍不过时。甚至我们可以说，只要有人与人的关系存在，这句话就不会过时。1993年8月28日至9月4日，在美国芝加哥召开了一个世界宗教会议，几乎每一种宗教的代表都参加了。会议发表了一份《走向全球伦理宣言》，在有关"金规则"中，"己所不欲，勿施于人"排在显著的位置，即："数千年以来，人类的许多宗教和伦理传统都具有并一直维系着这样一条原则：己所不欲，勿施于人！或者换用肯定的措辞，即：你希望人怎样待你，你也要怎样待人！这应当在所有的生活领域中成为不可取消的和无条件的规则，不论是对家庭、社团、种族、国家和宗教，都是如此。"

孔子提出的处理人际关系的推己及人的思维方法，这句被称为"金规

---

[1] 〔春秋〕孔子：《论语·卫灵公》。

则"的人生格言，是每一个想顺利地走完人生旅途的人都应践行的。

按照"己所不欲，勿施于人"的要求，在处理人与人的关系时，最重要的、排在第一位的、对协调人与人的关系起统帅作用的一条原则，就是要尊敬人，以礼待人。人都有自尊心，都有人格尊严，都希望别人能尊敬自己，以礼待己。那么在对待别人时就应当推己及人，即要尊敬别人，对别人要以礼相待。拉罗什福科在《道德箴言录》中说："礼节是所有规范中最微小却最稳定的规范。"①

英国的鲍斯威尔说："生活在社会上要想过得舒畅和幸福，其实大的技巧就是要悉心研究正当的品行；即便是和最亲密的朋友在一起，也要有礼貌；不然相互之间就会不知不觉地出现无礼的行为，相互之间也会发现存在某种程度的歧礼。"②所谓"歧礼"，就是礼节上的疏忽、差错。即使是最亲密的朋友，礼节上的差错也是不利于友谊发展的。

洛克对守礼节的目的和作用有一个很好的论述。他说："礼仪的目的和作用在使得本来的顽梗变柔顺，使人们的气质变温和，使他敬重别人，同别人合得来。"③他的意思是有礼节、有礼貌能够调节人与人之间的生硬关系，同时使人的气质朝着友好、亲切的方向变化。

尊敬别人，别人也会尊敬你。子思曰："礼接于人，人不敢慢；辞交于人，人不敢侮。其唯高远乎！""慢"即轻视、无礼。子思的意思是说，你以礼与别人交往，别人就不会对你采取无礼、傲慢的态度；你以和蔼的、有礼貌的口吻与别人交谈，别人也自然不会让你难堪。

尊重人的具体表现是多方面的。比如说，不要取笑人。巴尔扎克说：

---

① ［法］拉罗什福科：《道德箴言录》，何怀宏译，生活·读书·新知三联书店1987年版，第92页。
② ［英］鲍斯威尔：《约翰逊传》，转引自《人生哲学宝库》，中国广播电视出版社1992年版，第1294页。
③ ［英］洛克：《教育漫话》，转引自《人生哲学宝库》，中国广播电视出版社1992年版，第1292页。

"取笑会使一个人的心干枯，伤害所有的感情。"[1] 同时，取笑人对自己的道德境界也无好处。泰戈尔说："经常谈论别人的短处只会使一个人心胸狭窄，使一个人变得非常多疑，非常无聊。"[2]

相反，屈己敬人却能得人心，能博得他人的拥护。列御寇讲道："以贤临人，未有得人者也。以贤下人者，未有不得人者也。"[3] 概括来说就是，屈己敬人，并不会丢面子，不会降低自己的人格。具体地说，意思是尽管你是一个贤人，但如果你以贤人的身份居高临下地对待别人，那也不得人心，得不到众人的拥护；你有贤人的身份，却能以谦虚的、平等的态度对待别人，那就没有不受人欢迎和拥护的理由。这个道理符合我们观察到的实际情况。这是通过尊敬别人调节不大容易调节的人际关系的一个好办法。

尊敬人的具体表现、做法太多了。《论语》中记录的孔子关于处理人际关系的每一条，几乎都可以概括为尊敬他人。尊敬他人是协调人际关系的根本态度、根本目的、根本方法。

人生的道路上竞争无处不在，所以人与人的关系会紧张，会有重重矛盾，如果能善于协调与他人的关系，学会合作，那么会使道路变得相对通畅。

德谟克里特说过："具有成熟人格的人，是那种不仅和环境抗争取得胜利而且和自我斗争也获胜的人。"

四、学会合作才能成就事业

当今时代是一个高度发达和高度专业化的时代，社会分工越来越细致，

---

[1] ［法］巴尔扎克：《人间喜剧》，转引自《世界文豪妙语精选》下，青海人民出版社1994年版，第439页。
[2] ［印］泰戈尔：《沉船》，转引自《世界文豪妙语精选》下，青海人民出版社1994年版，第440页。
[3] 〔战国〕列御寇：《列子·力命》。

这就要求人们特别是那些希望成就一番事业的青年学会合作。

如前所述，学会合作首先要摆正自己和他人的位置。一定意义上讲，我们都依靠别人而活，也通过自己的努力让别人活得更好。一个厨师做出美食，肯定不光是为了自己品尝；一个小伙子买了一束玫瑰花，也不一定是拿来自己欣赏，可能是要送给自己喜欢的人。因此，尽管我们有时也强调人是为自己而活，但实际上我们也为别人活着。"人是社会性的动物，我们所做的一切都是为了融入这个社会，得到别人的认可，尤其是被我们热爱的人认可，这就是我们生命的本质和全部意义，也是我们生命能够成长的全部秘密"。① 明白了这个道理，我们就能摆正自己和别人的位置，合作的态度就会真诚许多，就可能少犯一些自以为是的错误。

学会合作要学会尊重别人。合作的基础在于合作的双方要互相尊重。千人千面，每个人的性格都是不同的。美国前总统尼克松说，对一个人来说，真正重要的不是他的背景、肤色、种族，或是他的宗教信仰，而是他的性格。尊重你的合作者不光要尊重他的学识和能力，还要尊重他的性格。在一个单位里，往往有各种性格的人。有的人勇敢，有的人懦弱；有的人干脆果断，有的人犹豫不决；有的人是急性子，有的人是慢性子……我们要同这些特定的人共事、打交道。所以我们所说的学会尊重别人，很大程度上是要学会尊重特定的人，尊重那些我们经常打交道的人。

学会合作要善于选择、鉴别。我们并非跟谁都能很好地合作，要选择适合的合作伙伴。一要选择志趣相投的人。有相同的志向和兴趣，合作起来才不会缺乏动力，也不会厌倦。二要选择正能量的人。在生活中，观察一个人如何面对挫折、不如意，就能看出这个人是不是有正能量。有的人面对各种困难和不公都会以积极的态度去努力改善；有的人则只会怨天尤人，这样的人是难以成就一番事业的，也不会是好的合作伙伴。

---

① 俞敏洪：《永不言败》，群言出版社2005年版，第44—45页。

学会合作要善于"亲兄弟明算账"。人与人之间合作的目的是超越自我，取得仅靠自己无法获得的成就。人与人之间的合作是相互的，你对我好，我也对你好，这是一种理想状态。生活中往往有一些人总想着占别人便宜，只想别人为自己付出，自己却不想为别人付出。所以，有些合作者一开始能精诚团结，但有了成就和成果后却反目成仇。那怎么办呢？最好的办法就是定好规则，"亲兄弟明算账"。在合作之前就把规矩讲清楚，不要秋后算账，弄得大家都不愉快。如果是一起经商做买卖，那就要约定好每个人投入多少本金和精力，赚了钱按什么比例分配，赔了钱如何承担。如果一起合作搞研究、写论文，那就要明确每个人的职责和权益，不要有了名利时争得不可开交，最后分道扬镳甚至反目成仇。中国人性格比较含蓄内敛，又有点耻于谈钱，所以亲兄弟没有明算账的事情还是比较常见的，结果往往是多付出和多得到的人都不满意，更破坏了好不容易建立起来的情谊，多么得不偿失！

（撰稿：陈昇、刘俊彦）

第十四讲

克己与成己

我有三宝，持而保之。一曰慈，二曰俭，三曰不敢为天下先。慈，故能勇；俭，故能广；不敢为天下先，故能成器长。

——老 子

一、能克己，乃能成己

我们常说"克己奉公"，"克己"就是约束自己、管理自我，而这个"自我"在多数时候并不是严格的哲学理论中的"自我"，这里所说的自我就是自己。汉语里的"己"是一个反身代词，带有"自我"的意思，所以这里说的"自我"有时候又是纯哲学意义上的"自我"。

人为什么要和自己过不去，要把自己当作一个对象来与之斗争呢？人为什么会与自己发生冲突呢？原因也很简单：人有时会成为实现自己人生理想的障碍。准确点说，是自己身上的某些因素、弱点，阻碍着自己理想的实现。如果人不能战胜自己身上的这些毛病，不能使自我得到完善，那么他要达到的人生目标也不能实现。古籍《关尹子》中有一个命题说："能克己，乃能成己。"[①] 所谓"克己"，就是战胜自己；所谓"成己"，就是成就自己。"能克己，乃能成己"这句话很有道理。因为凡是与自己的人生相关的事，特别是自己所追求的人生目标、要成就的事业，都是要靠自己去做的，别人谁也代替不了。孔子说："为仁由己，而由人乎哉？"[②] 韩非子

---

① 〔周〕关尹：《关尹子·九药》。
② 〔春秋〕孔子：《论语·颜渊》。

也说:"荣辱之责在乎己,而不在乎人。"① 这些话都是告诉人们,在人生的问题上,起决定作用的是人自己。如果自己的才能、品德,以及身体素质、努力程度等因素与所追求目标的要求相差甚远,那这个目标是很难实现的。

人的一生,就是一个不断地实现主体的过程。主体是什么样子,主体的状态是什么样子,与它化为客观对象之后是一致的。我们不会企望一个在做人、才智等方面有着许多毛病的人能创造出一个辉煌壮丽的人生。

孟子有一段话也很值得深思。他说:"夫人必自侮,然后人侮之;家必自毁,然后人毁之;国必自伐,而后人伐之。《太甲》曰:'天作孽,犹可违;自作孽,不可活。'"② 把这段话翻译成现代语言,就是:人必定是先有自己不尊重自己的行为,然后才遭到别人的侮辱;家必定是其内部先有了自己拆散自己的因素,然后别人才来毁坏它;一个国家必定是国内先有了叛逆的因素,别国才会来讨伐它。《尚书·太甲》篇说过:天给人带来的祸患、厄运,还可以逃开;人自己造成的祸患、厄运,逃也逃不掉。

这就是说,如果人自身有毛病,就是做事失败的内因。内因在事物的发展变化中是起决定性作用的。人只有先完善自己的主体,改造自己的主体,战胜自己身上妨碍事业成就的因素,才能有力量,才能是强大的,才能有希望。

蒙田在自己的著作中向人们呼吁:"改进你自身吧,因为这是你自己全部力量所在!"③ 之所以说改进自己是人的全部力量所在,是因为在人生的历程中,会遇上什么样的环境自己是很难掌控的。人可以改进自己,环境并非不能改造,但即便是个人以改造环境为志向,那也需要先改进自己进而改进环境。

---

① 〔战国〕韩非:《韩非子·大体》。
② 〔战国〕孟子:《孟子·离娄上》。
③ [法]蒙田:《随笔集》,转引自《世界著名思想家论人生》,中国国际广播出版社1992年版,第240页。

二、克己的关键是处理好得与失的问题

在人生的道路上，每个人每天都要思考许多问题，而大多问题之中，都包含着得与失。

得与失都是相对于利而言的。得是得到利，失是失去利，失去利便是受了害。所以得与失的问题就是利与害的问题。

得与失如同一架天平，利与害如同要被衡量的东西。问题是天平在人的心里，东西在心之外。得失就是人心与外在利害之间的计较。

人们一般都希望得而不希望失，得与失给人带来的烦恼，大概就是从这里开始的。

人都怀着希望得不希望失的心理，一有得的机会便想着多得一些。如若能多得而自己却没有得到，等于是失去了一些利益，心中便会有一些不快，严重的会产生懊丧的心情。在这种心理的作用下，等到下一次有了机会，希望能抓住机会、多得一些的愿望就更强烈了，抓到手的利益也可能确实会多一些。

有一种利，是通过自己的劳动、付出得来的。对于这种得利方式，别人是不会有意见的。有一种利，只是一种偶然所得，得到它并不需要个人付出多么大的劳动。正如俗话所说：得了白得，不得白不得。面对这种情况，事情就比较复杂。因为客观存在的利益的多少是有定数的。一个人得的多了，其他人得的就会少一些。一个人一次多得，别人大概还可以容忍；如果每次他都要多得，便会遭到众人的厌恶。久而久之，人人都知道这个人爱占便宜，没有人乐意同他打交道，他在人群中可能被孤立，有了事都没有人乐意为他帮忙。这种人没有管住自己的欲望，没有做到克己，没有人缘，想成功也就难了。

一般说来，没有人缘是由个人造成的，其中一大原因就是贪得而得罪

了众人。得罪了众人就是损失，只是这个损失有点大，得了一点小利而丢了人缘；丢了人缘就有可能会丢掉一些大的利益。这一点大概是这些人所没有想到的。关于这种现象，洪应明在《菜根谭》中有段话讲得很精彩，他是这样说的："讨了人事的便宜，必受天道的亏；贪了世味的滋益，必招性分的损。涉世者宜审择之，慎勿贪黄雀而坠深井，舍隋珠而弹飞禽也。"[1]

洪应明在这里讲了一个得与失、益与损会相互转化的道理，同时告诉人们不要因小失大。他所说的"讨了人事的便宜"就是我们上面说的在人与人之间的利害关系中占了一些便宜。什么是"必受天道的亏"？"天道"是中国哲学中的传统术语，翻译成现代语言，就是客观规律，或者社会规律、自然规律。"必受天道的亏"就是必然要遭受客观规律的惩罚，客观规律要使你为爱占便宜付出代价，要使你有所失。因为天下的事是有得必有失，没有只得而不用付出的事。占便宜付出的代价便是失去了人缘，自己把自己孤立起来了。同时，由此会带来别人对自己的反感、厌恶与不同情；不同情又会导致有了事无人愿意为自己帮忙，甚至连一句有利于自己的话都不愿意说，这便是更大的损失了。

得与失并不像用钱买东西，得与失之间的关联没有那么直接、那么清楚明晰，所以人们往往是只看见得而看不见失，或者是只看到了失而看不见得。这就给人一种错觉：以为得失并不会相互转化，以为只要是得利便是好事，多多益善；或是以为只要是失去利益的事便是坏事，这种事越少越好。

有些人也知道"有得必有失，有失必有得"的道理，但心里不大相信，总觉得轮到自己便不是这么回事。因而对于他来说，道理只是道理，该怎么做他还照着自己的想法去做。道理对他来说没有起作用，不能指导他的为人处世。

---

[1] 〔明〕洪应明：《菜根谭》，毛霈、宗君注译，中州古籍出版社1991年版，第48页。

天下的得失转化，有一些是很快的，有一些是很慢的；有一些很直接，有一些中间不知道要转多少个弯；有一些是一得一失，一失一得，有一些是综合性、整体性的效应。凡是影响大一点的得失转化，很少不是综合性、整体性的效应。即这个得或失，是长时间、多件事积累在一起所形成的一个结果。比如，广大群众推举某人做模范，给他以荣誉，或是领导委他以重任，这些都不是一时半会儿因为一件事或几件事作出的决定，都是较长、较为复杂的过程。那些不大相信有得必有失、有失必有得的人，往往不明白这种复杂性，总是希望或者总以为有一失必有一得，件件事情都不会白做。抱着这样的想法来观察得失问题，便得不出正确的认识。一方面把得失看得很重，放不下；另一方面又把得失的过程简单化了，把得与失的转化看得很容易。抱着这种看法来为人处世，往往会造成功利心太强，每件事情都离不开自己的功利，这就势必急功近利、目光短浅、耐不得寂寞、忍不住性子，或是分不清大事小事，纠缠一些小是小非、小利小害，患得患失，自己很苦恼，与周围人的关系也不太协调。这些人总感到生活亏待了他，觉得自己辛辛苦苦而无所得。

泰戈尔说过："一个人到了忘怀得失的时候，他实际是已真有所得。"[①]这种人拥有宽广的胸怀，即超越个人得失、淡泊个人名利的胸怀。

在本书中，我们明确讲过，名与利都是人生的价值，都是人生应当追求的。连马克思都认为，人们奋斗所争取的一切都同他们的利益有关。而在这里却又提出要超越个人得失、淡泊个人名利，这不是自相矛盾吗？人们到底应该怎样做才是正确的呢？这确实是一个应当弄清楚的问题。

我们在此明确告诉读者，这两个问题从表面上看好像是矛盾的，但实际上并不矛盾，这是两个相关联的问题。

---

① ［印］泰戈尔：《沉船》，转引自《世界文豪论人生》，中国国际广播出版社1992年版，第580页。

超越个人得失的境界，应当说是有不同层次的。最低的一个层次，可以称之为超越占便宜的层次。

人要生存、要发展、要享受，就必须得到他应有的利益，但这个利益不应是别人或社会赐予他的，不应是他白白得到的，而应当是他通过自己的劳动、创造去争取的。这就是马克思所讲的人们的奋斗所要争取的利益。一个人只要身心健康，只要有能力，就应通过劳动创造自己的价值，从为社会作贡献中争得自己的利益。这个一点都没有错。

如果我们把人生中上述的利益称为人生必需利益的话，人生中还有一些利益是非必需的。这些非必需的利益不具有必然性，是由偶然机会提供的。对于人生来说，有它不多，没它不少。这种非必需的利益不包括正常经济生活中的利益，在社会的经济生活中多劳多得，各自的利益是自己挣来的；也不包括国家规定的其他通过竞争方式获得的名与利，比如体育竞赛、升学考试、公务员录用等。这里所指的是由偶然机会所带来的利益或好处，不是人的基本利益，对人的基本的生存、发展、享受不起决定作用，可有可无。这种得到偶然利益的机会不多，数量一般说来是很有限的，而希望得到它的人却很多，因此，容易引起人与人之间的利害冲突。超越得失，首先要从超越这种利益的得失做起。

再进一步说，这种偶然利益带来的好处，就是人们日常所说的"便宜"。这个"便宜"具有"得了白得，不得白不得"的性质。即得到它并不需要自己付出什么，而放弃它别人也不会领你的情。所以得到这种好处，就被称为"占便宜"。超越个人得失的第一个层次，就是不要有占便宜的心理。克己的基本要求，就是不要有占便宜的想法。丰子恺认为，这种心理简直没有人情味，会使人变成动物。他说："全为实利打算，换言之，就是只要便宜。充其极端，做人全无感情，全无义气，而人就变成枯燥、死板、冷酷、无情的一种动物。这就不是'生活',而仅是一种'生存'了。"①他对生活与生存所作的这个区分,似乎是从雨果那里借用过来的。就是说这种人一点都不讲道德,不能区分善与恶,有点像只是在生存的动物。超越得失必须先超越这个层次。

再高一个层次的忘怀得失,就是不贪婪。贪得无厌,会由得变为失。洪应明对此也有一段议论,他说:"完名美节,不宜独任,分些与人,可以远害全身;辱行污名,不宜全推,引些归己,可以韬光养德。"②这话说得既俏皮又深刻。他的意思是说如果一个人把荣耀的事情都占了,一点也不留给别人,那就要引起别人的反对,弄不好还会受人之害,所以应当把荣誉留给别人一些。而对于那些有损个人名声的事,也不要都推给别人、让别人承担全部责任。自己主动承担一些责任,看似对自己的名声不好,实则有利于涵养自己的德行。这是名誉之失转化为道德之得。

白居易有诗云:"吉凶祸福有来由,但要深知不要忧。名为公器无多取,利是身灾合少求。"③是说名誉是大家都应当得到的,所以一个人不要占得多了,要考虑到别人。名与利一个人占得多了,就会惹来祸患。这个意思与洪应明所讲的是一致的。

第三个层次是有更高的人生追求,不把利害得失当回事,根本不受得失所左右。洪应明在《菜根谭》中写道:"以我转物者,得固不喜,失亦不忧,大地尽属逍遥;以物役我者,逆固生憎,顺亦生爱,一毫便生缠缚。"④"以我转物"即外物(利益)受我的支配,由我运转它,不是由它调遣我。"以物役我"是我被外物(利益)牵着鼻子走,没有独立人格。之所以有这么两种情况,是因为人生追求不同。把获得利益当作人生最高目标,

---

① 丰子恺:《丰子恺散文选·谢谢重庆》,转引自《人生哲学宝库》,中国广播电视出版社1992年版,第1080页。
② 〔明〕洪应明:《菜根谭》,毛毳、宗君注译,中州古籍出版社1991年版,第118页。
③ 〔唐〕白居易:《白居易集·感兴》,转引自《人生哲学宝库》,中国广播电视出版社1992年版,第1159页。
④ 〔明〕洪应明:《菜根谭》,毛毳、宗君注译,中州古籍出版社1991年版,第215页。

那必然是人被物所奴役。所以，一毫之利益都可以把自己拴住，不得自由。若不把获得利益当作人生最高目标，利益多一点与少一点都无所谓，就能超越得失。这种人生是自由的人生，对他来说，天地是宽广的，能"尽属逍遥"。

得失问题归根结底是人生追求的境界问题，是人生目标问题，是胸怀问题，也是关系到一个人克己和成己的问题。心底无私天地宽。一个人如果能像毛泽东所说的"毫不利己专门利人"，能具有"毫无自私自利之心的精神"，那么一切个人的得失，他都是能够超越的。这当然是一种道德境界，但也不纯粹是道德境界。一般说来，这种人的人生目标总是与一种伟大的事业联系在一起的。那种抛开个人得失的气魄，那种不顾个人一切的决心、力量、意志力，不完全是来自道德追求，应当说，更主要的来源是一种伟大崇高的事业，是一种民族的、社会的、人民的宏大的利益。这种宏大的利益使他的心胸能够无限广阔，个人之得失在这个广阔浩瀚的世界中变得十分渺小，不值得顾虑。这是超越个人得失的最高境界。

三、要左右天下先左右自己

人怎样才能战胜自我呢？很重要的是具有自我控制的能力，控制自己不合理的欲望，控制自己的缺点，控制自己不正常的心态，控制自己不好的生活习惯，控制自己品德中一些卑劣的因素，甚至包括控制自己不好的思维，控制自己的变态心理与不正确的观念等。因为这些东西发作时，常常会坏事，会使事情复杂化，会为自己设置成就事业、实现理想的障碍。这就是塞内卡所说的，"命运之神的打击方式并非一成不变。有时，她会借我们自己的手打击我们"。①

命运之所以"会借我们自己的手打击我们",就是因为我们自身有弱点而没有被我们发现,或是发现了而未能加以克制,结果自受其害。如果我们能够克服自己的毛病,或是虽克服不了,但抱有警惕性,采取措施,预防其泛滥成灾,那么我们的人生追求、要成就的事业、理想,就会较顺利地实现。

马克思说:"自由的首要条件是自我认识,而自我认识又不能离开自白。"②

如果自己被自己的缺点所控制,那当然就不会有自由。林则徐为了不使急躁的性格控制自己,将写有"制怒"二字的匾额悬挂于头顶之上。这不仅是有了一种自我认识,而且是有了一种决心与气魄。德谟克里特说:"和自己的心进行斗争是很难堪的,但这种胜利则标志着这是深思熟虑的人。"可以说能够控制自己的缺点,是一个人成熟的标志。

老子在讲到认识自我与战胜自我时说:"知人者智,自知者明。胜人者有力,自胜者强。"③老子认为对别人有认识、有了解,只能称得上是有智慧、聪明,只有对自己有深刻认识才是高人一筹,才能称之为高明。能战胜别人的人,表明他是有力量的;只有能战胜自己的人,才是内心坚强的人,是真正要强的人与真正强大的人。老子的话是很有道理的。巴尔扎克也说过:"只有那些晓得控制他们的缺点,不让这些缺点控制自己的人才是强有力的人。"④

高尔基说:"哪怕是对自己的一点小克制,也会使人变得强而有力。"⑤

---

① 〔古罗马〕塞内卡:《致卢奇里论道德的信》,转引自《人生哲学宝库》,中国广播电视出版社 1992 年版,第 1133 页。
② 《马克思恩格斯全集》第一卷,人民出版社 1995 年版,第 139 页。
③ 〔春秋〕老子:《老子·三十三章》。
④ 〔法〕巴尔扎克:《农民》,转引自《世界文豪妙语精选》下,青海人民出版社 1994 年版,第 421 页。
⑤ 〔苏〕高尔基:《高尔基论青年》,转引自《人生哲学宝库》,中国广播电视出版社 1992 年版,第 209 页。

可以说，古今中外对于战胜自我才能使自己强而有力这一点是有着共识的。

关于自我控制对于人生的意义、价值，前人有很多精彩的论述，在此再选几则，以飨读者。

苏格拉底说："想左右天下的人，须先能左右自己。"① 左右天下可谓大志向，但如果不能克服或控制自身的弱点，就会败在自己手里。历史上这种事例太多了。拿破仑这个曾经使整个欧洲的封建君王十分恐惧的法国皇帝，是一个典型的想左右天下的人。但由于他不能抑制自己的野心，结果落了个葬身于南大西洋的一个小岛上的下场。

歌德说："谁要游戏人生，他就一事无成；谁不能主宰自己，谁永远是一个奴隶。"② 不能主宰自己的人是谁的奴隶呢？是自己身上那些卑劣因素的奴隶，因为他总是被这些卑劣的因素所左右。那些主张游戏人生的人，不就是被懒惰、好逸恶劳、贪图食色享乐牵着鼻子走的人吗？那些人不就是不健康的人生观念的奴隶吗？还有那些几百万、几千万、几个亿地侵吞国家与人民财产的人，不就是贪欲的奴隶吗？那些不顾国家的法律、不顾整体的利益，一心为自己发财致富而肆意破坏生态环境、制假售假、毁坏文化遗产的人，不就是金钱的奴隶吗？

战胜自我，其内容可以用一句话概括：人们所要战胜的对象，就是隐藏在自己心中的假、恶、丑。战胜自我就是用真、善、美战胜内心中的假、恶、丑。

人生的路途既是短暂的又是漫长的，但不论其短暂还是漫长，它都是弯弯曲曲的。有时路本身是弯的，我们不得不走弯路；有时是由于我们的观念出了问题，迷了路，拐几个弯之后才能回到正路上。这是很多人的人

---

① ［古希腊］苏格拉底：《古希腊罗马哲学》，转引自《人生哲学宝库》，中国广播电视出版社1992年版，第202页。
② ［德］歌德：《格言和感想集》，转引自《人生哲学宝库》，中国广播电视出版社1992年版，第458页。

生之路。走人生之路急不得，要耐着性子去认识、去体会，去自觉地追求，要时时睁大眼睛去辨认，莫要走错路。一方面是看脚下的路走得是否对，另一方面要不时地反省：我心中的那个辨别方向的标准是否正确。

我们有幸生活在国家快速发展的时代，这为我们每个人都提供了很好的机遇，其余的就看我们自己了。

四、克己就是管理和约束好自己

第一，管理好自己的时间。唐代大诗人李白在《相逢行》中写道："光景不待人，须臾发成丝。"时间就像流水，从来不等人。一寸光阴一寸金，寸金难买寸光阴。当代青年要成才，不光要懂得惜时如金，还要学会管理好自己的时间，让青春韶华不在虚度中错过。

要管理好时间，就要学会一些有用的方法。比如，制定计划。计划是管理时间的基础，制定计划可以让我们更好地安排时间，充分利用每一分每一秒。在制定计划时，应该清晰明确自己的目标，并逐步将其分解为具体的任务。比如，设定优先级。做重要的事总能挤出时间，就看你把什么事放在最重要的位置。对于时间紧张的人来说，设定优先级非常重要，这能够让其在短时间内完成最重要的任务。设定优先级的方法有很多，可以根据任务的紧急程度、重要程度、困难程度等因素进行判断。比如，要避免拖延。拖延是最容易让人浪费时间的行为之一。为了避免拖延，我们可以制定规划、设定目标、明确任务等。还要学会利用工具。现代社会，各种工具和应用层出不穷，我们可以根据自己的需要选择合适的工具，比如，时间管理软件、番茄钟、待办事项清单等。要尽量简化流程。简化流程可以帮助我们更快速地完成任务，提高效率。还要学会说"不"。会说"不"是一种很重要的能力，它可以让我们更好地保护自己的时间和精力，避免做一些不必要的事情。以前有个小品叫《有事您说话》，刻画了一个不会说"不"、打肿脸充胖子的可笑形象，我们要引以为戒。要合理分配时间。每个人都有自己的时间分配规律，一些人在早上比较有精力，而另一些人则在晚上工作效率更高。合理分配时间，让自己在最佳状态下工作，可以获得更好的效果。时间管理并不是要让我们把所有的时间都用在工作上，保持平衡同样很重要。合理地安排休息时间和娱乐时间，有助于提高工作效率和生活质量。总之，好的时间管理能够让我们更好地掌控自己的生活和工作，以达到事半功倍的效果。管理好时间，对青年而言既是一种锻炼，也是一种考验。

第二，管理好自己的学习。学习是青年人最紧迫的任务，是青年立足社会的基础。管理好自己的学习，就是要在终身学习理念的基础上，掌握科学的学习方法和正确的学习途径。学习要读经典。经典是时代、文化的结晶，是经过时间大浪淘沙的结晶，是一个学科或者领域内的开创之作或集大成者，或者是表现人类对世界及自身探究的具有划时代意义的作品。人类文明的成果，就是通过学习、阅读、研究经典而代代相传的。互联网时代，人们的阅读越来越碎片化，也越来越难以保留持久的兴趣。我们对泛滥的资讯应该保持警惕，把更多的目光投向那些被时间筛选过的经典作品上。当我们走进经典，就会慢慢学会用自己的眼光分析问题。

学习要广博。习近平总书记指出："为学之要贵在勤奋、贵在钻研、贵在有恒。"[1]"既要惜时如金、孜孜不倦，下一番心无旁骛、静谧自怡的功夫，又要突出主干、择其精要，努力做到又博又专、愈博愈专。"[2]胡适写到自己读《诗经》，他写道："讲到《诗经》，从前以为讲的是男女爱情、文王后妃一类的事，从前是戴了一副黑眼镜去看，现在换了一副眼镜，觉得

---

[1] 习近平：《论党的青年工作》，中央文献出版社2022年版，第76页。
[2] 习近平：《论党的青年工作》，中央文献出版社2022年版，第141页。

完全不同。现在才知道《诗经》和民间歌谣很有关系。……我们如果能把歌谣的文章，社会学，人类学，研究一下，就可以知道幼稚时代的环境和生活很有趣味，……所以书是越看越有意义，书越多读越能读书。"[1]胡适曾勉励吴健雄："希望你能利用你的海外住留期间，多留意此邦文物，多读文史的书，多读其他科学，使胸襟阔达，使见解高明。……做一个博学的人。……凡第一流的科学家，都是极渊博的人，取精而用弘，由博而反约，故能有大成功。"[2]

学习要追求精深。"旧书不厌百回读，熟读深思子自知"。正如朱光潜所言："少读如果彻底，必能养成深思熟虑的习惯，涵泳优游，以至于变化气质；多读而不求甚解，譬如驰骋十里洋场，虽珍奇满目，徒惹得心花意乱，空手而归。"[3]精深阅读需要独立阅读，不借助其他手段，自己去钻研和思考，这需要较强的专注力和忍耐力。精深阅读是需要长时间坚持的，这样才能培养和提升专注力和忍耐力。正如理查德·费曼所言："你从头读，尽量往下读，直到你一窍不通时，再从头开始，这样坚持往下读，直到你能完全读懂为止。"

学习要持之以恒。荀子说："不积跬步，无以至千里；不积小流，无以成江海。骐骥一跃，不能十步；驽马十驾，功在不舍。锲而舍之，朽木不折；锲而不舍，金石可镂。"[4]一个人学习一阵子容易，长年累月地坚持学习并不容易。学习是一个日积月累、循序渐进、由浅入深的过程，要想扎实、系统地掌握知识，必须做到持之以恒，最忌"三天打鱼两天晒网"，只要坚持下去，必定会积少成多、聚沙成塔，积跬步以至千里。

第三，管理好自己的爱好。有爱好的人是幸福的，他能更深刻地体验

---

[1] 胡适：《喜欢自己所有的一切：胡适的包容人生课》，贵州人民出版社2023年版，第57—58页。
[2] 胡适著，欧阳哲生编选：《读书与治学》，生活·读书·新知三联书店2022年版，第325—326页。
[3] 朱光潜：《朱光潜谈读书》，中国青年出版社2018年版，第52页。
[4] 〔战国〕荀子：《荀子·劝学》。

生命，让日子过得有滋有味。要培养健康的兴趣爱好。爱好可以来自很多方面，如音乐、书法、绘画、运动、旅游等。培养健康的爱好可以帮助青年开阔视野，增长知识，提高技能，丰富内心，满足需求，表达自我。培养爱好还可以帮助青年结交志同道合的朋友，增进友谊，分享快乐。同时，培养爱好也有预防和改善无聊、孤独、沮丧等负面情绪的功效。比如，人们在进行羽毛球、乒乓球、篮球等趣味运动时，除了锻炼身体，还总是开怀大笑，心里的不快也就烟消云散了。

  需要注意的是，过于沉迷于某种爱好可能会被爱好所伤。比如，现在不少青少年爱好网络游戏，甚至到了沉迷其中不能自拔的境地，结果耽误了学业和进步，有的还走上了违法犯罪的邪路。爱好有时是人的软肋，容易被别人利用或攻击。陕西省委原书记赵正永酷爱打网球，那些有求于他的官员与商人紧紧抓住这一点，要么给他建高档网球馆，要么苦练球技陪他打球。一个老板每年出巨资举办"领导干部网球赛"，以此贿赂赵正永，揽下不少工程。2020年7月31日，天津市第一中级人民法院公开宣判赵正永受贿案，其被判处死刑，缓期两年执行，剥夺政治权利终身，并处没收个人全部财产。安徽省原副省长倪发科的爱好是玉石、字画、古董，这些东西成为他收受贿赂的主要来源。倪发科爱玉成痴，家中玉石藏品之丰富可以开玉石展。为了得到这些价值不菲的玉石，倪发科居然用手里的权力和人民的利益进行交换，最终他难逃锒铛入狱的下场。可见，人要有爱好，但要管理好爱好，否则终会被其反噬。

  第四，管理好自己的健康。健康的身体是一切发展进步的前提。没有健康，就什么也谈不上。我们时常从媒体上看到有人英年早逝，很多很有才华的中年人甚至青年人由于不注意管理自己的身体健康，生命戛然而止，令人扼腕叹息。对于当代青年而言，管理好健康最重要的是拥有健康的生活方式。要均衡饮食，摄入适量和多样化的食物，如谷物、蔬菜、水果、奶制品、肉类等。这样可以预防肥胖、高血压、高血脂、糖尿病等慢性病，这些慢性病近年来有逐渐年轻化的趋势。要适度运动锻炼。运动可以增强心肺功能，促进血液循环，改善睡眠质量。一个人如果能养成每天运动的习惯，将会终身受益。保证足够的睡眠是恢复精力和保持健康的重要途径。年轻人睡好了才能学习好，因为好的睡眠可以帮助人巩固记忆效果。年轻人保证每天7—8小时的高质量睡眠是十分必要的，但现在年轻人爱熬夜已经成为一种令人忧虑的现象。要戒烟限酒，因为烟草和酒精是损害人的健康的两大杀手。要努力保持个人卫生和环境卫生，尽量减少疾病。每年要进行一次全面的身体检查，及时发现各种疾病，及早治疗，避免延误和恶化。总之，不能因为自己年轻、身体好就忽视健康管理，健康出了问题是很难承受的。

第五，管理好自己的情绪。现实生活中，人们都不喜欢与过于情绪化的人打交道。生活中总有各种挫折和烦恼，人不如意时就有负面情绪，生气发怒也是常有的事。我们要学会管理自己的情绪，不能动不动就发作。要学会客观看待事物的多面性和复杂性，没有完美的环境，也没有完美的人，要多给自己乐观的暗示。要学会知足，在轻松的状态下生活，活得从容。

第六，约束好自己的欲望。人都是有欲望的，欲望过于旺盛，就是贪欲。人们的贪欲，不外乎权、财、色三个字。

权力是能让人疯狂的。塔西佗说，"权力欲是一种臭名昭著的欲望"。塞内加认为，"已经大权在握的人还会去谋求更大的权力"。李斯在辅佐秦始皇统一六国的过程中建立了不世之功，成为秦统一后的首任丞相，可谓"一人之下万人之上"。但李斯在秦始皇死后，为了自己的权位，与赵高沆瀣一气，篡改皇帝诏书，立胡亥、杀扶苏，这就决定了他自己和家族被灭的结局。李斯临死前对儿子说："吾欲与若复牵黄犬俱出上蔡东门逐狡兔，岂可得乎？"令人闻之凄然。贪恋权位而放弃大义，终成一场空。现代也有一个贪恋权位的奇葩典型，他就是司法部原党组成员、政治部主任卢恩光。卢恩光本是一名业绩不错的企业经营者,但他心心念念想当官。1992年至2016年间,他先后向相关人员行贿1278万元,违规入党,谋取教师身份和荣誉称号、职务提拔和工作调动,并爬到了副部级的高位上。卢恩光痴迷于权柄,当官花的钱比挣的多,最后身败名裂。洪应明在《菜根谭》中说,"平民肯种德施惠,便是无位的卿相;士夫徒贪权市宠,竟成有爵的乞人"[①],就是劝人多积德,勿贪权位。

金钱是许多人难以抗拒的诱惑。有人说,人为财死鸟为食亡乃是不变的规律。赵晔在《吴越春秋》中写道:"高飞之鸟,死于美食;深泉之鱼,死于芳饵。"意思是一样的。莎士比亚说:"黄金对于人的灵魂比任何毒药更有毒,它在这个邪恶世界上杀人太多。"柏拉图甚至认为,"战争起源于对金钱的贪婪"。历史上哲人的箴言无法阻挡凡尘中贪婪者的蝇营狗苟,仅清朝历史上,就出现了王亶望、纳兰明珠、和珅等许多巨贪,他们最终都落得个家破人亡的凄惨下场。近年来,中国以世所罕见、史所罕见的力度反腐,查处了数百万公职人员,他们几乎都拜倒在了金钱的脚下。中国华融资产管理股份有限公司原董事长赖小民受贿、贪污、重婚,在2008年至2018年贪污受贿达17.88亿元,涉案款物除了现金,还包括大量房产、股权、名贵字画、高档汽车、黄金制品、名表、珠宝首饰等。赖小民后被执行死刑,涉案款物都收归国有。历史上的贪官污吏,千百年来留在世上的,也只有骂名而已。

色字头上一把刀。面对美色,人言是牡丹,佛说是花箭。射人入骨髓,死而不知怨。现在是个网络社会,那些贪色者不论是进行权色交易,还是花钱买欢,抑或是勾搭成奸,一旦被曝光,往往身败名裂。

赫尔曼·黑塞说:"有权力的人毁于权力,有钱人毁于金钱,奴才毁于卑躬屈膝,寻欢作乐的人毁于享乐。"物质上无止境地追求,其结果是对个

---

① 〔明〕洪应明:《菜根谭》,毛矗、宗君注译,中州古籍出版社1991年版,第154页。

人价值无止境的否定。人要活出价值，就要管理好自己的欲望。摩莱里曾说："我在世上认识到的唯一罪过是贪婪，其他的一切罪过，不管叫什么名字，都无非是这种罪过的不同方式、不同程度的表现。"这话让人警醒。罗曼·罗兰说："每个人年轻时都可能有最崇高、最远大的抱负，但真正使这抱负实现的人却是极少数，原因就是，多数人都是在中途迷失，他们多数是被金钱和虚荣所惑，而放弃了远大可贵的前程。"这段话可以作为青年人的座右铭。

（撰稿：刘俊彦、陈昇）

第十五讲
明辨与选择

要明辨，善于明辨是非，善于决断选择。"学而不思则罔，思而不学则殆。"是非明，方向清，路子正，人们付出的辛劳才能结出果实。

——习近平

没有一个人的生活道路是笔直的、没有岔道的。有些岔道口，譬如政治上的岔道口、事业上的岔道口、个人生活上的岔道口，你走错一步，可以影响人生的一个时期，也可以影响一生。

——柳　青

一、青年时期是人生明辨、选择的关键时期

　　读者朋友，你是青年人吗？你关心有关青年的诸种问题吗？你若问我"青年"蕴藏着什么人生含义，我就告诉你，"青年"绝对不只是一个年龄的概念，从人生的角度看，青年阶段是被重重人生矛盾所困扰的特殊的人生阶段。

　　你可能会问：莫非在人生的其他阶段就没有人生矛盾，而只有青年阶段才有人生矛盾？在人生的每一个阶段都有一些人生矛盾，并不是只有青年阶段才有。但我要告诉你，在青年阶段，人生矛盾特别集中、特别突出、特别尖锐，在青年人的心里，这些矛盾会特别沉重。客观看，这些矛盾对于青年来说至关重要。因而，青年对这些矛盾特别在意、特别关注，往往感到束手无策。

　　可以说，这种现象在每一代青年人身上都发生过，这是人世间历来就存在、一代一代地重复着的老问题。人类越是进步、社会越是发展、人的文化程度越高，这种情况就表现得越是明显。青年总是热衷于探讨人生问题，诸如婚恋、求学、求职，以及人生价值、人生理想等，他们对这些问题的关心程度远远超过其他年龄段的人。

　　那么这是为什么呢？为什么每一代青年都会关心与讨论这些问题呢？

这是因为这些矛盾大部分是在青年阶段才会出现的,或者在青年人身上更为集中、更为尖锐。

  人从少年儿童成长为青年,从时间上说,是一件很快的事情。中学阶段的青少年,从个头、力气、思维能力和知识水平、言谈话语、关注的问题诸方面看,他们迅速地从未成年人向成年人发展。再过上两三年,不论是在他人的眼中还是在法律上,他们就已经是成年人了。就是说,他们要开始承担社会责任了;人们对他们要求的标准也发生了变化,开始以成年人的标准来要求他们。

  一方面,周围的邻居、自己的家长、亲戚朋友以及社会要给他们以责任;另一方面,他们也觉得自己长大了,是个大人了。长大成人,这使他们有几分自豪,他们想承担一些社会责任,认为自己应该给社会、给家庭干点事、出点力。

  他们虽然有这种心思、这种愿望,但能力上往往有所缺乏。他们虽然个子像大人一样高,但是力气还不大;有了一些知识,但还没有丰富的经验;有热情,但没耐心;口气很大,而实际上可能做不好,还可能捅一些娄子,增加许多麻烦。以往他们做错了事,人们都原谅他们,说他们还是小孩子,可是长大后他们再做错事,就不一样了。人们会说:都长成大人了,怎么还是这个样子?其实这前后也就短短几年,人们对他们的态度就发生了很大的变化。这种突然间的变化会使他们有些接受不了,甚至会感到委屈。这就是在青年阶段会遇到的而在其他年龄段所没有的人生矛盾,即社会把小青年当作一个成人来要求,而实际上小青年还不具备或不完全具备成年人的一些能力。这就会使二者之间发生冲突,要求者一方会感到失望,不满意;被要求者一方则会感到委屈:自己明明是刚刚接触这些事情,他们对自己的要求怎么就那么高、那么严呢?成年人怎么对刚刚做事的青年求全责备呢?难道他们不是从年轻时候过来的吗?这种矛盾是青年都会遇到的,也是在两代人之间经常出现的。

如果成年人开明一点，对青年宽容一点，多加指导，那么两代人之间的冲突会少一些、小一些。如果成年人不理解青年的特征、不换位思考，对青年要求过于苛刻而又不能悉心指导，那么不仅这些青年要倒霉，而且两代人之间会冲突不断，矛盾可能越闹越大。

至于青年，要自觉一些，做事严谨一点、细心一点，多学多问，注意及时总结经验，遇到事情多做准备，不掉以轻心，事情就可能会做得好一些，与上一代人的矛盾、冲突就会小一些，相互不适应的时间就会短一些。

在青年的内心世界中存在着一种矛盾。一方面，他们"心气"很高，觉得自己什么都干得了。他们雄心勃勃，年轻气盛，可是当真正干起来的时候，却发现世界上的事情并不都像自己想的那么容易。这时，青年的内心就产生一种痛苦，对自己不满意，埋怨自己没有能耐，或是把事情想得太简单了。这就是所谓理想之我与现实之我的冲突。

随着身体发育的成熟，性也就自然地成熟起来，对性的关心、性欲的要求自然也就出现，于是谈恋爱、结婚成家的问题接踵而来。这一问题的出现带来的矛盾更多：本人的自然条件如何？家庭条件如何？文化程度、职业状况、住房状况、经济收入更成为择偶时不可不考虑的问题。在这些条件中有一条不如对方的愿，恋爱就可能不成功。特别是青年人的观点、想法与父母很可能有不一致的地方。父母又是各式各样的，有的父母开明一些，不大干涉子女的婚事，与子女的矛盾就少一些。有的父母不大开明，一定要子女听他们的。这样，父母与子女之间的矛盾就会闹得很大，相互关系弄得很僵，大家心里都不痛快，甚至反目成仇。青年也就真正对人生矛盾的滋味、做人难的滋味有了体会。

事实上，父母与青年子女之间的矛盾远远不只表现在婚姻问题上。青年时期，人的主体形成了，也有坚持自己意见的能力了。这时父母与子女的关系与以前相比，在某些方面就出现了质的变化。子女要求独立、自主、自由，不愿意像小时候那样，事事都听从父母的。在很多事情上，如升学、就业、找伴侣、政治观点、人生见解、价值观念，以及消费方式、生活方式等，都可能逐渐与大人产生分歧。父母觉得孩子大了，翅膀硬了，不听话了，感到子女成了另一个人，不再是可爱的乖孩子了，想起来就有点伤心；子女觉得父母管得太多，思想太守旧，限制了自己的发展与生活，也感到这个家不像从前的家了，总想着自己若能独立该有多好。可是独立谈何容易？衣食住行的问题怎么解决？这许许多多的问题都会向着青年扑面而来。

其实，恼人的问题何止这些。从事工作或是外出读书以后，与他人相处的问题也立即产生了。人际关系紧张已成为青年人深感痛苦的一大社会问题，成了青年人面临的人生矛盾之一。这主要是因为青年人的世界观、人生观、价值观基本上已经形成，这些冲突、矛盾多半不是不经意造成的，而是由于已受到一种比较固定的价值观与人生观的支配而出现的。

此外，还有关于信仰、社会政治理想，以及世界观与人生观、价值观的问题。青年有强烈的追求美好未来的愿望，绝大多数青年人是追求真、善、美，反对假、恶、丑的，是怀着美好的社会理想，而且在其本性上，他们是与时代同步向前发展的，甚至是要引领时代的。他们敏感、不保守、有热情、单纯，身上污浊的东西少。青年身上的这些特点，使得他们对现实生活中存在的不大合理的事情，对假、恶、丑的人与事不能容忍、不能理解。这种理想、理论与现实的矛盾，会深深地刺痛他们的心，会在他们的心里造成不安、冲突、苦闷。他们不理解这是为什么。这些问题会引起他们的信仰危机：社会到底要往哪里发展？为什么有的人不能把理论与实践统一起来？这种矛盾虽然不是青年内心所独有的，但由于青年的热情、单纯和追求真、善、美的愿望强烈，使得这些矛盾在他们身上的体现更突出、更尖锐。这些矛盾使得他们不知自己该怎样选择、该怎样把握自己的行为，因此会引起他们内心的焦躁、烦闷，甚至产生反社会的倾向。

另外，青年在这些矛盾中所处的态势与成年人也有不同之处。所谓态势，是指这些矛盾出现在青年面前的样子。

有些矛盾可以说是突然出现在青年面前的，他们在思想上没有准备，或者虽说思想上有一些准备，但是毕竟没有真正进入实践状态，他们没有经历过这些事，没有应付这些矛盾的经验，甚至还不具有解决这些矛盾的能力。在这些问题面前青年是被动的，是茫然的，处于无计可施的状态。想一想那些读完了四年大学却找不到工作的毕业生，对于脚下的路到底该如何走，心中完全没有底。至于那些从农村到城市打工的青年人，其道路就更加艰难了。在家时还是备受疼爱的孩子，一踏上奔向城市的道路，就成了一个一切都要由自己来处理的成年人。投奔谁？能否找到一份工作？会不会受骗？会不会被坏人欺负？……在没有经历过这些事情的青年人心中，恐怕还有很多疑惑。长大总在一瞬间，昨天、前天、前一个月、前一年还无忧无虑，过了几天、几个月、一年，就完全变了样，就从孩子变成了大人，人生的矛盾一下子就扑面而来，使人猝不及防。

二、经验欠缺是青年明辨是非的短板

明辨是非是很重要的。人们在世间立身，只有明辨是非才能行得正、站得直、立得稳。青年只有明辨是非，区分善恶，辨析真假，才能决定自己应该做什么、不应该做什么，才能抵制诱惑、扬善抑恶，才能成为一个高尚、纯粹、有道德的人，一个才思敏捷、睿智通达的人，一个志存高远、有益于社会和人民的人。

朱熹曾说："凡事皆用审个是非，择其是而行之。"但明辨是非是不容易的，《南齐书》中说："伏情隐诈，难以貌求。"很多事情光看表面是难以判断的，可很多事情如果一开始就选错了方向，越努力反而离目标越远，想改正有时也很难做到，因为"临崖勒马收缰晚，船到江心补漏迟"。王小波在《沉默的大多数》一书的序言里评价萧伯纳的戏剧《巴巴拉上校》中的一场戏时说："真正的君子知道，自己的见解受所处环境左右未必是公平的，所以他觉得明辨是非是难的。"① 韩愈在《师说》中讲得更精辟："人非生而知之者，孰能无惑？"习近平总书记说："面对世界的深刻复杂变化，面对信息时代各种思潮的相互激荡，面对纷繁多变、鱼龙混杂、泥沙俱下的社会现象，面对学业、情感、职业选择等多方面的考量，一时有些疑惑、彷徨、失落，是正常的人生经历。"②

人在青年时期不仅遇到的人生矛盾多，而且在这些矛盾面前，一些人由于经验不足，不善于灵活地处理问题，或是因为过于好胜，或是由于没有正确的思维方法，或是由于个性上有缺点，结果使自己处于不利的境地。这就使他们对于诸如人生的意义到底何在、人生之路到底如何走、人对待生活到底应采取一种什么样的态度等问题，产生了许多疑惑。

正因为青年总是处于人生重重矛盾的困扰、包围之中，所以几乎每一代青年都会在一个比较集中的年龄段来探讨人生问题。可以说，探讨人生选择问题，是青年的必修课。

中国传统文化推崇"知行合一"，强调"不闻不若闻之，闻之不若见之，见之不若知之，知之不若行之"，认为学是明辨的基础，思是明辨的过程，鉴是明辨的方法，行是明辨的深化。做好了明辨是非这门功课，青年人才能始终保持清醒的头脑、坚定的立场和矢志不渝的信念。

三、青年如何做到明辨是非

人在生活中做许多事情都要讲一个"是非"。只有当我们知道了什么

---

① 王小波：《沉默的大多数》，北京理工大学出版社2016年版，第3页。
② 习近平：《论党的青年工作》，中央文献出版社2022年版，第77页。

是"是非"以后，才能决定自己做什么、不做什么，才能扬善抑恶。

"是非"是有判断标准的。"是"即真、正确，"非"即假、不正确，明辨是非就是在处理社会及个人事务时要善于区分真、善、美和假、恶、丑。

人们对生活的追求不同，价值标准也不一样。但是非判断总归是有标准的。一是要判断是否具有合法性。大到一个国家政策的制定，小到每个人的日常行为，如果没有法律的约束，将会混乱不堪。所以，法律乃判断是非的准绳和底线。二是要判断是否具有合理性，是否符合道德规范。道德评价人的行为的尺度和标准主要是一定社会的价值观念体系，是一定社会、一定人群集合体的善恶观、公正观、是非观、荣辱观、美丑观。就调整范围而言，道德几乎涉及人们生活的方方面面。人们作出是非判断前不仅要考虑其是否合法，还要进一步斟酌其是否符合社会公序良俗，这样才能较为全面地得出自己内心想要的答案。

个人的认知是有局限的。在客观上要明确是非判断的标准，以此作为自身衡量和判断事物的标尺；同时，在主观上还要注意自身的出发点，尽量保持对事物客观的态度和看法，这样才能更加中肯地判断事物的本质，进而减少个人认知偏差的影响。

青年时期是培养明辨是非能力的关键时期。青年提升明辨是非能力，要做到勤学、勤思、修德、笃实。

勤学方能明辨是非。知识是正确认识世界和树立正确价值观的重要基础。古希腊哲学家说，知识即美德。古人言："非学无以广才，非志无以成学。"

勤于学习、敏于求知，注重把所学知识内化于心，形成自己的见解，才能在关键时刻明辨是非。青年要关心国家、关心人民、关心世界，学会担当社会责任，不能"两耳不闻窗外事，一心只读圣贤书"。"多闻而择，多见而识"。只有通过学习不断地增广见闻，才能提高认识、正确抉择。一要学理论。要向书本学、向实践学、向群众学。二要学经典。通过对经典的学习，可以从整体上观其要、窥其径，达到纲举目张、事半功倍的效果。三要学历史。历史不是先知，却可以做向导，对青年来说，应当认真学习人类文明史，学习中国历史，学习近代以来中国的革命、建设、改革史。四要学会鉴别。很多时候，造成人们看不清、辨不明的原因是没有掌握科学的方法。破除思维固化，撷取有效信息，需要学会对照、比较、鉴别，古人言："君子有三鉴：鉴乎前，鉴乎人，鉴乎镜。"要做到明辨，就要在"鉴"字上下功夫。

勤思方能明辨是非。缺少深入细致的思考，往往也会造成一个人是非观的偏差。为此，一要善于发现问题。要有一双善于观察的眼睛。对于日常生活中的点滴，多加留意，尽量给出自己的见解和看法。只有善于发现问题，才能进一步给出解决问题的对策。二要勇于提出问题。破除懒人思维，凡事要多问个为什么，多琢磨三分，只有建立在充分思考基础上的结论才是站得住脚的。"非学无以致疑，非问无以广识"，只有善于思考，善于提出问题，才能真正掌握知识、明辨是非。三要敢于质疑。存疑、质疑、解疑的过程，就是不断接近真理、认识真理的过程。敢于质疑不盲从，从不同角度思考问题，认清事物的本质，定能收获颇丰。

修德方能明辨是非。"德者，本也。"做人做事第一位的是崇德修身。有时候人们不能作出正确判断和选择，不是认知出了问题，而是德行出了问题。一个人只有明大德、守公德、严私德，才能最大限度地作出正确的判断和选择。青年加强道德修养，才能更好地养成积极向上的价值观，树立正确的是非观，从而进一步提升明辨是非的能力。

笃实方能明辨是非。青年有着大好机遇，关键是要迈稳步子、夯实根基、久久为功。心浮气躁，学一门丢一门，干一行弃一行，无论为学还是创业，都是最忌讳的。做事情急于求成，就很可能判断错误，反而南辕北辙。

"天下难事，必作于易；天下大事，必作于细。"成功的背后，必然离不开艰辛的付出和努力。青年要把艰苦环境作为磨炼自己的机遇，把小事当作大事干，一步一个脚印往前走。道不可坐论，德不能空谈。做任何事都不能朝三暮四、见异思迁，而要勤勉笃实。持之以恒，遇事才能沉着应对，作出正确判断。

四、选择决定成败

人生就是一次又一次的选择。人生最难的是选择，鱼和熊掌不可兼得。利益当头，能否见利思义；享乐跟前，能否未雨绸缪、忆苦思甜；或明或潜的规则面前，能否叩问良知，作出正确的抉择，这些都是人生的考验。古时杨朱哭衢涂曰："此夫过举跬步而觉跌千里者夫！"在这些大是大非问题上，选择一旦错误，可能贻误终身。比如汪精卫，从一个"引刀成一快，不负少年头"的革命者变为汉奸卖国贼，被永远地钉在了历史的耻辱柱上。

战国时期的传奇人物赵武灵王赵雍有雄才大略，力排众议变法图强，推行胡服骑射，令军力大增，后灭中山国，败林胡，修筑"赵长城"，被史学家评价为唯一能阻挡秦灭六国之人。但他一意孤行，屡次犯错，贪恋美色，废长立幼，致使赵国内乱，于沙丘之乱中被幽禁饿死，壮志未酬，下场凄惨，令人唏嘘。赵雍一生最大的悲剧，在于面临人生的重大选择时一错再错，致使自己陷入万劫不复的深渊。

"定远侯"班超出身史学世家，能言善辩、博学多才，却从事文书工作，拿着微薄的薪水。但他始终胸怀大志，认为大丈夫应建功立业，怎能长期生活在笔砚之间？于是他作出选择，投笔从戎，随东汉征讨匈奴大军远赴西域，因而得到施展抱负与才能的机会，他的事迹流芳百世，名垂千古。班超投笔从戎这一关键的选择改变了他的人生命运，使他成为无数后人心中的榜样。

作出选择的过程总是纠结的，相信每个人都有出现选择障碍的时候，从衣食住行，到求学、恋爱、择业等人生选择，即便好不容易作出了选择，也会不断怀疑自己的决定，那到底是什么原因导致我们选择困难呢？

影响人作出选择的因素是多方面的：

一个人的态度对选择起着重要的作用。拥有积极的人生态度，作出的选择也是积极的；反之，对待人生的态度消极，那么作出的选择也可能是消极错误的。

性格与选择的关系也十分密切。优柔寡断、过分追求完美等是干扰人们作出选择的因素，太顾及眼前利益的得失，害怕失败，害怕不可预知的未来，因此形成了一种惰性，不愿主动去作选择，导致错失良机。

缺乏作出选择和承担后果的勇气也会影响青年作出正确选择。选择主观性越大，结果往往越会事与愿违，我们经常看到很多人用"如果当初怎么样""下一次我会如何"这些话来表达后悔曾经作出的选择，反复埋怨自己，不断地折磨自己，面临选择往往"不敢选"。

五、青年如何培养善于选择的能力

人生就像一场解题之旅，解题之前需选对题，选择靠的不是运气，而是能力，它就像一场考验，检验着每个人的见识、价值取向、决断力和心态等。青年培养善于选择的能力，就要拓展眼界和认知，提高选择的标准，克服选择的困难。

第一，拓展眼界和认知。我们作出的选择判断，与我们的眼界和认知息息相关，有了相关知识积累，眼界更开阔，思维更活跃，才有更多的选择余地。

生活中总有一些人"在最关键的时候失败""好运总是擦肩而过",不是他们运气不好,而是知识积累不够、人生阅历不多,眼界和认知的局限限制了他们的思维,导致作出的选择总无法尽如人意。思路决定出路,有眼界才能看清世界,才能发现别人尚未注意到的选项。我们一生中作出的无数选择,都依赖于我们的认知水平,对同一件事情的机会与风险评估不同,导致我们作出不同的选择。

如何开阔眼界,提高认知能力?

要丰富知识储备。我们所学的知识,只不过是庞大知识网络中的一小部分,所以除了掌握具体的知识内容外,关键要掌握方法论,建立自己的知识框架,学会知识迁移,通过跨学科进行知识碰撞,拓展认知边界,才能提高认知能力。

要提升思维能力。有人认为,思考能力和思维习惯不可能有太大改变,思想的范围、界限早已注定,自己能做的无非就是锦上添花,增加头脑里的营养。其实这是一种错误的想法。一些人之所以成功,是因为彻底革新了思想,强化了先天不足或缺乏锻炼带来的能力缺陷。提升思维能力的小技巧有很多,比如养成"梳理"的好习惯,做完的一件事、看完的一本书都可以是我们练习梳理能力的对象,能帮我们提升思维逻辑。再比如通过"自我提问"的方法引导自己,知其然更知其所以然,让头脑中的概念更加清晰。

要增强分析信息的能力。一个人对事物的观点和看法难免受到所处环境影响,获取信息的渠道也局限于个人的小圈子,因此打破边界,多去"外边的世界"看看,站得高看得远才能打开眼界,拥有敏锐的洞察力,扩充获取信息的渠道,也许我们作的选择不是最好的,但可以通过积累经验选择最适合自己的。

第二,提高选择的标准。选择是具有排他性和唯一性的,这就注定了我们做选择时,要在众多选项中尽可能挑选一个最好的。什么样的选择是好的？需要建立一个标准尺度，进行筛选与取舍。

选择的标准意味着选择一个什么样的起点，起点有高有低，有大有小，有好有坏，有远有近。起点低一点，从底层做起，一步一步前进，看起来很务实，但也可能会前途黯淡，不可预期，使自己丧失最初的希望和热情，迷失方向。

所以做决定之前要努力提高选择的标准。比如在选择职业时，如果你能选择一个更高的起点，就可能在竞争中处于更有利的位置，获得他人难以获得的资源机会，上升得更快。然而在现实中，很多人还是倾向于选择更容易的工作，这样就发挥不出应有的潜力，因此很难有大成就。在竞争中抢占先机，占据更有利"地形"，才能在与同龄人的较量中脱颖而出。因此，选择一个高的起点对努力向上攀登十分重要，对长远发展也是意义深远的，正所谓登高望远，站得高自然就有机会将周围模糊不清的东西看得更清晰。

适当提高标准不等于盲目地追求理想标准，还应结合自己的实际情况，找到与自己素质相匹配、相对应的标准，全面、公正、客观地进行自我评价。看清楚自己的位置，才能找到合适的舞台，发挥聪明才智，实现人生价值。

第三，克服选择的困难。选择是如此重要，作出正确的选择又是如此困难，有的人总觉得变数太大，诱惑太多，担心选择带来不好的结果……遇到困难是正常的，正是因为作正确选择非常困难，才会有成功与失败的分野，因而提高克服选择困难的能力尤为关键。选择困难主要受到态度、情绪、勇气等因素影响，找到原因我们就可以想办法克服。

一方面，积极进取的人生态度是作出正确选择的保证。遇到问题，是选择勇敢面对还是选择逃避，其结果大相径庭。每个人都需要对自己的选择负责，不能得过且过。遇到挫折就推卸责任，甩锅给"选择"，其实是自欺欺人。

路遥在《人生》中引用了作家柳青的一段话:"没有一个人的生活道路是笔直的、没有岔道的。有些岔道口,譬如政治上的岔道口、事业上的岔道口、个人生活上的岔道口,你走错一步,可以影响人生的一个时期,也可以影响一生。"有的人以无所谓的态度对待选择,过着随波逐流的生活;有的人保持踏实认真、乐观豁达、积极进取的人生态度,谨慎而明智地对待选择,因而他的道途通达顺遂。

另一方面,要管理好自己的情绪,而不是被情绪主宰。情绪波动时不轻易作选择,也不能因为没有满足自己的期望就消极悲观。为了控制好情绪,我们应该尽可能地利用理性思维,多用正向的思考模式。

冲突、矛盾刚发生时,难免会产生激动的情绪,冷静下来想清楚矛盾的焦点,自己对自己进行劝解,多想想这件事有什么好处,不要紧盯着它带来的问题不放,就会发现,其实这件事也没什么大不了,这样,自然能够压制住即将爆发的情绪,让你的选择不受情绪所累。

其实选择的能力跟运用其他技能一样,多使用、多练习才会形成"肌肉记忆",选择的技能越顺手,越能掌握自己的人生。

六、青年怎样作出正确选择

世界上不存在两片相同的树叶,也没有两个完全相同的人,适合别人的未必适合自己,所以人生当由自己决定,若想在每一个重要转折点都尽可能作出正确选择,首先要认清自己,明确目标;其次要学会判断与取舍,作出有价值的选择;最后还要学会把握大势,紧抓机遇。

第一,认清自己,制定明确的目标。每个人都有自己独一无二的天赋和才华,人生的道路若想走得精彩,关键需要对自己有一个清晰的认识,知道自己想要的是什么,遵从内心,才能在接下来的每一步作出适合自己的选择，实现心中所想，到达成功彼岸。

骏马能历险，犁田不如牛；坚车能载重，渡河不如舟。了解自己的需求，就得与自己的内心对话，了解自己喜欢和擅长什么、性格特点是什么、存在的优势和不足有哪些。选择需要量身定做，只有对自己定位准确，正确认识自己，才能知道自己适合什么，才能有正确的奋斗目标。

制定一个正确的目标是做所有事情的基础，有了目标才能进行选择，设定目标通常的方法是：（1）确定期望实现的目标。明确自己想要的是什么，或者想达到什么预期效果，初步制定目标。（2）评估目标。处理好"想要"和"能要"之间的平衡点，差距太大，目标难以实现就会产生挫败感；相反，太容易实现的目标，起不到激励作用，也没有成就感。由此对目标进行评估，合理进入下一步，反之则需要回到第一步重新制定目标。（3）聚焦单一的目标，将总目标分解成独立的小目标。不积跬步，无以至千里。小目标可以帮助人认识到当前需要完成的任务。（4）不断修订目标。社会环境不断变化，人的心态、欲望也会发生相应的改变，及时修订目标才不会偏离需求的方向，才能激励我们为实现这个目标坚持不懈奋斗。

第二，学会判断与取舍，作出有价值的选择。如何准确判断自己作出的选择是正确的还是错误的？这时候就需要我们在进行选择前，予以充分思考。人生之路漫长，若只顾埋头狂奔而不思考，就很可能走冤枉路，到头来才发现是"竹篮打水一场空"，白白浪费了时间和精力。

美国著名心理学家罗伊·鲍迈斯特在他的"自我损耗"理论中提出，心理资源就像一个大能量池，作一次选择，就会损耗一点心理能量，进而导致执行力下降，这就意味着每一次错误的选择都会对人的心理产生消极的作用，影响到下一次进行选择的执行力，形成恶性循环。

所以我们必须降低错误选择出现的概率，尽可能减少错误选择带来的风险，那如何判断自己作出的选择是否正确呢？

一个人的价值观就是作选择的标尺，心中有标尺才能丈量、比较、作出判断。迈出人生下一步之前，一定要树立正确的世界观、人生观和价值观，这样不但能指导我们作出正确的选择，还能让我们的选择更有意义、更有价值。

面对人生这张答卷，无论是"单选题"还是"多选题"，最终给出的答案是否符合当代主流价值观念，是否适合社会发展的规律，是否站在了人民群众的立场上，都是衡量选择正确与否的重要标准。

此外，作选择要懂得取舍，想同时坐几把椅子的人，往往一把也坐不成。"得而可喜，喜而不狂；失而不忧，忧而不虑。"这种态度，与那种患得患失、斤斤计较的态度形成鲜明对比，是应该提倡的。这就需要学会给希望和预期做减法，卸下"完美主义"的固执，简化无关紧要的选择。

世上并不存在完美的选择，也没有十全十美的人和事，就如同圆月和弯月，各有各的特点，呈现出不同的美。人生又何尝不是如此？

如何做好人生中每一次重要的选择？针对这一问题，斯宾塞·约翰逊博士提出了"幸运选择法"三连问，即面对选择时，必须问自己的三个实际问题：我满足自己真正的需要了吗？我还有其他的选择吗？我是贸然行动，还是对事情进行深思熟虑了？青年在作选择的时候可以试着问问自己这三个问题，有助于让自己作出正确的选择。

第三，把握大势，抓住机遇，勇敢地作出选择。选择要看时机，就像开船要趁涨潮。同样作选择，有的人能够把握机会顺势而为，甚至来个"弯道超车"，到达理想目的地；而有的人即使每天忙碌辛苦，依然看不到希望和结果。

一个人的努力是有限的，选择要学会借势，学会把握机遇。机遇就好比开启成功之门的钥匙，有的人口袋里虽有钥匙，却没有用它开门，因为他们不知道口袋里有钥匙。那么，如何发现机遇这把钥匙，作出顺势而为的选择呢？

把握机会，眼力和勇气是不可或缺的条件，机遇不会主动送上门，需要时刻掌握社会发展规律,用慧眼去识别它。"识天下大势,知道大势所趋,顺势而为,自然处处逢源。"作出符合时代发展的选择,才会得到机遇的青睐,面对众多选择时,我们一定要多思考、顾大局、明大势,选择一条顺风的赛道,乘势而上,成为新时代洪流的一分子,主动把握机会,作出选择。

机会总是来去匆匆,不为任何人稍作停留。《大话西游》里有一句经典的话:"曾经有一份真挚的爱情摆在我的面前,我没有珍惜,等我失去的时候,我才追悔莫及。"所以找准机遇后,应当勇敢作出选择,当机立断,毫不犹豫。

当自己迟迟不敢作出选择的时候,我们不妨想想,选择之后最坏的结果是什么?有时候,哪怕看上去全盘皆输,我们也能收获能力、知识和经验,大不了回到起点,从头再来。不勇敢迈开大步,又怎会知道自己是失败还是成功,万一成功了呢?

所以,该出手时就出手,否则延误时日,待时机溜走后,就很难获得成功了。选择就像春天播种一样,如果没有及时种下去,无论后面的条件多么适合庄稼生长,也无法把春天耽搁的事情弥补上。

(撰稿:刘俊彦、王雅瑞)

后　记

《青年的选择》是由中央团校（中国青年政治学院）陈昇教授、中国青少年研究中心刘俊彦研究员、大连海事大学讲师王雅瑞博士共同撰写的。三位作者年龄相差甚远，分别处于人生的老年、中年和青年阶段，都以研究和教育引导青年为志业。我们观察青年的角度和经验有所不同，这形成了一种立体、有历史纵深感的观察视角。

十五讲内容，大部分是合作完成的，每一讲的作者署名顺序按照工作量大小排列。如以思想贡献而论，当然首推陈昇教授。刘俊彦主要负责全书的设计和统稿。

本书是国家哲学社会科学基金项目课题"习近平总书记关于青年成长成才重要论述的构建逻辑与实践路径研究"的成果之一（课题编号：21STA008；首席专家：刘俊彦）。本书的出版得到了中国民主法制出版社的大力支持，在此致以衷心感谢！

刘俊彦

2024 年 5 月